语言学与应用语言学知识系列读本

英语词典学概论

文军 编著

北京大学出版社
PEKING UNIVERSITY PRESS

图书在版编目(CIP)数据

英语词典学概论/文军编著. —北京:北京大学出版社,2006.11
(语言学与应用语言学知识系列读本)
ISBN 978-7-301-09379-5

Ⅰ. 英… Ⅱ. 文… Ⅲ. 英语:词典学-高等学校-教学参考资料 Ⅳ. H06

中国版本图书馆 CIP 数据核字(2005)第 080624 号

书　　　名:英语词典学概论
著作责任者:文　军　编著
责 任 编 辑:黄瑞明
标 准 书 号:ISBN 978-7-301-09379-5/H·1520
出 版 发 行:北京大学出版社
地　　　址:北京市海淀区成府路 205 号　100871
网　　　址:http://www.pup.cn
电 子 邮 箱:zbing@pup.pku.edu.cn
电　　　话:邮购部 62752015　发行部 62750672　编辑部 62767347
　　　　　　出版部 62754962
印 刷 者:北京汇林印务有限公司
经 销 者:新华书店
　　　　　　650 毫米×980 毫米　16 开本　17.5 印张　270 千字
　　　　　　2006 年 11 月第 1 版　2007 年 6 月第 2 次印刷
定　　　价:28.00 元

未经许可,不得以任何方式复制或抄袭本书之部分或全部内容。
版权所有,侵权必究　举报电话:010-62752024
　　　　　　　　　　电子邮箱:fd@pup.pku.edu.cn

语言学与应用语言学知识系列读本 编委会

主编 胡壮麟 彭宣维

编委 （按姓氏笔画排列）
王蔷　文军　田贵森　史宝辉
冉永平　刘世生　齐振海　李福印
张冰　张辉　武尊民　林允清
姜望琪　封宗信　钱军　崔刚
彭宣维　程晓堂　戴曼纯

总　序

　　"语言学与应用语言学知识系列读本"最早是由北京师范大学外国语言文学学院彭宣维教授、王星教授和北京大学出版社张冰编审共同策划的。三位先知先觉者的基本思想我较清楚。首先，他们认为近年来我国研究生招生人数不断增加，但社会的迅速发展又向研究生的培养质量提出了更高的要求；知识面、思辨能力、创造性等的培养，已成为目前研究生教育中亟待解决的问题。其次，解决研究生教育的培养问题，要抓好源头，即有必要将专业基础知识的学习从研究生入门逐渐下移到本科阶段，以解决外语专业学生与同时入学的其他系科同学相比在科研能力和学术潜力上有所不及的问题。我非常赞同彭宣维教授、王星教授和张冰编审的远见卓识，愿意为他们摇旗呐喊，冲锋陷阵。

　　在三位策划者的启示和鼓励下，我大胆补充一些个人的看法。自上世纪80年代中，国内就流传一种怪论，说英语不是专业，是个工具，于是要求外语系科学生都要另选一门专业或方向。我听到这种公然反对国务院学位委员会专业设置目录的论调总感到不是滋味，并在国内外多种场合争辩。现在"语言学与应用语言学知识系列读本"的出版就是向世人表明，外语专业的学生，研究生也好，本科生也好，要学的东西很多，把外语学习仅仅看作听说读写的技能训练，实为井底蛙见。

　　在"外语不是专业是工具"的口号下，在大学外语系科里，一度泛起增设"外交、外事、金融、贸易、法律、秘书、教育技术、新闻、科技"等方向的热潮,以至于让我们那些系主任们、院长们手忙脚乱,穷于对付。其实,我们的年轻人毕业后想干什么,自己心里最清楚,不必我们的系主任们、院长们多操心,指腹为婚;何况毕业后就业市场千变万化,我们在本科期间要设置多少方向才算具有市场意识呢?我认为,对于我们的外语系科的本科生来说,应首先让他们接受通识教育,才能在今后的工作岗位上得心应手。再者,从新世纪的全球化、国际化趋势来看,我们培养的人才还应是具有能进行创造性思维的人才,而不是人云亦云、照葫芦画瓢者。就外语系科来说,让学生只会围着外语"工具"操作,不会动脑,终究不是办法。

我的上述观点绝非空穴来风,也非杞人忧天。最近,教育部外语教育指导委员会英语组的专家们去国内四所大学对英语专业进行试评。报告中有一段话引人深思,现摘录如下:"然而,试评结果表明高校英语专业本科教学中的学科建设却不甚乐观。个别院校对英语(语言文学)专业的学科内涵不很清楚;制定的学科规划既与该校的层次定位不相符,也不符合外语学科的基本规律;课程设置与全国高校英语专业教学大纲的要求有一定距离;培养的学生基本功不扎实;教学管理比较混乱,质量意识不强。"[①]

再来看看大学英语教育,教育部高教司领导和大学英语教育专家已达成共识,在《大学英语课程教学要求(试行)》中明确"大学英语是以英语语言知识与应用技能、学习策略和跨文化交际为主要内容,以外语教学理论为指导,并集多种教学模式和教学手段为一体的教学体系"。在课程设置方面则提出:"将综合英语类、语言技能类、语言应用类、语言文化类和专业英语类等必修课程和选修课程有机结合,以确保不

[①] 戴炜栋、张雪梅:《谈英语专业教学评估和学科建设》,《中国外语》2005年第2期,总第4期,第4~7页。

同层次的学生在英语应用能力方面得到充分的训练和提高。"遗憾的是,现在国内有些出版社过多地关注主干课教材的出版,对全面贯彻《教学要求》的其他教材所花力度不够。

所有这些说明,为高校外语专业学生、大学外语学生和其他相关专业的学生提供拓宽知识面、增强思辨力、孕育创新精神的各种教材和阅读材料甚为必要。如今北京大学出版社的"语言学与应用语言学知识系列读本"必将弥补这方面的空缺,为培养名副其实的优秀外语人才做出长远贡献。

本丛书是开放式的,除欢迎读者对已出版的种类提出宝贵意见外,也欢迎对选题提出建议。我们也期待老师们参与选题和写作。让我们为探索、改进和提高中国外语教育,为培养更多掌握语言知识和技能并具有创造性思维的人才共同合作、共同努力。

胡壮麟

北大清华蓝旗营小区

2005 年 9 月 10 日

目 录

本书图表一览表 / 1

第一章　工具书、词典与词典学 / 1
　1.1　工具书 / 1
　1.2　词典与词典的功能 / 4
　　1.2.1　词典 / 5
　　1.2.2　词典的功能 / 7
　1.3　词典学 / 8
　1.4　小结 / 11

第二章　英语词典的发展 / 12
　2.1　早期的英语词典 / 12
　2.2　塞缪尔·约翰逊的《英语词典》
　　　 (A Dictionary of the English Language) / 15
　2.3　韦伯斯特:美国词典之父 / 20
　2.4　《牛津英语词典》:一部恢宏的历史词典 / 23
　2.5　韦氏三版:描述性的巨著 / 26
　2.6　小结 / 28

第三章　英语词典的类型 / 30
　3.1　词典的基本种类 / 32

3.1.1 通用词典与专科词典
   (general and specialized dictionaries)/ 32
3.1.2 单语词典与双语词典
   (monolingual and bilingual dictionaries)/ 34
3.1.3 百科词典与语文词典
   (encyclopedic and "language" dictionaries) / 36
3.1.4 外国学习者词典与本族语词典
   (foreign learners' and native speakers' dictionaries)/ 37
3.1.5 成人用词典与儿童词典
   (for adults and for children) / 38
3.2 专科词典(specialised dictionaries) / 38
3.2.1 语文专科词典 / 38
　　3.2.1.1 拼写词典(spelling dictionaries) / 38
　　3.2.1.2 分音节词典(word-division dictionaries) / 39
　　3.2.1.3 逆序词典(reverse dictionaries) / 40
　　3.2.1.4 发音词典(pronouncing dictionaries) / 45
　　3.2.1.5 词源词典(etymological dictionaries) / 48
　　3.2.1.6 同义词词典(synonym dictionaries) / 49
　　3.2.1.7 反义词词典(antonym dictionaries) / 54
　　3.2.1.8 (同义词等的)宝库(thesauri) / 56
　　3.2.1.9 图画词典(pictorial dictionaries) / 61
　　3.2.1.10 搭配词典(collocation dictionaries) / 66
　　3.2.1.11 习语词典(dictionaries of idioms) / 70
　　3.2.1.12 方言词典(dialect dictionaries) / 73
　　3.2.1.13 俚语词典(dictionaries of slang) / 78
　　3.2.1.14 外来词词典(dictionary of "foreign words") / 81
　　3.2.1.15 新词词典(dictionaries of "new" words) / 82
3.2.2 学科专科词典 / 86

       3.2.2.1 人文社会科学学科词典 / 86
       3.2.2.2 自然科学学科词典和科学技术学科词典 / 88
       3.2.2.3 行业(或跨学科)词典 / 93
       3.2.2.4 学科类专科词典的主要编纂特点 / 94
  3.3 小结 / 97

第四章 英语词典的构成 / 98
  4.1 词典的构成 / 98
  4.2 前面部分(front matter) / 99
    4.2.1 前言 / 100
    4.2.2 用法介绍 / 101
    4.2.3 结构说明 / 101
    4.2.4 音标示例 / 103
    4.2.5 缩写词、术语等的含义 / 105
  4.3 后面部分(back matter) / 109
    4.3.1 度量衡表 / 110
    4.3.2 地区名称 / 111
    4.3.3 军衔 / 113
    4.3.4 化学元素 / 114
  4.4 小结 / 116

第五章 英语词典的宏观结构 / 117
  5.1 宏观结构(macrostructure) / 117
  5.2 词目的选立 / 118
    5.2.1 可以作为词目的语言单位 / 119
    5.2.2 词目的平衡 / 120
    5.2.3 新词的选收 / 121
  5.3 词目的编排 / 124
    5.3.1 形序法 / 124
    5.3.2 义序法 / 128
  5.4 参见结构(cross-reference structure) / 135

5.4.1 参见的种类 / 135
   5.4.2 参见系统的表达方式 / 137
  5.5 小结 / 137

 第六章 英语词典的微观结构 / 139
  6.1 词目词与音节的划分(headword and word-division) / 141
   6.1.1 关于拼写 / 141
   6.1.2 关于音节的划分 / 142
  6.2 读音(pronunciation) / 143
   6.2.1 关于缩略词和词素的发音 / 144
   6.2.2 复合词和成语的重音 / 145
  6.3 词性(part of speech) / 145
  6.4 释义(definition) / 147
   6.4.1 义项划分的标准 / 147
    6.4.1.1 形式标准(formal criteria) / 147
    6.4.1.2 横组合标准(syntagmatic criteria) / 148
    6.4.1.3 纵聚合标准(paradigmatic criteria) / 149
    6.4.1.4 语用标准(pragmatic criteria) / 149
   6.4.2 释义的方法 / 151
    6.4.2.1 意译(paraphrase) / 151
    6.4.2.2 真实释义(true definition) / 152
    6.4.2.3 混合释义(hybrid forms) / 155
    6.4.2.4 词目词的功能描述
       (description of the function of
       the headword) / 156
  6.5 例证(example) / 157
   6.5.1 例证的收集与选择 / 157
   6.5.2 配例的方法 / 161
  6.6 用法信息(usage information) / 163
   6.6.1 用法标注 / 163
   6.6.2 用法说明 / 165

6.6.3 语用信息 / 167
6.7 百科信息(encyclopedic information) / 169
6.8 词源(etymology) / 176
　6.8.1 源词的形式 / 178
　6.8.2 源词的意义 / 179
6.9 插图(illustrations) / 181
　6.9.1 单一事物(single object) / 182
　6.9.2 同一类的几种事物 / 183
　6.9.3 在背景中表示某一事物 / 185
　6.9.4 运动中的事物 / 186
　6.9.5 学科中的基本事物或概念 / 187
6.10 词典编纂设计示例 / 190
　6.10.1 问题的提出 / 190
　6.10.2 ESP百科词典的宏观结构 / 192
　　6.10.2.1 词目的选择 / 192
　　6.10.2.2 词目的编排 / 194
　6.10.3 ESP百科词典的微观结构 / 196
　　6.10.3.1 介绍/阐述内容体例的相对统一 / 196
　　6.10.3.2 知识的参照 / 199
6.11 小结 / 201

第七章 英语词典的评论 / 202

7.1 词典评论的现状 / 203
7.2 对词典评论标准的探讨 / 205
7.3 词典评论范围的拓展 / 210
　7.3.1 描写性评论 / 211
　7.3.2 具体评论 / 214
　7.3.3 定性评论 / 215
7.4 小结 / 216

第八章 英语词典的使用者研究 / 217
- 8.1 词典的使用者研究 / 218
- 8.2 专科词典的使用者分析 / 219
- 8.3 使用者需求调查的方法 / 226
  - 8.3.1 问卷调查 / 227
  - 8.3.2 填表 / 229
  - 8.3.3 面谈 / 231
- 8.4 案例一则:大学英语词典需求的调查与分析 / 232
  - 8.4.1 学习与使用 / 232
  - 8.4.2 数量与种类 / 234
  - 8.4.3 评论与建议 / 235
  - 8.4.4 附件 / 236
- 8.5 小结 / 238

第九章 英语词典的教学 / 239
- 9.1 词典学专业人才的培养 / 239
- 9.2 词典用法的教学 / 241
  - 9.2.1 词典用法教学的意义 / 241
  - 9.2.2 国内词典用法教学的现状 / 243
  - 9.2.3 词典用法课程的设置 / 250
- 9.3 小结 / 253

第十章 英语词典学的发展趋势 / 254
- 10.1 词典学发展战略研究 / 254
- 10.2 电子词典学研究的深化 / 256
- 10.3 词典研究方法论的拓展 / 258
- 10.4 小结 / 261

后记 / 262

本书图表一览表

表1—1　工具书的种类 / 2
图1—1　工具书的种类 / 4
图1—2　词典学的研究范畴(1) / 9
图1—3　词典学的研究范畴(2) / 9
图1—4　词典研究图示 / 10
图2—1　塞缪尔·约翰逊 / 16
图2—2　《英语词典》封面 / 18
图2—3　诺亚·韦伯斯特 / 21
图2—4　詹姆士·墨里 / 24
表3—1　Keyboard Instruments / 42
图3—1　dinosaur / 44
图3—2　1988 British English Poll Panel Preference / 46
表3—2　Explanatory Notes / 52
图3—3　服装和角色 / 62
图3—4　job / 63
图3—5　"睡美人" / 64
图3—6　ATOM, UNIVERSE, EARTH / 65
图3—7　"aircraft" IV / 66
表3—3　两词典词语解释对比 / 69
图4—1　词典的大结构(宏观结构与外在部分) / 98
表4—1　Oxford Learner's Pocket Dictionary 序言 / 100
表4—2　INTRODUCTION / 101
表4—3　Key to Phonetic Symbols / 103
表4—4　Usage Labels / 105

表 4—5 度量衡表 / 110
表 4—6 地区名称 / 111
表 4—7 军衔 / 113
表 4—8 化学元素 / 114
表 5—1 《简明英汉词典》的收词 / 121
表 5—2 按字母顺序编排的两种方法 / 125
图 5—2 概念体系 / 128
图 5—3 抽象后的概念体系 / 129
图 5—4 综合方式 / 129
表 5—3 《朗曼当代英语分类词典》细目 / 130
图 6—1 词典的微观结构 / 139
图 6—2 serrated / 182
图 6—3 chain saw / 183
图 6—4 dormer / 183
图 6—5 angle / 183
图 6—6 barrel / 184
图 6—7 bar / 184
图 6—8 drum / 185
图 6—9 backpack / 186
图 6—10 hammock / 186
图 6—11 dunk / 187
图 6—12 archery / 187
图 6—13 musical notation / 188
图 6—14 quadrilaterals / 188
图 6—15 tossing the salad / 189
图 6—16 She knocked the bottle over / 189
表 7—1 专科词典评价范畴目录 / 202
表 8—1 词典使用的要素 / 219
图 8—1 专科词典使用者的主要类型 / 221
表 8—2 《牛津英语词典》使用频率调查 / 227
表 8—3 填表 / 230

图 8—2 "对翻译问题的评论"的阐释模式 / 230
表 8—4 英语词典使用频率 / 233
表 8—5 大学生需查询英语词典质疑的项目 / 233
表 8—6 大学生对所用英语词典优点的评价 / 236
表 9—1 词典课开设情况调查 / 244
表 9—2 学生英语词典使用情况调查 / 246
图 10—1 词典学与其他学科的跨学科联系 / 260

工具书、词典与词典学

在人类漫长的发展史上,出现了众多的物质产品和文化产品,它们对于推进人类的进步与发展起到了推波助澜的作用,对于普及知识、推进人类文明进程做出了不可磨灭的贡献。本书所要论述的词典及词典学就是其中之一。而要阐述词典及词典学,首先有必要了解其上位概念:工具书(reference works,reference books)。

1.1 工具书

所谓工具书,系指"专为读者查考字义、词义、字句出处和各种事实而编纂的书籍,如字典、词典、索引、历史年表、年鉴、百科全书等"①。而 Hartmann 等对 reference work 的定义则是②:

> Any product, such as a published book or a computer software, that allows humans to store and retrieve INFORMATION relatively easily and rapidly. The DICTIONARY is the prototypical "reference book", as it provides structural linguistic and/or encyclopedic information by means of a generally known access system (such as an ALPHABET).

---

① 中国社会科学院语言研究所词典编辑室编:《现代汉语词典》(修订本),商务印书馆,1996年。

② R. R. K. Hartmann, Gregory James, *Dictionary of Lexicography*, Foreign Language Teaching and Research Press, 2000, pp. 117—118.

上述两则定义既提及了工具书的特点（专为读者查考字义、词义、字句出处和各种事实而编纂的书籍），也涉及工具书的外延（字典、词典、索引、历史年表、年鉴、百科全书、软件等），还简要论及了工具书的功能（to store and retrieve INFORMATION relatively easily and rapidly）。从上述定义也可以看出，工具书所包含的种类多种多样，我国曾有学者将工具书分为"辞书类工具书"、"资料类工具书"、"线索类工具书"、"图录类工具书"和"其他工具书"五大类①，详见下表（表1—1）：

表1—1　工具书的种类

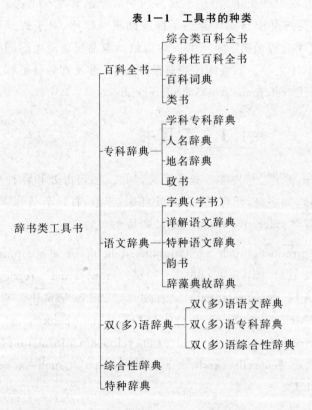

----

① 杨祖希：《辞书的类型和辞书学的结构体系》，《词典和词典编纂的学问》，上海辞书出版社，1985年。第7—23页。表1—1系据该文第8页和第23页两表合并而成，并略有删节。

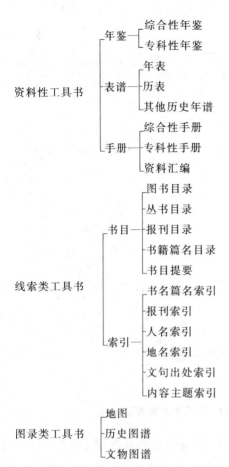

上述分类中某些工具书是我国特有的,如"类书"、"政书"等。Hartmann等在"typology"一条中用一幅图来说明"工具书的种类"①(见图1—1):

---

① *Dictionary of Lexicography*, 2000. p.148.

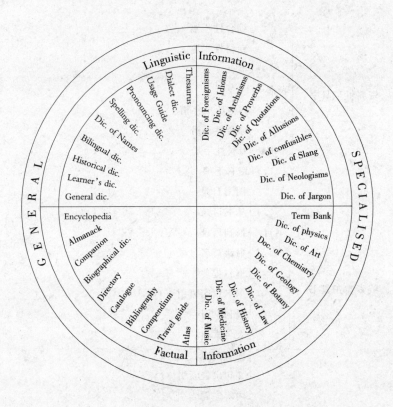

图 1-1 工具书的种类

表 1-1 和图 1-1 表明:我们要讨论的词典属于工具书的一种(按 Hartmann 的说法,也许是最重要、最有代表性的一种)。在表 1-1 种,"辞书类工具书"中除"百科全书"外,其余的都属于"词典"的范畴;图 1-1 中,除"factual"所包含的类别外,其他的也都是词典。

上面我们不厌其烦地引用了一表一图,目的在于说明"词典"在整个"工具书"中的位置,以使我们对词典的定位有一个较为清晰的概念。

1.2 词典与词典的功能

1.1 中的图表介绍的主要是工具书(包括词典)的外延,即包含一些什么种类。但什么是词典?它具有哪些功能?对前一个问题的回答涉及对词典内涵的表述,而对后一个问题的回答则牵涉到对词典存在理据的解释。

1.2.1 词典

dictionary 一词,在英语中的运用由来已久。据 *Oxford English Dictionary*(OED), dictionary 来自于拉丁词 dictionarius,最早由语法家 Joanne de Garlandia 用作"title of a collection of Latin vocables",[①] 其后 1538 年 Sir Thomas Elyot 在其拉丁—英语双语词典 *Dictionary of Syr Thomas Elyot Knight*(London),1623 年 Henry Cockeram 首次在其单语词典 *English Dictinarie*: *or, An Interpreter of Hard English Words* 中使用了这一词。[②]

而对 dictionary 内涵的解释,则出现了一定的差异。如 *Webster's Third New International Dictionary*(W3)的定义:

A reference book containing words usually alphabetically arranged along with information about their forms, pronunciations, functions, etymologies, meanings and syntactical and idiomatic uses.

OED 的定义:

A book dealing with the individual words of a language (or certain specified classes of them), so as to set forth their orthography, pronunciation, signification and use, their synonyms, derivation and history, or at least some of these facts; for convenience of reference, the words are arranged in some stated order, now, in most languages, alphabetical; and in larger dictionaries the information given is illustrated by quotations from literature.

---

① Henry Bejoint, *Tradition and Innovation in Modern English Dictionaries*, Oxford: Clarendon Press, 1994. p. 6.
② *Dictionary of Lexicography*, 2000. p. 41.

上述两则定义阐释了词典包含的要素（forms, pronunciations, functions, etymologies, meanings and syntactical and idiomatic uses; orthography, pronunciation, signification and use, their synonyms, derivation and history; the information given is illustrated by quotations from literature 等）、编纂的方式（words usually alphabetically arranged; the words are arranged in some stated order, now, in most languages, alphabetical）以及构成的特点（the individual words of a language [or certain specified classes of them]）等。而不少的词典学家对上述定义并不满意（尽管词典学家们对 dictionary 的定义更加五花八门，因为他们的定义往往是从特定的角度，为特定的读者而下的），其中较有代表性的是法国词典学家 Rey-Debove,她对"词典"的定义是首先从其特点开始的。她认为，对词典的定义应当从下面八个特点入手①：

(1) A list of separate graphic statement;
(2) A book designed for consultation;
(3) A book with two structures, sometimes only one;
(4) Items are classified by form or content;
(5) The information is linguistic in nature;
(6) The information is explicitly didactic;
(7) A dictionary gives information about signs;
(8) The word-list corresponds to a predetermined set, and is structured if not exhaustive.

正是基于对词典特性的以上认识，Rey-Debove 给出了以下定义②：

A dictionary is a didactic book which describes a (generally structured) set of linguistic elements and presents them in separate and ordered units, thus allowing for consultation. The

---

① *Tradition and Innovation in Modern English Dictionaries*, p. 9.
② Ibid., p. 25.

elements, which range from the letter to elements that are above sentence-length, are usually followed by paragraphs (two structures, or only one). The information, whether implicit (one structure) or explicit (two structures), follows a predetermined programme and is always, at least in part, about the sign; in the explicit information which seems to be only about the referent, the presence of a definition is taken as information about the sign.

由上述定义我们可以较为明确地看出"词典"的构成特点,对"什么是词典"这一问题的答案也应该有所了解了。

1.2.2 词典的功能

词典具有什么功能?这一问题涉及词典存在的理据,换言之,词典为什么能够存在,为什么能够发展,都与这一问题有关。

关于词典的功能,在前引 Rey-Debove 对"词典"的定义中其实已有所涉及:didactic 和 consultation 其实就是词典的部分功能。当然,词典的功能远远不止这两种,而且从古至今对这一问题的论述也颇为丰富。如 Samuel Johnson 1747 年就说[①]:

> The value of a work must be estimated by its use: It is not enough that a dictionary delights the critic, unless at the same time it instructs the learner.

Johnson 在上文中提及了词典使用及其"指导"功能。

再如 Hartmann 归纳了通用词典的七种功能(1985)[②]:

(1) the dictionary as an authority on usage;
(2) the dictionary as a store of (difficult) vocabulary;
(3) the dictionary as a tool for improving communication;

[①] 转引自 R. R. K. Hartmann, *Lexicography: Principles and Practice*, Academic Press, 1983, p.9.

[②] 转引自 *Tradition and Innovation in Modern English Dictionaries*, pp.108—109.

(4) the dictionary as a means of strengthening the language;

(5) the dictionary as a stimulus to reflection on language;

(6) the dictionary as an aid to foreign-language learning;

(7) the dictionary as an ideological weapon.

以上的论述中,阐述了词典对社会、文化、语言、意识形态等方面的功能。除这些功用外,我国还有学者对辞书的功能作了以下界定:[①]

(1) 总结知识;

(2) 传播知识;

(3) 释疑解难;

(4) 备查参考;

(5) 提供资料线索,扩大深化知识面。

尽管以上所引的对词典功能的看法不尽一致,但它们从不同的角度对词典的作用做出了说明,也证明了词典功用的丰富性和多样性。

1.3 词典学

词典是词典编纂家、出版家共同努力而生产的产品。产品的问世,需要相应的制作过程;产品问世前需相应的市场调查;问世之后,需要使用者的认同,需要相应的评价——这些内容,就构成了对词典进行理论研究的专门学科:词典学(lexicography)。

R. Ilson[②] 认为,词典学是计划和编写以字词为主的工具书的实际过程,这类工具书常提供一种语言或数种语言的词汇信息。同时,词典学一词还指对上述过程及其产品的研究,如其形式、内容、市场及使用等。而 Bergenholtz 等[③]则用下图来说明词典学的主要研究内容(图1—2):

---

① 林玉山:《词典学概论》,海峡文艺出版社,1995年,第6—8页。

② R. Ilson, *Lexicography—An emerging international profession*, Manchester University Press, 1986, p. 330.

③ Henning Bergenholtz et al, *Manual of Specialised Lexicography—The preparation of specialized dictionary*, John Benjamins Publishing Company, 1995, p. 30.

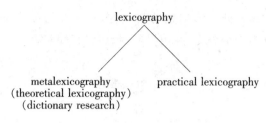

图 1-2 词典学的研究范畴(1)

上图表明,词典学下包含理论词典学和应用词典学两大分支,前者指对词典的理论研究,后者指词典的编纂实践。正如 Hartmann 所解释的[①]:

lexicography The professional activity and academic field concerned with Dictionary and other REFERENCE WORKS. It has two basic divisions: lexicographic practice, or DICTIONARY-MAKING, and lexicographic theory, or DICTIONARY RESEARCH. The former is often associated with commercial book publishing, the latter with scholarly studies in such discipline as LINGUISTICS (especially LEXICOLOGY), but strict boundaries are difficult to maintain and, in any case, are being bridged by such means as professional training, societies, conferences and publications.

而对词典的理论研究,Bergenholtz[②] 将其分为三个分支(图 1-3):

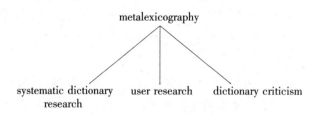

图 1-3 词典学的研究范畴(2)

---

① *Dictionary of Lexicography*, p. 85.
② *Manual of Specialised Lexicography*, p. 31.

Hartmann 在进一步研究的基础上,对词典的理论研究进一步细化,将其划分为六个分支,并用树形图表示如下①(图 1—4):

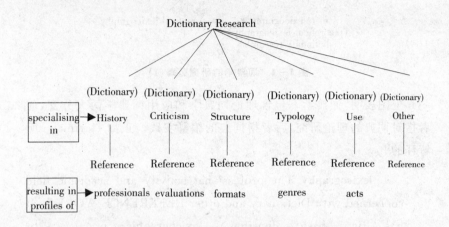

图 1—4　词典研究图示

上图蕴含的内容如下:

(1) 词典史研究:主要研究在特定文化传统中词典的产生、发展,研究特定时期对词典编纂者的影响及其结果,研究社会文化与词典编纂及研究的互动等;

(2) 词典评论研究:主要研究批判性评估产生的背景,这类评论对词典影响产生的结果,研究词典评论的标准、方法等;

(3) 词典结构研究:主要研究词典设计及构成,以及它们对词典编纂的作用和结果;

(4) 词典类型研究:主要研究词典的分类,以及同一类词典编纂上的共性等;

(5) 词典使用研究:主要研究词典使用者及其需要,研究这些需要与词典编纂的相互作用等;

(6) 其他研究:这一类的研究领域可根据需要增加,如政治、经

---

① R. R. K. Hartmann, *Teaching and Researching Lexicography*, Pearson Education Limited, 2001. pp. 30—31.

济、科技等对词典编纂和词典研究的影响等。

以上六类构成了词典理论研究（后统称"词典学"）的主要内容。当然，这六类以及它们研究的具体内容都属于开放性的，完全可以随着词典学的发展加以增减。

本书将基本涉及以上框架的主要内容，但重点会放在对词典结构（词典的构成、词典的宏观结构、微观结构）的阐述和介绍上。

1.4 小 结

以上"导论"简要介绍了"工具书"的类别，对"词典"在其中的位置作了一个定位，其后简要介绍了词典的概念和功能，最后对词典和词典学的关系作了阐述并介绍了词典学的主要研究内容。

总而言之，词典学是一门理论性、实践性都非常强的学科。其理论性表现在它与语言学理论、社会学、心理学、工艺美术等均有联系，并以开放性的姿态汲取各学科的有用成果建立起自己的理论框架；其实践性表现在，所有理论研究都是以指导词典编纂实践为依归的。理论研究以推动词典事业的发展，提高词典质量为最终目标，因此，词典学的理论性与实践性又是统一的。

第二章

英语词典的发展

2.1 早期的英语词典

关于第一部英语词典,迄今有不同的说法:有学者①认为第一部英语词典是《学童词库》(*Promptorium parvulorum clericorum*),它于1440年在诺福克编成,编纂者是一位被人称做文法家杰弗里(Geoffrey the Grammarian)的天主教的修道士。全书收录了约一万两千个英语单词(其中多数为名词和动词),并注有相应的拉丁词语。印刷术传入英国后不久,该书便由伦敦理查德·派恩森(Richard Pynson)出版社在1499年出版了。《学童词库》实际上是一部英语—拉丁语双语词汇表,但其重要性在于,它是英语词典史上第一部将英语词放在前边,而将拉丁语翻译放在后边的工具书。

而另有学者认为,第一部英语词典的编纂者是罗伯特·考德雷(Robert Cawdrey)②。他曾当过小学校长。1604年他在伦敦出版了一部仅有120页的小型词典,但该书的全名却很长:《按字母顺序编排的词汇表,收录并用浅显的英语诠释借自希伯来语、希腊语、拉丁语或法语等的常用英语难词的正确拼写和含义,供女士们或缺乏这方面专门知识的其他人士使用》(*A Table Alphabeticall, conteyning and teaching the true writing and understanding of hard usual English*

---

① Jonathon Green, *Chasing the Sun*, *Dictionary-makers and the Dictionaries they Made*, London: Jonathan Cape, 1996, p.39.
② R. R. K. Hartmann, *Lexicography: Principles and Practice*, London: Academic Press, 1983, p.14.

wordes, *borrowed from the Hebrew*, *Greeke*, *Lantine*, *or French etc.*, *with the interpretation thereof by plaine English wordes*, *gathered for the benefit & help of Ladies*, *Gentlewomen*, *or any other unskilfull persons*)。该书收集了所谓的难词约 2500 个。正如书名所揭示的那样,"难词"指源自希伯来语、希腊语等的英语外来词。这就是说,这部词典的主要目的是用浅近的英语来解释英语词汇中的一个重要组成部分——外来词语。这部词典的最大意义,也正如书名所揭示的,是用英语诠释英语,这使得它成为英语词典史上第一部英语单语词典。

上面所引的两种观点尽管对第一部英语词典的认定有所不同,但这两种观点恰好代表了早期英语词典的发展:拉丁—英语双语词汇表传统和"难词"传统。

拉丁—英语双语词汇表传统指这类词汇表先收集拉丁词汇,然后再用英语加以翻译。而"难词"传统则指词典所收录的是估计普通人不认识的词汇,如罗伯特·考德雷的词汇表 O 开头的词是[①]:

obdurate	oblectation
obeisance	obliged
object	oblique
oblation	oblivious...

可以看出,像 oak-tree, oats, obey 等常用词并不在难词词典的收录之列。这一传统源于当时的社会文化,这类词典的目的是让更多的读者了解文艺复兴之后涌进英语的大量抽象词、学术术语等,使之能尽快地融入英语。而在英语词典中收录常用词,则是到 18 世纪才开始。

纳撒尼尔·贝利(Nathaniel Bailey,? —1742)于 1721 年发表了著名的《通用英语词源词典》(*An Universal Etymological Dictionary of the English Language*)。它在许多方面走出了探索性的第一步。首先,贝利打破了长期以来词典只收录难词和某些百科性词语的传统局限,把日常的普通词语收进辞书;其次,他也是客观地对待英语语言的

---

① 转引自 *Lexicography*: *Principles and Practice*, pp. 15—16.

第一位词典学家,他把禁忌词、俚语等也收进了词典;此外,他还提供了使用指南、单词重音以及拼写等,为后来词典的定型做出了卓越贡献。

单从书名看,人们会误以为贝利的书是一部词源词典。其实,它是一部普通的详解语词词典。这一点,从该书的全名可以看出①:

> A Universal Etymological English Dictionary 'Comprehending The Derivations of the Generality of Words in the English tongue, either Antient or Modern, from the Antient British, Saxon, Danish, Norman and Modern French, Teutonic, Dutch, Spanish, Italian, Latin, Greek and Hebrew Languages, each in their proper Characters. And Also a Brief and clear Explication of all difficult Word... and Terms of Art relating to Anatomy, Botany, Physics, Together with A Large Collection and Explication of Words and Phrases us'd in our Antient Statutes, Charters, Writs, Old Records, and processes at Law; and the Etymology and Interpretation of the Proper Names of Men, Women, and Remarkable Places in Great Britain; Also the Dialects of our Different Countries. Containing many Thousand Words more than either Harris, Phillips, Kersey, or any English Dictionary before Extant. To which is Added a Collection of our most Common Proverbs, with their Explication and Illustration. The whole work compil'd and Methodically digested, as well for the Entertainment of the Curious as the Information of the Ignorant, and for the Benefit of young Students, Artificers, Tradesman and Foreigners...'

书名之长,足以令当代学人瞠目结舌了。但这是当时词典界的惯例,书名概括了收词范围、使用对象等信息,甚至还有"贬低"其他词典

---

① 转引自 *Chasing the Sun*, *Dictionary-makers and the Dictionaries they Made*, p.193.

的语言(Containing many Thousand Words more than 一句)。由此也可看出,词源仅是它的内容的一个方面。

此外,贝利在这部词典中还开创了使用引证的先例,不过他的引据多半限于成语、谚语(书名中也有说明)。试看下列两个条目[①]:

  OATS [of acan or ecan, Sax. to eat] a grain, food for horses
  To sow one's wild OATS
  That is to play one's youthful pranks.
  OA'TEN, of or pertaining to oats.

1730年,贝利在此基础上又出版了对开本的《大英词典》(*Dictionarum Britannicum*),并在1736年再度修订、增补,出了新版。到1782年为止,贝利的词典共再版了24次,直到1802年仍在继续印刷发行。贝利的首创精神,为提高英语词典编纂技术做出了显著的贡献。

而英语词典真正趋于成熟,则有赖于约翰逊词典的出版。

2.2 塞缪尔·约翰逊的《英语词典》
(*A Dictionary of the English Language*)

塞缪尔·约翰逊(Samuel Johnson)(见图2—1)是英国文坛的一位传奇人物:他是有名的诗人,曾以一首《伦敦》震动诗坛;他是著名的小说家,曾以七天写出一部名为《拉塞勒斯》的小说;他还是最享盛名的散文家,一部《诗人传》涵括了诸多诗人,评论视角独特;他还是卓越的评论家,一部《莎士比亚戏剧集》(八卷)校注详尽,字义疏证准确,评介犀利;此外,他还是当时伦敦文坛有名的"文学俱乐部"的领头人,等。而这一切,都比不上他在词典编纂上的贡献——他以一人之力编出了英语词典史上截至当时最权威的词典:《英语词典》。

[①] 转引自李荫华:《英语词典初探》,商务印书馆,1985年,第8—9页。

图 2—1　塞缪尔·约翰逊

　　约翰逊词典的出现,源于当时对"纯洁"英语的社会需求。由于特殊的历史原因,英语中充斥着拉丁语、法语等词汇,不少社会名流认为英语粗俗,必须加以"净化"。如 16 世纪的著名诗人斯克尔顿就说过,"我们的母语粗俗、苍白、生硬、错误百出、毫无光彩。"17 世纪末以后,对英语的类似指责有增无减。如著名作家斯威夫特就说:"我们的语言极不完善……每天的改善远不能抵消它每天受到的践踏。"当时,要求净化、改善英语的要求已经变成强大的社会呼声。① 此外,早在 16 世纪末 17 世纪初,欧洲大陆的一些国家便成立了学术机构以"纯化"

---

① 郑述谱:《约翰逊与他的词典》,《辞书研究》1998 年第 4 期,第 124—125 页。

语言。如意大利 1582 年成立了秕糠学会,并于 1612 年出版了《词典》,法国 1624 年成立了法兰西学士院,并于 1694 年出版了《法兰西学士院词典》。它们的最大特色,就是以书"立法",对语言的使用做出种种规定,供人们遵循。①

这种来自外部的压力和内部的要求,给约翰逊词典的编纂和出版提供了恰当的土壤。确实,进入现代英语以来,英语已有了较大的发展,但由于外来语的影响、人们使用习惯的差异等,当时的英语在拼写、发音、词义等方面还存在着混乱,因此,当时的英国确实需要一本具有权威性的词典。

1746 年,约翰逊与六家出版商在一家餐馆里签了一份匪夷所思的出版合同,规定在三年之内,由他独自一人编出一本与《法兰西学士院词典》同等规模的英语词典。之所以说这份合同匪夷所思,是因为《法兰西学士院词典》是 40 位法国编者花了 40 年时间才编成的,而约翰逊却要一人在三年之内编出与之媲美的词典!次年,他发表了洋洋万言的计划书,并开始了这部划时代词典的编纂。1755 年,经过八年艰苦卓绝的编写,《英语词典》终于出版了。这部皇皇巨著,对开本共有 2300 页,分为上下两卷,若按现代标准排印,足可装订成十大卷(见图 2—2)。

在介绍词典的特色之前,该书出版前的一件事值得一提:在《英语词典》出版之前,当时喜与文人交往的内阁大臣柴斯菲尔德勋爵连续发表两篇文章,竭力赞扬约翰逊和他的词典,作为对之的回复,约翰逊写了一篇《致柴斯菲尔德勋爵书》,此信已成为英国文学史上的散文名篇。该信以讽刺的尖锐辛辣而著称。原来约翰逊在写好词典的计划书之后,曾将之呈给柴斯菲尔德勋爵,意在获得勋爵的赞助,结果勋爵不予理会。而柴斯菲尔德勋爵连发两文,意图非常明显:按照当时文坛惯例,出书常需赞助之人,而书出时,也往往在扉页上注明献给某某,勋爵想的就是这个名声。而约翰逊在该信中,却毫不留情地剥开了勋爵的伪装:"然则所谓赞助者即彼见人溺水呼救而无动于衷及其

---

① 李荫华:《不朽的"苦力"——塞缪尔·约翰逊传略》,《辞书研究》1981 年第 4 期,第 248 页。

抵岸有重以援助相絮叨之人乎？……命运既以此书期委我与独成,我亦不应使世人误认我尚有赞助之人,此话谅亦不致视为苛刻。"① 它不仅给了柴斯菲尔德勋爵一记响亮的耳光,同时它还是时代的宣言:文人隶属于贵族恩主的时代一去不复返了!

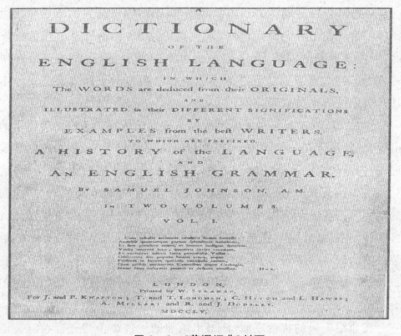

图 2—2 《英语词典》封面

另外还值得说明的是,尽管约翰逊在词典编辑之初对净化英语、稳定英语抱有极大期望,但在词典的"前言"中,他修正了自己的观点:"一些因受影响而对本书的编制颇具好感的人士,深望此书之出得使我国语言赖以固定下来……在这事上,毫不讳言,我也曾一度自谓能有所成就,但是今天我却开始认为,我自己诚不免抱望过奢,因为不论揆之理性抑或经验,这事都碍难办到。"②这篇"前言"已成为英国散文中的名篇,其内容广泛涉及语言学与词典编纂的体例原则等,至今仍有一定的参考价值和文献意义。

---

① 高健编:《英美散文六十家》(上),山西人民出版社,1983 年,第 162 页。
② 《英美散文六十家》(上),第 154 页。

下面,我们对这部词典的贡献做一个简单的介绍:

首先,从收词看,约翰逊的词典所收词条虽然量并不是最大,仅有 4 万条(如与之同年出版的 Ckott 词典收词就有 6.5 万个),但他收词比较灵活,吸收了很多具有普通意义的词,同时他还选收了大量的复合词,这是以前的词典所缺少的。

其次,该词典的词条结构为现代词典奠定了坚实的基础,换句话讲,其词条的结构已与现代词典相差无几。如多义词明确划分了义项,并标注 1、2、3 加以区分;例证指明了出处和作家姓名,而且数量达 11.4 万条。而这两点做法是在约翰逊词典中确立的,虽然在他之前也有人做过。此外,词的正音、正形、词源、语法、语义、修辞等词条内部结构一应俱全,与现代词典几乎没有区别。当然,在所有词条结构中,约翰逊贡献最大同时也最具特点的是他对词目词的释义。如:

grammar school. A school in which the learned languages are grammatically taught.

deify. (2) To praise excessively; to extol one as if he were a god.

上述释义充分体现了编者本人提出的三个标准:"简练、充实、明晰"[①]。类似的定义在全书中是大量的,但也有极少数带有约翰逊个人感情色彩的释义一直在词典界传为笑谈。如他对 lexicographer 的解释是:"词典编者,研究词并弄清其意义,勤恳工作不妨害他人的人。"而对 pensioner 的解释是:"国家的奴仆,为金钱而听命于主子。"[②]再如,他父亲在世时,曾因货物税与当地的税吏发生过矛盾,吃过苦头,所以在编写 excise 这一词条时,他禁不住骂道:这是"一种令人憎恶的货物税,裁决应征税额的人不是惯常的处理财产事务的法官,而是由收税人雇佣来的卑鄙小人";还如他对 oats(燕麦)的释义:"一种粮食,英格兰人一般用来喂马,但在苏格兰却是用来给人吃的",对苏格兰人的嘲讽溢于言表。

---

① 《不朽的"苦力"——塞缪尔·约翰逊传略》,《辞书研究》1981 年第 4 期,第 243—252 页。

② 郑述谱:《约翰逊与他的词典》,《辞书研究》1998 年第 4 期,第 129 页。

此外，约翰逊比他的前人更大量地采用了提醒读者别使用或最好不用的标注，数量达90多种。有人统计，词典中每41个词就有一个类似的标注。如 bad（糟糕），barbarian（野蛮），improper（不当），coarse（粗俗），erroneous（错误），inelegant（不雅），ungrammatical（不合语法）等。不仅如此，他甚至采用一些句子来表述，如 Ought to be ejected from language（应逐出语言），Sense scarcely English（未必是英语的意义），An unnecessary word which is creeping into language（混入语言中的不必要的词）等。①

约翰逊顺应当时时代的要求，编出的词典以其权威性雄踞英伦近百年，直到19世纪50年代牛津大词典开编，其地位才开始受到挑战，同时也标志着规定性词典向记录性（描写性）词典的转变。

2.3 韦伯斯特：美国词典之父

美国独立以后，对于语言改革的呼声日渐高涨，这主要是由主、客观两方面原因造成的：从客观上，由于新的环境、新的文化风俗，英语在美国已经有些变味了，加之新词新义不断涌现，美国英语与英国英语的差异也越来越大；从主观上，美国独立以后，英国对美国所拥有的最后一点权威就是它的语言，而控制了一个民族所使用的语言，就控制了整个民族，在独立后的美国，语言必须变革，而变革语言的人，其影响必将扶摇而上，甚至成为民族的塑造者之一。② 诺亚·韦伯斯特（Noah Webster）（1758—1843）就是这样一位想成为塑造者的人（见图2—3）。

---

① 《约翰逊与他的词典》，《辞书研究》1998年第4期，第128—129页。
② D.阿克曼：《韦伯斯特——一个古板而又朝气蓬勃的辞书编纂家》，吴莹编译，《辞书研究》1988年第1期，第143—144页。

1800年6月,韦伯斯特在康涅狄格州的纽黑文登报宣布,他将编写三部词典,并说:"美国必须像政治上独立一样,在文学上也独树一帜,美国的艺术也应与武器装备一样精良。"作为一个民族主义者,韦伯斯特的这一态度再鲜明不过了,其实在此之前的1783年,他就编写出版过《美国拼音课本》(*The American Spelling Book*),受到了广泛的欢迎,发行达一亿册;他还专门设计了一套注音符号,这就是广为人知的"韦氏音标"。①

图2—3 诺亚·韦伯斯特

1806年,韦伯斯特编写的第一部词典《简明英语词典》(*Compendious Dictionary of the English Language*)出版,这部词典虽然篇幅只比约翰逊词典多了五千词,但已有了不少独创,如I和J以及U和V都独立自成一部,这在英语词典史上还是首创。隔了一年,他又出版了《学生词典》。② 这两部词典的编纂和出版,为他后来编写

---

① 金常政:《西方词典史话》,《辞书研究》2004年第3期,第130页。
② 周忠杰:《美国词典之父:韦伯斯特》,《辞书研究》1980年第4期,第274页。

的大型词典做好了铺垫。

1807年,已年近半百的韦氏开始了筹划已久的《美国英语大词典》(*An American Dictionary of the English Language*)的编写。他深知,要使这部新词典为大众所接受,就必须向当时在美国也享有权威地位的约翰逊词典提出挑战,这项工作他完成得很出色:他既照顾约翰逊的威望,尊重他的成就,同时又指出了约翰逊的不足。他把约翰逊词典的缺陷归纳为七个方面,具体指出了这些不足,如:约翰逊把许多英语中没有或不用的词硬塞进词典,如 advesperate, balbucinate, spicosity 等;把矫揉造作写出来的拉丁语句子作为例证,而这些晦涩难懂的例证与理解词义毫不相干;词汇的不同含义不能正确辨别;词义相同或相近的词汇释义不够谨慎,在词源方面更是谬误百出等。①随后,他用七年时间进行准备,访问了英国剑桥大学和法国巴黎大学的教授们,探讨语言学问题,终于在1828年他70高龄时出版了《美国英语大词典》。后来有人评论说,它是"第一部与约翰逊的词典规模相仿的本国(指美国)词典"②。

在该词典的序言中,韦氏阐述了他对语言的本质和历史的看法,对英语语法的论述更是详尽。全书两大卷,收词七万条,比约翰逊词典的最新版还多出一万两千条。除收词量大以外,该词典还有以下特色:

首先,词典收入了当时英语词典不收的"美国专用语",突出了其美国特色。它为美国提供了第一部采用美国拼法、重视美国词语、援引美国创建者言论作例证的颇富美国特色的词典。它的出版表明美国规范化民族语言已经形成。此外,词典还收入了数千个科技词汇。

其次,词典使发音标准化并简化了拼写,如剔出了 errour 和 colour 之类词中的 u,把 plough 的拼法改为 plow,把 theatre 这类词的最后两个字母颠倒过来,等。

此外,词典对若干词条作了百科性的处理,并首先使用按词义历

---

① 《美国词典之父:韦伯斯特》,《辞书研究》1980年第4期,第274页。
② 转引自李华:《韦伯斯特词典和梅里亚姆出版公司》,《辞书研究》1980年第4期,第159页。

史演变顺序排列义项的办法,词源较过去的词典更为详尽,这些都构成了韦氏词典的特色。

《美国英语大词典》出版后,不仅受到美国人的普遍欢迎,同时在英国也颇为流行。韦氏生前曾将词典修订过一次,并在1840年出版了。

2.4 《牛津英语词典》:一部恢宏的历史词典

英国的词典编纂,自约翰逊词典以后没有大的突破。这一状况的结束,则赖于《牛津英语词典》的出版。

英国语文学会成立于1842年。1857年,诗人兼语言学家特伦奇(R. C. Trench)提议成立一个"收集英语词汇委员会",建议编一部新型的、历史主义原则的英语词典,这一提议得到了学会会员们的赞同。特伦奇认为,当时的词典至少有六个方面的缺陷:1. 通常忽略已废掉的单词,而这些词对学生阅读英语经典文献颇有帮助;2. 没有把很多单词的词性概括齐全,因此词典中出现了一些单词被忽略的现象;3. 不太重视被释义单词所产生的时间和地点;4. 没有记载有"恰当引证"的解释,以及已废弃了的、更早的用法;5. 没有采用"所有最好的和最恰当的文章";6. 忽略了某些文章,而这些文章可用来阐述词源、解释词义。他还强调,"词典是历史的纪念碑,是从一个角度对国家历史的思考"。

实际的编纂工作从1858年开始筹备,首任主编是久居牛津的的苏格兰词典编纂家墨里(James Murray,1837—1915)(见图2—4)。词典从1884年开始出版,到1928年才全部出齐,当时词典命名为 *A New English Dictionary on Historical Principles*,而后来广为人知的 *Oxford English Dictionary*(缩写为 OED)则是在1933年增加三卷补编以后才使用这一名称的,至此,这一部历史上规模宏大的词典终于宣告完工:OED共有12卷,收词50万,总篇幅达15487页,其规模远远超过一般的语文词典。就深度而言,也是无与伦比的,因为它相当仔细地研究了从中古英语到现代英语的几乎是全部英语词语的历史,广征博引;资料翔实,用相当完整的注明日期的书证来说明各词词义的历史演变过程。1972年和1986年,由Robert Burchfield任主编,又增加了4卷《补编》。1989年,牛津大学出版社采用计算机技术,把所有早期的出版物荟萃到一起,并增加少量新词新义,推出了共有20卷的OED第二版。①

《牛津英语词典》之所以能在英语词典史乃至世界词典史上占有举足轻重的地位,主要是由于以下原因:

首先,OED一反英语词典史上由约翰逊所开创的"规定主义"原则,采用了"历史主义"的编纂原则,为世界各国描述性词典开辟了一条新道路,具有划时代的意义。

第二,OED收词规模空前庞大,时间幅度宽。1989年的第二版,收集了自公元1150年以来几乎全部的英语词汇,并追溯到最古老的文献,忠实地记录其意义和形态的变迁。第二版共收词汇61万6千5百条,字数多达6千万,共21700多页。第二版收词的范围包括文学、艺术、科学、技术、商业、医学、教育、历史、地理和北美俚语等,甚至连20世纪70年代以后的新词也悉数收入。在收词上,OED还有另外一个特点:凡属收录范围内的词条都全部收入,而不像过去的词典那样经过编者的筛选,因此该词典中收录的古词、废词也特别多。②

图2—4 詹姆士·墨里

---

① 黄萍:《OED:词典的奇迹——介绍〈词汇的主宰者——OED的统治〉》,载姜治文、文军主编:《词典学与双语词典学研究》,上海辞书出版社,1999年,第291—292页。
② 徐振忠:《英文词典实用指南》,华东师范大学出版社,1995年,第121—123页。

第三，例证按时间顺序编排，书证丰富。OED 从开编以后，就广泛动员社会力量参与书证的收集，不少人主动提供引文，数量高达 600 多万条，后经过精选采用了 180 万条。① 这一部分是 OED 的精髓，也是工作量最大的一部分。词典编者对几乎所有的英语单词都尽可能追溯其来源，每个义项从最早诉诸文献起收录，每百年用一引语，整部词典实则就是一部英语词汇发展史。正因为例证的引用是 OED 的最大特色，难怪约翰·威林斯基（*John Willinsky*）在《词汇的主宰者——OED 的统治》（*Empire of Words—The Reign of OED*）一书中，总共 12 章，就以 5 章的篇幅专门讨论 OED 的引例问题：第 4 章探讨莎士比亚作品的引用，第五章具体分析莎氏《驯悍记》的引例，第 6 章探讨维多利亚时期作家作品的采用，第 7 章探讨 OED 引例中所涉及的各类文章，第 9 章论述了对现代作品的引用。

当然，作为一部划时代的词典巨著，OED 的贡献是多方面的，除上述足本以外，它的编写还促成了牛津系统辞书的诞生：1933 年的补编编完时，以 OED 为基础的一整套牛津词典也已经相继问世了。它们主要是：《简明牛津现代英语词典》（*The Concise Oxford Dictionary of Current English*）、《袖珍牛津现代英语词典》（*The Pocket Oxford Dictionary of Current English*）、《节本牛津英语词典》（*The Shorter Oxford English Dictionary*）和《牛津现代英语小词典》（*The Little Oxford Dictionary of Current English*）。后来还出版过《牛津插图词典》（*The Oxford Illustrated Dictionary*）、《牛津学生词典》（*The Oxford Student's Dictionary*）等等。这些词典虽然属于各种类型，规模有大有小，用途各异，但基本上都保持了牛津大词典所倡导的高质量、高水平，因而长期以来饮誉全球。②

---

① 金常政：《西方词典史话》，《辞书研究》2004 年第 3 期，第 131 页。
② 李荫华：《英语词典初探》，第 17 页。

2.5　韦氏三版：描述性的巨著

韦氏三版的全称是《韦氏三版新国际英语词典》(Webster's Third New International Dictionary)，由戈夫(Philip Babcock Gove)主编，1961年出版。

从传承关系上看，韦氏三版的老祖宗是诺亚·韦伯斯特的《美国英语词典》，他在世时于1841年出了第二版。1847年，韦伯斯特的女婿、耶鲁大学教授 Chauncey A. Goodrich 主持修订，出版了第三版，出版时由 Merriam Co.（梅里亚姆公司）接手，此后的一段时间，韦氏词典的封面上便出现了 Merriam-Webster 的字样。1890年，该词典再版，更名为 Webster's International Dictionary。1909年，该词典又彻底修订，易名为 Merriam-Webster New International Dictionary，加上 New 一词，这就是新版的第一版，主编是 W. T. Harris，收录词条40万条。1934年又经修订，出了新二版，主编是 William A. Neilson，总词目60万条，其中收录词条55万条，地名3万6千条，人名1万3千条，缩略语5千条。在 OED 二版出版前，它是世界上收集最多的词典。①

韦氏三版是一部颇具特色的大型词典。其特色可以用"大、洋、全"来概括。② "大"指不仅收词多（收词约45万），同时例证也十分丰富；"洋"指不仅收了美国的词汇，也收录了美国之外的（尤其是英国的）词汇，还收录了大量外来词；"全"则指注音、释义非常详尽，新词新义随处可见。更具体地讲，韦氏三版的特色有以下几点③：

第一，从编纂方针看，韦氏三版与以往的词典都不同，采用了描述性的编写方法。20世纪二三十年代起，结构主义语言学派的影响日益

---

① 徐振忠：《英文词典实用指南》，华东师范大学出版社，1995年，第140—141页。
② 李荫华：《不做语言的立法者——〈韦氏三版新国际词典〉评介》，《辞书研究》1980年第4期，第126页。
③ 徐振忠：《英文词典实用指南》，华东师范大学出版社，1995年，第141—144页。李荫华：《不做语言的立法者——〈韦氏三版新国际词典〉评介》，《辞书研究》1980年第4期，第126—136页。

巨大,该学派认为:1.语言经常在变动;2.变动是正常的;3.口语才是语言;4.正确性取决于用法;5.一切用法都是相对的。《韦氏三版》的编写无疑受到该学派的深刻影响。该词典对当代英语词汇力求客观的描述,摈弃主观臆断。词典编者声称,该词典所阐述的词义都是实际使用中的意义,而不是编者的意见。它不再采用或尽可能回避采用对语言现象下权威性结论的做法,而是如实记录下语言的使用实际并在词典中加以反映。这一原则对后来的词典编纂产生了重大影响。

第二,从收词上,三版在1961年出版时收录的词目共45万条,1966年再版时增加到了55万条,1983年梅里亚姆—韦伯斯特公司又出版了《9,000词——〈韦氏三版新国际英语词典〉补编》,这样总的收词量近56万。更重要的是,凡属1755年以前的词和罕见词、废旧词它一律不收,同时它增收了不少科技词语,特别是电子学、核物理、火箭技术、通讯、自动化、医学等学科的用语。

第三,在注音上,三版采用美国式宽式音标注音,废除了用韦氏音标注音的方法,使注音更加大众化。此外,出于描述的原则,该词典在注音上投入了大量精力,编者的目标是要标出英语世界中有文化教养者在正式或非正式场合讲话时一般的发音情况。词典的语音编辑当时充分利用了广播、电视、录音等手段,记录、整理了许多地区各种人的实际发音情况,并如实在相关词条中反映出来。

第四,释义上,该词典的最大优点是清楚、详尽,旧词新义收录完备。同时,它一律采用"单一短语释义法"(one-phrase definition),即释义不管字数长短,一律写成一个短语。例如:

truant:...2: one who stays away from business or shirks duty; esp. who stays out of school without permission

第五,例证方面,《韦氏三版》的特点是多设例,少说明,目的是让读者通过上下文更好地理解字词。该词典拥有1000万条例证的资料卡,其中有10万条收入了词典,编者另撰写了10万条。而这些例证产生的时间都较近,引用的不光有古典名著,当代作家以及当代的报刊和出版物都是收录的对象。

此外,该词典在修辞标志、学科标志等方面也作了一些重大改革,此不赘述。

但就是这部《韦氏三版》,从出版的第一天,就引起了激烈的争论。不少人针对其编纂上的疏漏,提出了批评,意见主要集中在以下几方面:1. 这部号称收词量最多的词典,短语收得很少,甚至连短语动词也收得不多。2. 三版废除了二版把罕见词和废旧词列于每页下部的做法,这样,号称最完备的版本就显得不完备了,而且阅读古籍的读者也会感到不便。3. 单一的短语释义法在释义时往往捉襟见肘:它用于诠释简单的词义还可以,但用来处理复杂的词义就有问题,有时词语堆砌形成长长的一段文字,读起来艰涩拗口。4. 不收专有名词无疑是丢掉了美国传统的一大特色。5. 三版的所有词条除 God 一词及一些缩略词外,其他所有词均以小写字母开头,因此出现了专有名词以小写字母开头的怪现象,如"中国"写成了 china。6. 修辞标志不够严密,漏洞较大;用法标注尺度过宽,取消了许多"非正式文体"的标注。7. 插图太少,不便于读者直观地理解释义。

应该承认,《韦氏三版》确实存在一些不足,但它所遭受的责难和抨击、赞扬和肯定却是空前的。究其原因,这场争论的实质是:词典编写究竟应按传统的规定性道路走下去呢,还是应该像《韦氏三版》这样沿着描述性的道路走下去?这场争论的结果,不难从《韦氏三版》对后来词典的影响中找到答案:如 1972 年开始以分册形式问世的《牛津英语词典补编》的编者公开宣称在收词、引例方面不能苟同约翰逊等人的规定主义观点,他们收录了詹姆士·乔伊斯作品中的许多用语,例证范围也扩大到了犯罪小说和流行歌曲。《简明牛津词典》(第六版)更是直截了当地宣称,"本书采用描述性的而不是规定性的态度,即词典努力记录受过教育者使用现代英语的情况"(该词典导言)。

2.6 小 结

以上所介绍的,是英语词典史上影响最大的几部语文词典。此外,作为语文词典的重要组成部分,还有各种各样的专科性词典,如俚语词典、方言词典、同义词词典、用法词典、语音词典、词源词典,等等。① 英语辞书中,这类词典也十分丰富,它们也分别有各自的历史,这里就不一一详述了。还有英语学习词典现在也已经广为普及,并已发展到第三代,②值得关注。与学习词典一起,电子词典和在线词典并称为20世纪50年代以后发展最快的三种词典,并有学者预测,21世纪的词典市场将是纸质词典、电子词典和在线词典"三分天下"的时代,③它们的产生与发展,都值得引起我们关注并加以研究。

---

① 参见李荫华:《英语词典初探》,第23—39页。
② A. P. Cowie, *English Dictionaries for Foreign Learners: A History*, Oxford University Press, 1999.
③ 陆谷孙、王馥芳:《当代英美词典编纂五十年综述》,《外语教学与研究》2006年第2期,第136—141页。

第三章

英语词典的类型

所谓词典的类型,是指"词典及其他工具书的分类"①。对词典类型的研究,是在词典编纂发展到一定阶段时的产物:20 世纪以前,词典的类别相对较少,主要是单语词典和双语词典,因此对词典分类的必要性不大。人类进入 20 世纪后,随着科学技术和社会的发展,各种词典的数目激增,因此对词典类型的研究也就成为词典学家必须面对的问题。

自 1940 年前苏联词典学家谢尔巴基于词典多相特征对词典类型进行理论探讨以来,不少词典学家进行了不懈的努力,在词典类型研究上进行了大量研究,提出了各种分类法。② 有国内的学者对这些分类进行过较为详尽的评介。③ 再如《词典:国际词典学百科全书》(*Dictionaries: An International Encyclopedia of Lexicography*)就用十章(第六章至第十五章)共 77 篇文章的篇幅来讨论词典的种类,④ 第六章主要讨论词典分类法和单语词典、定义词典、百科词典等;第七章研究"横组合词典",如句法模式词典、搭配词典、固定表达法及习语词典、谚语词典、引语词典、句子词典等;第八章是"纵聚合词典",如名称学词典、同义词词典、反义词词典、类义词典、逆序词典、图画词典、手势词典等;第九章为标准语内的有标记词典,如古词语及废弃词词

---

① R. R. K. Hartmann. *Dictionary of Lexicography*, Foreign Language Teaching and Research Press. 2000, p.147.
② 如黄建华:《词典论》,上海辞书出版社,1987 年,第 19—40 页。Henry Bejoint. *Tradition and Innovation in Modern English Dictionaries*, Oxford: Clarendon Press, 1994, pp.32—41.
③ 雍和明:《国外词典类型学理论综述》,《辞书研究》2004 年第 5 期,第 37—44 页。
④ 文军:《词典:国际词典学百科全书》评介,《外语学刊》1997 年第 4 期。

典、新词语词典、外来语词典、难词词典等;第十章阐述不同类别词典的编纂,如语法词典,词类词典,构词要素词典,同源异形词词典,拟声表达法词典,职业名称词典,动、植物名称词典,缩略语词典等;第十一章专门讨论"专名词典":人名词典、地名词典、河名词典等;第十二章则根据词典所提供的语言信息种类,分别阐述了拼写词典、读音词典、曲折变化词典、频率词典、词源词典和时间顺序词典等;第十三章从词典功能的角度,讨论了基本词汇词典、儿童词典、母语教学学生词典、外语教学词典等;第十四章重点论述与语言变体有关的词典:断代词典、方言词典、科技术语词典、隐语词典等;最后的第十五章描述与篇章有关的词典:涉及特殊篇章类型的词典,只包含一个作家篇章的词典、作家语词索引和索引。这里我们之所以不厌其烦地列举了《词典:国际词典学百科全书》中所涉及的词典类型,目的在于让我们对词典种类的多样性和丰富性有一个感性认识。此外,从上面的介绍中我们也可以看出该书对词典类型的分类,所涉及的种类较多,但概括性似嫌不足。

  Hartmann 等在研究人类信息交流发展史的基础上,结合词典编纂与出版的现状,抽象出四条基本分类准则:1. 现象分类法(phenomenological typology):指按词典的篇幅(如袖珍词典、节编本词典、简明词典等)或内容涵盖范围(如普通词典、专科词典等)等形式特征进行分类;2. 表述(或构造)分类法(presentational or tectonic typology):即按词典的版式(如按字母顺序编排的词典、分类词典、意念词典)或载体(如手稿本、印刷本、电子本词典等)来进行划分;3. 功能分类法(functional typology):一种根据词典的信息类别(如正音词典、拼写词典、词源词典等)或编写方法(如详解词典、教学词典、术语词典等)的划分法;4. 语言分类法(linguistic typology):主要依据词典涉及的语言多寡来进行分类(如单语词典、双解词典、双语词典、多语词典等)。①

  上述分类都很难说是完备的。正如 Henry Bejoint 所说,对任何词典分类的研究者而言,他所必须面临的问题是:要么依据已有的词

---

① 张柏然:《导读》,载 *Dictionary of Lexicography*, pp. 10—11.

典进行归纳分类,要么创造理论上的分类,然后检验已有的词典是否与之吻合,其症结在于"类型"这一概念本身就是不精确的。① 但这也并不是说,词典的分类就没有意义,事实恰恰相反,通过词典的分类研究,有利于我们弄清词典的基本类别,了解词典编纂的主要方法。下面我们主要依据 Bo Svensen 和 Henry Bejoint 的观点②,对词典的主要类别辅以实例进行介绍。

3.1 词典的基本种类

3.1.1 通用词典与专科词典(general and specialized dictionaries)

General dictionary A type of REFERENCE WORK intended to provide a comprehensive description of the whole language, with special attention to VOCABULARY. The general (or "general purpose") dictionary fulfils a number of different FUNCTIONS (information on meaning, spelling, idiomatic use etc.) and thus satisfies various reference needs of the user, or many diverse needs of different user groups. It is typically MONOLINGUAL, although it shares many features with the BILINGUAL DICTIONARY, where translation EQUIVALENTS replace definitions. ③

所谓"通用词典",其实是与"专科词典"相对而言的:通用词典主要收集通用词汇,而专科词典则收录某一领域或某几个领域的词汇。二者的主要区别,一方面体现在词汇的选择收录上:专科词典对某一领域或某几个领域的专门词汇收录总量往往多于普通词典;另一方面,表现在描述和解释的方法有所不同:尽管通用词典也常常收录某些专门词汇或收录专门的义项,但一般而言,专科词典对某一概念的定义通常应比普通词典更详尽。例如:discharge 一词,在《新英汉词

---

① Henry Bejoint. *Tradition and Innovation in Modern English Dictionaries*, p. 32.
② Bo Svensen. *Practical Lexicography—Principles and Methods of Dictionary Making*, Oxford: Oxford University Press, 1993, pp. 17—39.
　　Henry Bejoint. *Tradition and Innovation in Modern English Dictionaries*, pp. 32—41.
③ *Dictionary of Lexicography*, 2000, p. 61.

典》(增补本)(上海译文出版社,1985)中有以下义项:

I. vt. 1. 卸(货物)等;卸下(船)上的货物

2. 射出;开(炮等)

3. 排出(液体、气体等);【电】放(电)

4. 允许……离开;释放;解雇

5. 使免除,使卸脱

6. 履行;清偿

7. 【律】撤销(法院的命令)

8. (印染中)拔染,除去(染料、颜色)……

而以上义项3中的电学意义和义项8在专科词典中的释义却详尽得多:如《英汉化学大辞典》(Clifford. A. Hampel, Gessner. G. Hawley 刘采兰译,化学工业出版社,1984年1月第1版):

discharge

(1) 拔染:去染色工艺中,利用化学反应去掉纤维上的染色。所用的物质称为拨色剂或去色剂,如硫酸亚钛。

(2) 放电:光电化学上,从一个体系如电池或电容器或其他存储电能的设备中取出电能或除去其所带电荷。

专科词典又可分为两大类:一是包括学科词典、行业词典、术语词典等,"按照科学分类,有层次地收录专门领域的术语和专名,系统地介绍一个领域的有关专门知识"[①],可以称为学科性专科词典,如图1—1中的 Information 类:Term Bank,Dic. of Physics,Dic. of Art 等都属于此类。另一类叫做语文性专科词典,它们都与语言文字相关,图1—1中 Information 的另一类(Dic. of Foreignisms,Dic. of Idioms 等)就是语文性专科词典。关于这一类的介绍,详见3.2。

---

① 林玉山:《辞书学概论》,海峡文艺出版社,1995年,第85页。

3.1.2 单语词典与双语词典(monolingual and bilingual dictionaries)

单语词典(又称为"通用词典"、"解释词典"或"用法词典")是指用同一种语言来描述该语言的词典,其描述方法是用定义或解释性词语来给出单词的意义。① 篇幅较大的单语词典往往还配有例证,以对语义描述作出补充。单语词典的使用者大都定位在本族语读者(如 *The Concise Oxford Dictionary*),在大多数语言中,单语词典都是编纂相对成熟、研究最为深透的词典种类。单语词典包含的种类极多,如综合性词典与简明词典,通用词典与专科词典、学习词典、百科词典等。②例如 *Longman Dictionary of English Language* 的 bread 条:

> ¹**bread** /bred/ *n* **1** a food made from a baked dough consisting of flour or meal, water, and usu a raising agent, esp yeast **2** food, substance ⟨*our daily* ∼⟩ **3a** livelihood ⟨*earns his* ∼ *in the fleshpots of Fleet Street*⟩ **b** *informal* money [ME *breed*, fr OE *bread*; akin to OHG *brot* bread, OE *breowan* to brew] - **break bread 1** to take a meal with **2** to celebrate or participate in Holy Communion

而双语词典则表明一种语言(原语)的字词或表达法被另一种语言(目的语)重铸。其通常做法是原语词或表达法在前,其后是目的语的一种或数种对等词或表达法。有时,尤其是在科技词汇词典中,往往可以涉及不止两种语言,这时它就成了多语词典(multilingual dictionaries)。③ 双语词典的例子如《英汉大词典》bread 条:

> **bread** /bred/ **I** *n.* **1.** 面包:a loaf of (slice, piece) ∼ 一只(一片,一块)面包/ What ∼s have got today? 今天你买了哪几种面包?/ This is a better ∼ than the one I bought yesterday. 这种

---

① Bo Svensen. *Practical Lexicography—Principles and Methods of Dictionary Making*, Oxford: Oxford University Press, 1993, p. 20.
② *Dictionary of Lexicography*, 2000, p. 95.
③ *Practical Lexicography—Principles and Methods of Dictionary Making*, Oxford: Oxford University Press, 1993, pp. 20—21.

面包比我昨天买的那种好些。2.（用发酵粉快速制成的）膨松烘饼 3. 食物;（必须的）营养:take barely enough money to keep the children in ～ 赚少量仅够孩子们勉强糊口的钱 4. 生计,谋生之道 5.〈俚〉钱:He spent all his uncle's ～ on wine and beer. 他把叔叔的钱全都花在葡萄酒和啤酒上了。/ figure out some way of getting some ～ 想出某种搞钱的办法 6.【宗】（圣餐中的）饼 7.〈美俚〉衣食父母,老板,雇主［尤多用作雇员之间的隐语］（其后的动词意义等略）

多语词典的例证,如《英汉俄航空航天词典》[①]:

ability
能力
способность
A18
ability to conduct
操纵能力
способность управления
A19
ability to maneuver
机动能力
способность маневрирования
A20
ability to place payload into orbit
有效载荷发射入轨能力
способность к выведению полезной нагрузки на орбиту
A21
ability to reach any orbit plane
达到任意轨道平面的能力

---

① 李瑞晨主编:《英汉俄航空航天词典》,北京航空航天大学出版社,2002年。

способность к выведению на орбиту с любым наклонением
A22
ablatant
1. 烧蚀材料 2. 烧蚀防热层
1. абляционный материал
2. абляционный теплозащитный экран
A23
ablate（to）
烧蚀
аблировать

3.1.3 百科词典与语文词典（encyclopedic and "language" dictionaries）

百科词典是介于通用词典和百科全书之间的辞书门类，具备二者的特点。它既收有语言信息（linguistic information）（如词源、拼写、读音、语法以及相关词项的意义等），同时又收有百科信息（encyclopedic information）（如事实、图表、专名、图示等）。① 百科词典的收词一般比百科全书多，但不像百科全书那样追求知识的完整性和系统性，释文也不设置层次标题和参考书目。百科词典以百科性语词，即各学科中的各种概念词、专名、术语及固定词组为收录对象，并作有较大深度和广度的解释，但比百科全书的释文更简洁、概括性更强。② 语文词典是主要汇集普通词语（或词语的某些成分），程度不同地酌收专科术语（一般以已经进入普通词汇者为限），根据一定的编纂目的加以处理，按一定规则排列，供人们查找的工具书。它全面或局部地提供词性、词义、读音、用法等，有时还提供音节划分、派生词、词源、同义反义词、缩略语、方言俚语、修辞、语体和语用等方面的语文知识。③ 语文词典的范例是单语通用词典，而百科词典、术语词典则被视为与之相对应

---

① *Dictionary of Lexicography*, 2000, p.49.
② 林玉山：《辞书学概论》，海峡文艺出版社,1995年,第88页。
③ 同上书,第69页。

的词典类型。①

试比较以下语文词典和百科词典的词条：

inflation /inˈfleiʃən/ *n* **1** inflating or being inflated: e. g **1a** distension **b** empty pretentiousness; pomposity **2** a substantial and continuing rise in the general level of prices (*Longman*, p. 754)

inflation An economic situation where the general level of prices is rising, as popularly measured by the retail price index. Inflation causes the real value of money to fail, and savings to lose their value. It is also believed to slow down economic growth. The control of inflation is a major aim of government economic policy in many countries; the major fear is that action to reduce inflation causes an increase in unemployment.» **deflation**; **fiscal drag** (*The Cambridge Concise Encyclopedia* p. 375)

上面 Longman 词典只给出了 inflation 的语义，而后面一条提供的信息却丰富得多：既有 inflation 的意思，也有对其结果的解释，还有对之加以控制可能产生的后果的说明。

3.1.4 外国学习者词典与本族语词典 (foreign learners' and native speakers' dictionaries)

本族语词典是与外国学习者词典相对应的概念，主要指单语词典。

所谓外国学习者词典是一种专门针对非本族语学习者而专门设计的学习词典。它起源于 20 世纪 30 年代，现在已发展到第二代和第三代，其代表性的词典有 *Advanced Learner's Dictionary of Current English* (ALD4), *Longman Dictionary of Contemporary English*

---

① *Dictionary of Lexicography*, 2000, p. 81.

(LDOCE),*Collins Cobuild English Language Dictionary* 等。① 随着词典研究的深入,尤其是对使用者研究的重视,学习者词典得到了极大的发展。以 LDOCE 为例,从 1978 年第 1 版诞生,1995 年又出了第三版,该版内容详实,形式多样,其最显著的特点是以"读者至上"为宗旨:适合不同国家的学习者、有着不同兴趣的学习者、有着不同语言需要的学习者。这一宗旨表现在词典编纂的方方面面,如将例证和释义都控制在 2000 词左右,以使学习者更易理解和接受;再如对词语语法功能描述的重视,对语用信息的充实等。②

3.1.5 成人用词典与儿童词典(for adults and for children)

儿童词典指专门为儿童设计的词典。其特点是,收词比通用词典少,只收最常用的词汇,古旧废词以及方言俚语均不在收录之列;此外,儿童词典对单词的意义解释也别具一格,如不用定义而采用短故事、插图等(具体例子请参见 3.2.1.9 "图画词典")。

3.2 专科词典(specialised dictionaries)

专科词典是与通用词典相对的概念(见 3.1.1),其种类十分繁复,大致可以分为语文专科词典和学科专科词典两大类。

3.2.1 语文专科词典

语文性专科词典都与语言文字相关,但它们不像通用语文词典那样将普通词和疑难词等一概收录,而是侧重英语语言的某一方面。其种类也丰富多彩,下面择其要者,介绍 15 种语文专科词典。

3.2.1.1 拼写词典(spelling dictionaries)

拼写词典是给出正字信息的工具书,通常按字母顺序排列。由于

---

① 霍庆文:《导读》,A. P. Cowie, *English Dictionaries for Foreign Learners*: *A History*, Foreign Language Teaching and Research Press, 2002, pp. 24—38.

② 陈菁:《纵观〈朗文当代英语词典〉,透视英语学习词典的发展趋势》,《辞书研究》2000 年第 2 期,第 115—121 页。

拼写与写作的关系十分密切,所以拼写信息是通用词典和专科词典都非常关注的信息。① 例见下条"分音节词典"。

3.2.1.2 分音节词典(word-division dictionaries)

分音节词典的主要功能是划分出单词的音节,以利于分行。如《牛津拼写词典》②:

  bea¦ver (pl.
  bea¦ver | or
  bea¦vers)
  Bea¦ver | board
  be | bop
  be¦bop | per
  be¦calm
  be¦cause
  bec¦ca | fico(pl.
  bec¦ca | fi | cos)
  béch | amel
  bec¦ket
  Beck | ett, S
  be¦cloud
  be¦come
  (be¦came
  be¦com | ing)
  bec¦querel(unit)
  bec¦querel(man)
  bed(as v.,
  bed¦ded
  bed¦ding

---

① *Dictionary of Lexicography*, 2000, p.130.
② R. E. Allen. *Oxford Spelling Dictionary*, Oxford: Claredon Press, 1986.

3.2.1.3 逆序词典(reverse dictionaries)

逆序词典有两种含义①：

1. With reference to format: Reverse-Order Dictionary

第一种定义强调了编纂词典的顺序问题，即编纂词典所实行的字母顺序颠倒，Hartmann 对这种词典的定义如下：

> A type of reference work which lists the vocabulary alphabetically by last-to-first rather than first-to-last letter order. Because of the back-to-front arrangement of items, it may also be called a 'tergo' dictionary or 'reverse index'.

比较有代表性的词典有：*Rückläufiges Wörterbuch der englischen Gegenwartssprache/Reverse Dictionary of Present-day English* (M. lehnert), Leipzig, 1971; *Back-Words for Crosswords. A Reverse-sorted Word List* (J. C. P. Schwarz), Edinburgh, 1995。

这种逆序词典在国内比较常见，尤以英汉逆序词典为多。而在此中尤以考试应试词典居多，但由于此类词典编纂时间短，目的只是为了应试，其质量并不能保证，权威性、准确性较差，除此之外，由于此类词典除了字母顺序之外，其他方面与标准词典无太大差别，所以这里不加以详细讨论，而主要介绍第二种逆序词典——功能性逆序词典。

2. With reference to function: Word-Finding Dictionary

第二种定义强调了编纂辞典的功能性问题，对于这种词典，Hartmann 的定义如下：

> A type of reference work which supplies words for meanings. This is done by inverting the traditional order which explains the meanings of relatively unknown words by easy words (semasiology), providing instead access to the more unusual words by easy ones.

第二种逆序词典在国内相对较少，下面以 *Illustrated Reverse*

---

① *Dictionary of Lexicography*, p.119.

Dictionary[①]为例简单介绍一下功能性逆序词典。

Illustrated Reverse Dictionary 作为逆序词典,是由"线索词"到"目标词"的寻找工具,这本词典共提供了几种寻找"目标词"的方式:

—by means of a definition leading directly to the target word,

—by referring to a chart of terms on a particular subject, with the target word among them,

—by referring to an illustration on which the target is pinpointed.

(From the Idea to the Word, page 5, Illustrated Reverse Dictionary)

下面通过例子来逐个介绍这三种查找目标词的方式。

首先以 diplomat 一词为例,在 *Illustrated Reverse Dictionary* 中,diplomat 下有如下词条:

Diplomat of high rank, just beneath ambassador
　　　　　　　　　　　　　　　　　　MINISTER

—diplomat of a senior rank　　　　COUNSELOR

—diplomat fully authorized to represent a foreign government　　　　　　　　　　PLENIPOTENTIARY

—diplomat representing a country's commercial interests and assisting its citizens abroad　　　　　　CONSUL

—diplomat standing in for an ambassador or minister
　　　　　　　　　　　　　　　CHARGR D'AFFAIRES

—diplomat who is unacceptable to a foreign government
　　　　　　　　　　　　　　　PERSONA NON GRATA

—diplomatic agent sent to on a special mission
　　　　　　　　　　　　　　　　ENVOY, EMISSARY

—diplomat's document of authorization and introduction to

[①] John Ellison Kahn, The Reader's Digest Association, Inc. 1990.

a foreign government

　　　　　　　　　　　　　　　　　LETTERS OF CREDENCE

—diplomat's code of etiquette and official formalities

　　　　　　　　　　　　　　　　　　　　　　PROTOCOL

—chief secretary of a diplomatic mission　CHANCELLOR

—officially authorized, having acceptable credentials, as a diplomat might be　　　　　　　　　　　　　　ACCREDITED

—senior diplomatic representative in a protected state in former times　　　　　　　　　　　　　　　　RESIDENT

—senior diplomatic representative of one Commonwealth country serving in another

　　　　　　　　　　　　　　　　HIGH COMMISSIONER

—technical expert assigned to a diplomatic mission

　　　　　　　　　　　　　　　　　　　　　　ATTACHE

其次,作为 *Illustrated Reverse Dictionary* 其表格显示能力也是极为重要的,例如,针对 Keyboard Instruments 就进行了详尽的分类介绍,如下表(表 3—1):

表 3—1　Keyboard Instruments

	KEYBOARD INSTRUMENTS
accordion	portable instrument with metal reeds controlled by a small keyboard and sounded by a rush of air produced by a pleated bellows
carillon	set of bells, often housed in a tower, still sometimes operated by manual and pedal keyboards
celesta	small, pianolike instrument with a bell-like sound produced by hammers striking metal bars
clavicembalo/cembalo	keyed dulcimer, or harpsichord
clavichord	soft-sounding instrument with horizontal strings struck by brass pins

续表

clavier/kiavier	"keyboard," any of various keyboard instruments, such as a piano or harpsichord
Hammond organ	trademark for an electronic organ that sounds like a pipe organ
harmonium	small organ powered by bellows forcing air through the reeds
harpsichord	pianolike instrument with strings picked by quills or leather plectrums
Pedal Piano	piano with a pedal keyboard in addition to a manual keyboard, as used for practicing the organ
Piano accordion	accordionlike instrument with a keyboard for the right hand
Player Piano/ Pianola	piano that plays automatically by means of a mechanism guided by a perforated roll of paper
portative organ	portable medieval organ
regal	small, portable organ of the 16th and, 17th centuries
spinet	wing-shaped instrument like a small harpsichord
square piano	boxlike piano with horizontal strings
synthesizer/ Moog synthesizer	electronic keyboard instrument that can produce a wide range of musical and electronic sounds
virginal	small harpsichordlike instrument
Wurlitzer	trademark for an organ formerly widely used in movie theaters

第三点就是该字典的图示功能,作为功能性逆序字典,其难度之一就是如何能够最大限度地考虑到所有的可能词条,同时显示其图示功能,例如 dinosaur 一词就附有下图(图 3—1):

图 3—1 dinosaur

由上面的介绍可以看出,普通词典(包括语文词典和双语词典)中的词目,是按字母顺序排列的。如果词的开头第一个字母相同,再按第二个字母顺序排列,依此类推。而逆序词典也是按字母顺序排列的,但不同的是,前者以词的开头字母为准,而后者是以词的结尾字母为准。如果结尾的字母相同,再比较倒数第二个字母,依此类推。它和顺序词典相反是词义先行,词目尾随其后。"顺序"和"逆序"是相对的,有条件的。逆序主要指词目和词义之间次序的颠倒,并不等于将字母顺序翻转过来。如《伯恩斯坦倒序词典》对这种相对的倒序关系的解释是,读者所要查找的是具有明确定义的"目标词",为目标词下定义的是"线索词",线索词实际上是目标词的同义词或同义语(短语或句子)。从逻辑上讲,读者是根据线索词查找目标词,而逆序词典就是为了满足这种要求。

逆序词典的主要作用可以为读者提供临时忘却的或含义不清的词语,或查阅只有某种意念而未曾谋面的陌生词。如以前见过"楔形文字"这个词,一时却想不起来,在顺序词典里确实不好查找,而在逆序词典里,先想到的线索词可能是 wedge form of writing,按字母顺序在 w 字母部查到"wedge-shaped especially as used in ancient writing:CUNEAL,CUNEIFORM",那么所要的 cuneiform 就找到了。由此可见,倒序词典可以弥补顺序词典的不足。

所以,功能性图示逆序词典的主要特征为:针对特定线索词,做出定义及与之相联系、可能出现词条的推测。功能性图示逆序词典的优点主要是:

1. 对于英语写作有极大帮助。
2. 可以扩大词汇量。
3. 图示简单易记,容易理解。
4. 有助于同义词、反义词的积累,扩大英语知识面。

3.2.1.4　发音词典(pronouncing dictionaries)

Pronouncing Dictionary A type of REFERENCE WORK which presents information on the PRONUNCIATION of words, phrases or names, usually in alphabetical order of their orthographic forms. Because of the complex and sometimes arbitrary relationship between speech and writing in many languages, the SPELLING of a word does not always allow the reader to deduce its phonology. This is why general and specialized dictionaries have given guidance on the standard —and sometimes dialect variant —pronunciations at least since the eighteenth-century orthoepic' English dictionaries, a development which parallels that of orthography.①

正如上面的定义中所说,由于英语单词的发音与拼写之间的关系存在着复杂性甚至杂乱性,同时,英语的 native speaker 因生活地域、方式及习惯不同,对同一个单词也有着很多种不同的发音,因此,发音词典便应运而生,用以规范人们特别是语言学习者(包括以英语为母语和把英语作为外语学习的人)的发音。

一般的英语发音词典还为语言学习者提供两种以上的发音(主要是英音和美音),以供学习者选择。

发音词典还将单词的发音与拼写统一起来,有助于学习者更快地正确掌握单词。

另外,发音词典还对语言中的单词在编纂时的发音情况做了忠实的记录(有些发音词典甚至包括了历史中的读音),对语言学的研究与发展起了重要作用。

---

① *Dictionary of Lexicography*, p.112.

为便于说明,下面以《朗文英语发音词典》①为例对发音词典加以介绍。

J.C. Wells (John Christopher Wells) 在 1960 年剑桥大学毕业后入伦敦大学院专攻语音学,成为 Gimson, O'Connor 等人的学生,1988 年起任语音学教授至今,并于 1990—2000 年间担任该系系主任。他于 1996 年当选不列颠研究院院士,2003 年出任国际语音学会理事长之职。Wells 在英语语音研究方面的突破,在于他对不同口音以及 RP 语音演变所进行的深入细致的研究。他对于 RP 语音演变的研究主要是 1988 年和 1998 年所做的两次语音调查,其最终成果就是这本发音词典。本词典的编纂特点是:

1. 本词典编者对于 RP(Received Pronunciation)语音演变的研究,于 1988 年和 1998 年做了两次语音调查(Pronunciation Preference Poll),最终编成这本词典,力求客观,并且注重描述语言的发展变化,如在 been 词条中,有这样一幅图:

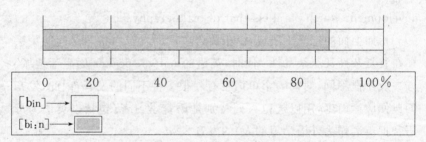

图 3—2 1988 British English Poll Panel Preference

上图说明了 1988 年英国人口中发[bin]音的占 8%;而发[bi:n]音的为 92%。

2. 发音词典包含各种语言的音标,如本词典中所使用音标达 105 种之多,其中除国际音标外,还包括了许多其他非英语国家的音标,如法语(ɑ̃,ɔ̃,o,ɛ̃,œ)、威尔士语(x)、德语(ʋ)、西班牙语(β)、汉语(ʂ)(为汉语中的 sh 所发的音)、荷兰语、丹麦语、阿拉伯语等。

---

① J.C. Wells:《朗文英语发音词典》(Longman Pronouncing Dictionary),商务印书馆,2005 年 5 月第 1 版(1990 年初版)。

3. 收词量较大,如本词典中:

(1) 包含了大量英语中的人名、姓氏、神话人物姓名以及文学人物姓名,例如,Aaron 条:

Aaron (i)['eərən] ‖ ['erən],(ii)[ærən] ‖ [er-]

In British English traditionally (i), and still usually so for the biblical character; but personal name may nowadays be either (i) or (ii)

(2) 包含了北美洲、澳大利亚和英国的大量地名,以及世界其他地区的城镇、山川河流的名称,例如,Pekin 条:

Pekin [,pi'kin]

(3) 包含了各种有名的商品名及品牌名。

4. 发音词典一般按照英语字母表顺序(alphabetical order)对所选单词进行排列。

5. 本词典在每个字母开始,最前面有 spelling-to-sound,介绍这个字母及其与其他字母的组合通常会发哪些音,如 S 条中:

S

(1) generally: [s] [z] less frequently [ʒ]
(2) beginning of words usually [s] (sleep, stand)
    sometimes [ʃ] (sure)
(3) middle of words (两个元音间) [s](basin)[z](poison)
    (一个元音一个辅音间)[s](taste)
    [z](wisdom)
    (辅音后面)[s] (clumsy) [z](consider)
(4) 以 s 结尾 [s] (gas, loose) [z](has, phrase)
(5) ss [s] (kiss) [z](dessert) [ʃ](-ssion, -ssure)
(6) s 不发音 (island, aisle)

Sh

(1) [ʃ] (sheep, fish)
(2) [s h] (mishap) → 'mis hap

6. 发音词典一般没有单词含义的解释,而只有单词的发音情况,例如《朗文英语发音词典》与普通词典相比还有以下特点:

(1) 每个词条发音的多样化

所有的单词都有英音与美音,例如,Odyssey[ˈɔdəsi] ‖ [ˈɑːdəsi]表明"‖"前面为 British English,后面为 American English。

部分单词还有主要发音与次要发音(main pronunciation & secondary pronunciation),例如,singer 这一词条下,有[ˈsinŋə]和[ˈsiŋgə]两种发音,其中注明了后者为地方话。

有些单词注明了本国语言的发音,如 Beijing[ˌbeiˈdʒiŋ] 一词,在其注释里面写道,汉语中无-ʒiŋ 音,但是在英语中常用;汉语发音为:běijīng [pei tɕiŋ]。

(2) 包含了衍生词的读音

例如,单词的-ed, -ing, -s, -ly, -able, -er, -less, -ness, -ship 等变形形式的发音都会加以注明。

7. 在《朗文英语发音词典》中,在由单词组成的词组之中,对每个单词的重音变化加以说明。例如,Japanese 原本的发音为[ˌdʒæpˈniːz],但是在词组 Japanese language 中,原本在 Japanese 第二个音节的重音转换到了 language 的第一个音节(这种现象在本词典中称为"重音转换"(stress shift))。

8. 在《朗文英语发音词典》中编者还对发音相同的单词作了标注,以提醒学习者避免混淆。例如,在 bear 词条后面,有这样的标注:(=bare),说明两者都发[bɛə]这个音。

以上是关于英语发音词典以及《朗文英语发音词典》编纂特点的简略介绍,通过对这本词典的介绍,读者可以粗略地了解关于发音词典的一些编纂特点及其使用方法。

另外,从它的这些特点也可以看出,发音词典的适用对象主要为水平较高的语言学习者(advanced learners and upper intermediate),为读者提供可供选择的发音及英语语音发展的背景、趋势,以便于更深层次的学习或研究工作。

3.2.1.5 词源词典(etymological dictionaries)

词源词典主要指对收录进词典的每一个词都尽可能追溯到它最

早的形态,或最早的意义。不少语文词典也常收录词源信息,但更详尽的有关词源的信息却是词源词典的专门职责。

英语中的词源词典有不少类别,比较著名的如 *The Oxford Dictionary of English Etymology* (ed. by C. T. Onions, Oxford University Press,1982)。该词典收录了 24,000 余条词目,加上派生词,共有 38,000 余条。该词典的主要特点是[①]:

(1) 收入词典的词均注明了音标,尤为重要的是,对词义在英语中的初次出处注明了年代以及之后的发展情况。另外还注明了每一词在书面英语中的最初形式和它们在其他语言中的相应形式,以帮助读者了解词源。如:

astragal [əˈstrægəl] architectural moulding of semicircular section. XVII.—L. *astragalus* (partly through F. *astragale*)—Gr. *astrogalos* huckle-bone,(pl.) dice, moulding of a capital. Used earlier in L. form XVI.(该单词的音标为 [əˈstrægəl],意为:半圆饰,17 世纪进入英语——拉丁语为 astragalus〈部分来自法语的 astragale〉——希腊语 astrogalos,意为:距骨,复数形式为:dice,柱头形状,从 16 世纪初使用于拉丁语。)

(2) 注明了某些词条的文体用语、学科用语及作家用语、俗语等,以使读者了解该词条的使用域。如 asclepaid 为(pros.)诗律用语,artillery 为(Ch.)乔叟用语等。

3.2.1.6 同义词词典(synonym dictionaries)

同义词词典,*Dictionary of Lexicography* (R. R. K. Hartmann) 中有如下定义:

A type of reference work which contains information on words or phrases grouped by semantic similarity. Such dictionaries fulfil a need for those engaged in encoding tasks by offering lexical choices for expressing a certain meaning. The

---

① 肖时占,《英语语言文学工具书及其使用》,学苑出版社,1990 年,第 184—185 页。

synonyms may be arranged in alphabetical or thematic order, the latter usually with an alphabetical or thematic index (Thesaurus); they may be simply listed(Cumulative Synonym) or have meaning discrimination(Distinctive Synonym).

即同义词词典是一种以词语及短语的语义相似性信息来编辑的词典。通过提供某种含义的相关词汇表达来实现选择、查找需要词汇的一种工具书。可能以字母顺序排列,或是主题排列(Thesaurus);可能以简单罗列的方式排列(Cumulative Synonym),或是包含了含义区别(Distinctive Synonym)。包括 Thesaurus,Synonym Dictionary 等不同种类。

比较具有代表性的词典有:

A Dictionary of Selected Synonyms in the Principal European Languages (C. D. Buck), Chicago Ⅱ,1949;

The Penguin Dictionary of English Synonyms and Antonyms (R. Fergusson), Harmondsworth, 1986,等。

在我们对同义词典作进一步研究前,有必要解释一下 Synonym 这个比较重要的概念(Hartmann):

SYNONYM: The sense relation obtaining between the members of a pair or group of words or phrases whose meanings are similar. This definition leaves out of account the degree and nature of the meaning similarity. 'Complete' synonym is impossible as no two words ever have exactly the same sense in terms of denotation, connotation, formality or currency, but Partial' synonyms can be substituted for each other in some contexts.

由这个定义可以看出,完全的同义词是不存在的,只有相近的词汇存在。而同义词典正是从这"相近"的方向努力来使人们对于词汇的认识更加具体、形象。

下面以 *Merriam Webster's Dictionary of Synonyms* (Philip. B

Gove 等著，美国 Merriam Webster 公司出版，1984）为例介绍这种同义词典。

Merriam Webster's Dictionary of Synonyms 全称为 *Merriam Webster's Dictionary of Synonyms，A Dictionary of Discriminated Synonyms with Antonyms and Analogous and Contrasted Words*，从宏观上讲，这本词典共收录了 2200 多个词条，而在解释词条时共使用了 17000 余条引用语及例子。全书共分以下几部分：

Preface

Introductory Matter

A Dictionary of Discriminated Synonyms

Appendix：List of Authors Quoted

Introductory Matter

这本词典的特殊之处在于，在序言之后增加了对于英语同义词的研究，而这一部分由以下几个部分构成：

1. Survey of the History of English Synonym；
2. Synonym：Analysis and Definition；
3. Antonym：Analysis and Definition；
4. Analogous and Contrasted Words；
5. Explanatory Notes.

这一部分分别从同义词研究历史、同义词、反义词概念及定义、分析，以及词汇类比、对比等几方面做出了非常清晰的阐释，使读者对于同义词的认识以及词典的使用等多方面都有了深刻的了解和认识。由此可以看出词典编者考虑得周到、细致；而所选的文章具有很高的权威性，也就使这本词典更加具有使用、研究和收藏价值。

下面将要展示的示例一 Explanatory Notes，是词典的使用说明，从微观上详细地介绍了这本词典的词条及其内容的使用，对于词条的词性、辨析、与同义词之间的区别以及使用等都作了详细的解释。本文将不详细展开，而是引用此部分作为对词典微观结构的阐释。

示例一（Explanatory Notes）词典使用说明（表 3—2）：

表 3—2　Explanatory Notes

EXPLANATORY NOTES

The left-hand column below consists of entries or, usually, parts of entries selected from the main vocabulary to illustrate the principal devices used in this dictionary. The right-hand column provides explanations of these devices.

accustomed wonted, customary, habitual, *usual — 1 The vocabulary entry (usually a single word; occasionally a phrase) is printed in boldface type.

acoustic, acoustical *auditory
adamant, adamantine obdurate, inexorable, *inflexible — 2 Vocabulary entries which are alphabetically close to each other are sometimes listed together.

adept n *expert, wizard, artiste, artist, virtuoso
adept adj *proficient, skilled, skillful, expert, masterly — 3 The part of speech is indicated (by means of the commonly accepted abbreviations, printed in italic type) where it is desirable or necessary to do so.

affection 1 *feeling, emotion, passion, sentiment
affection *disease, disorder, condition, ailment, malady, complaint, distemper, syndrome — 4 Words identical in spelling and part of speech, but of different etymology are given separate entry.

aggravate 1 heighten, *intensify, enhance
2 exasperate, *irritate, provoke, rile, peeve, nettle — 5 Two or more meanings (or senses) of a single vocabulary entry are clearly separated and each meaning is numbered with a boldface numeral.

alarm n 1 Alarm, tocsin, alert agree in meaning a signal that serves as a call to action or to be on guard especially in a time of imminent danger. Alarm is used of any signal that arouses to activity not only troops, but emergency workers (as firemen, policemen); it suggests a sound such as a cry, a pealing of a bell, a beating of drums, or a siren ⟨sound a fire *alarm*⟩ ⟨the dog's barking gave the *alarm*⟩ Tocsin may be either an alarm sounded by bells usually from the belfry of a church or, more often, the bells sounding an alarm ⟨the loud *tocsin* tolled their last alarm —*Campbell*⟩ but is used figuratively for any sort of warning of danger. Alert, a military term for a signal to be on guard and ready for expected enemy action, is often used for any warning of danger ⟨sirens sounded an air-raid *alert*⟩ ⟨the Weather Bureau issued a tornado *alert* in early afternoon .... The *alert* was cancelled after 5 P.M. —*Springfield Union*⟩

— 6 The words to be discriminated in an article are listed in boldface type at the beginning of the article. Each word is repeated in boldface type at the point in the article where it is individually discussed.
— The meanings or applications of the words discriminated are profusely illustrated by means of familiar examples (often idiomatic or characteristic phrases) or by quotations from named authors or sources. The word illustrated is printed in italic type.
— The source of a quotation is also printed in italics. A list of sources quoted is given on pp. 887 ff.

ardor fervor, enthusiasm, zeal, *passion
articulation 1 integration, concatenation (see under INTEGRATE vb)
2 *joint, suture — 7 Where there is no discriminating article, the first item under an entry is a list of its synonyms or near synonyms. These synonyms are discriminated from one another in an article in this dictionary.
— The place where this article is to be found is indicated by an asterisk prefixed to one of the words in the list or by a reference introduced by the word "see."

aspersion reflection, *animadversion, stricture
Ana *libel, lampoon, pasquinade, squib, skit: *abuse, vituperation, invective, obloquy: *detraction, backbiting, calumny, slander, scandal
Con praise, laudation, extolling, eulogizing or eulogy (see corresponding verbs at PRAISE): *applause, acclaim, acclamation, plaudits: commendation, complimenting or compliment (see corresponding verbs at COMMEND) — 8 Each vocabulary entry is provided (where the facts require or permit) with "finding lists" of two kinds: Analogous Words introduced by the label Ana and Contrasted Words introduced by Con.
— Words given in these finding lists are divided into groups. Each group consists of words discriminated (or related to those discriminated) in a single article.
— The groups are separated from one another by boldface colons. Words within each group are separated by commas. The place of entry of the article discussing each group is indicated by an asterisk or a "see" reference (see §7).

assortment see corresponding adjective *assorted* at MISCELLANEOUS
Ant jumble, hodgepodge
assuage alleviate, *relieve, mitigate, lighten, allay
Ant exacerbate: intensify — 9 The label Ant introduces the antonym or antonyms of a vocabulary entry.
— In the antonym lists commas are used between words that are synonyms of one another, and boldface colons are used to separate words that do not have such a relationship.
— While many of the words listed as antonyms are themselves entered as vocabulary entries and are therefore discussed in the articles in this dictionary, the selection of antonyms has not been restricted to such words. For this reason the antonym lists do not as a rule contain references to discriminating articles.

austere *severe, stern, ascetic
Ant luscious (of fruits): warm, ardent (of persons, feelings): exuberant (of style, quality) — 10 In the lists of Antonyms italic notations in parentheses indicate the limited use or application in which the preceding word is to be taken.

A Dictionary of Discriminated Synonyms

在这本词典的具体使用方面，词典也作了非常细致、直观的描述。词典以字母为序排列，词条的词性，与相似词语的对比、分析，例句等都有了非常详细的说明，尤为难能可贵的是，每页页底都有一段小文字注明本书较常用标志的代表含义，如"："、"＊"等。下面是词典正文中的几个示例：

1 Harsh 词条：

Harsh * rough, rugged, scabrous uneven

Ana repellent, * repugnant, distasteful, abhorrent, obnoxious: * coarse, gross: strident, * vociferous, blatant: rigorous, strict, stringent, * rigid

Ant pleasant: mild-*Con* pleasing, agreeable, grateful, gratifying (see PLEASAT): * soft, gentle, bland, smooth, lenient, balmy

这是词典中比较常见的词条近、反义词展示，这里不详细介绍，作为 Discriminated Dictionary，下面将展示具有词义辨析的一例：

2 Immaterial 词条：

（由于篇幅限制，仅展示 Immaterial 词条中 Immaterial 部分来分析本词典的解释词条方式。）

immaterial, **spiritual**, **incorporeal** are comparable when meaning not composed of matter. **Immaterial** is the most comprehensive of these terms because it makes the line of cleavage between itself and its opposite, *material*, not only clear and sharp but not open to confusion If, therefore, one wishes a word to carry no other possible implication *immaterial* is the appropriate term; it may then apply to things believed to have real but not actual (compare REAL) or phenomenal existence or to things that are purely mental or intellectual constructions 〈*immaterial beings*〉〈you feel like a disembodied spirit, *immaterial*—Maugham〉〈*immaterial* forces〉〈*immaterial* objects of thought〉〈in making mind purely *immaterial*... the body ceases to be living—Dewey〉

从上例可以看出,对于词义辨析时,首先会在词典中表明几个近义词在语义上(semantic meaning)的相似性,之后再分别对词条进行分析。而这本词典除了对于词条分析之外,还加入了不少的常用词语、词组示例,以及著名作家等在文章中使用该词的示例,增加了词典的权威性,也有助于读者更加准确地使用词语。

从上面的示例我们可以看出,在词条后一般会注明其词性,而本词典作为"A Dictionary of Discriminated Synonyms with Antonyms and Analogous and Contrasted Words",对于不少词条增加了近义词辨析,而在辨析中非常多的引用使解释更加具有权威性。

Appendix:List of Authors Quoted

从上文介绍中我们可以看出,本词典使用了不少的引语(quotation),而词典后则详细地注明了所引用人物的全名、生卒年、国籍和职业,所引用刊物全名等,如:

C. D. Bowen　　Catherine Drinker Bowen (1897—1973) Amer. Author;

Brief　　　　　Amer. periodical

由此可以看出本词典的编写非常严谨。

3.2.1.7　反义词词典(antonym dictionaries)

在浩如烟海的英语词汇里,不但同义词比比皆是,反义词也随处可见,能否理解反义词的内涵、准确运用反义词来表达意思,在英语学习中也是举足轻重的。所谓反义词就是意思互为相反的一对词。反义词按其性质又可分为绝对反义词、相对反义词和对偶反义词。绝对反义即含义绝对相反,而其正义词的反义词往往只有一个,如 good/bad;long/short 等。相对反义即词义相对而言为反义,但其界限并不明显,而且并非唯一,有时一个词同时有几个相对反义词,如 cheap/dear;costly;agree/disagree;protest;differ 等。对偶反义即其意思并非相反,只是使用中有相对偶的概念,权且当作反义词,如 boy/girl,husband/wife, widow/widower 等。

所谓英语反义词词典,就是一般情况下按照英文字母顺序编排,按一定使用人群的需要,收集具有反义词的词汇,并以一对或一组的形式出现,附之解释和实例用法的词典。反义词词典专用性强,结构相对简单。

基于反义词词典的编写目的是为了让读者便于查找某词汇的反义词,而并不包含对所查词汇的用法进行对比,以及对其词源进行变化归类等一般释义词典所要求的功能,所以其编写特点是层次单一,结构简单,普遍采用罗列的形式编纂,有时可以加以例句以表示应用示范。

以下是两个摘自反义词词典的具体例子:

1.《英语反义词字典》[①]:其查找方式是:

(1) 按单词按字母顺序排列,用黑体字,其反义词有两个以上时,只写出一个词的意思,如:

  ability 【名】才干 ⟶ disability【名】无能
          inability
          incapability
          incapacity

(2) 有的词具有不同词性,且意思不同,表示方法如下:

  capital【形】重要的 ⟶ trivial【形】不重要的
    【名】资产阶级 ⟶ labor【名】劳动阶级
    【名】资本 ⟶ interest【名】利息

2.《大学英语常用反义词手册》[②]:除列出反义词外,还给出了例证,如: adject/substantive adj.

  • adjective,附属的
   Our school is adjective to their school.
   我们学校附属于他们学校。
   My class is adjective to our department.

---

① 刘毅主编,世界图书出版公司,1995年5月第1版。
② 王兴国主编,北京航空航天大学出版社,1995年10月第1版。

我班附属于我们系。
- substantive 自主的,独立的
Almost all of Great Britain's colonies now have the status of substantive nations. 几乎所有的英国殖民地现在都变成了独立的国家。

construction/destruction; demolition; ruination

- construction 建设
The new railway is still under construction.
新的铁路尚在修建中。
- destruction 破坏
Gambling was his destruction.
赌博是他毁灭的根源。
- demolition 爆破
He brought a demolition bomb.
他带来一枚爆破弹。
- ruination 毁坏
His enemies planned the duke's ruination.
公爵的仆人们策划使他垮台。

3.2.1.8 (同义词等的)宝库(thesauri)

词典已成为英语学习者必不可少的工具。在当代词典市场中,出现了许多新词典,这个新所指的不仅是内容上的新,还包括编纂方面。例如:*Roget's Thesaurus*, *Longman Lexicon of Contemporary English*, *Longman Language Activator* 等,在编排上,这些义类词典与传统的词典有着很多的不同。

许多词典都被命名为 XXX thesaurus,但打开一看里面的内容就可以看出与真正意义上的义类词典有很大的差别。因此,就非常有必要解释一下 thesaurus 的意义。"Thesaurus", the ambiguous term, originates from Greek, and was borrowed into English from Latin, referring to "treasure, storehouse", and later to "a 'storehouse' of knowledge, as a dictionary, encyclopedia, or the like"(OED2)。我

们可以简单地定义为知识宝库,但是,现在它的含义已经扩大了。

1. A "storehouse" of knowledge such as exhaustive encyclopedia or dictionary, especially a monumental dictionary of a language, arranged alphabetically.

2. Exhaustive list of words from the general language, without definitions, arranged systematically according to the ideas they express.

3. A list of subject headings, especially for a particular field of knowledge, arranged in alphabetic or classified order and used for information retrieval and related purposes.①

从以上定义就可以看出这是一类按照含义编纂的辞典,我们并不能简单地把 thesaurus 理解为同义词辞典,它是把一类相类似的词语放在相同的目录之下,这样使得查找同类或同义词更加方便、快捷。在英语和汉语里有许多词典都与义类辞典有关。在英语中例如:

　　analogic dictionary, categorized dictionary, classified dictionary, conceptual dictionary, ideological dictionary, notional dictionary, organic dictionary, onomasiological dictionary, semantic dictionary, thematic dictionary, etc.

在汉语中例如:

　　分类词典,类义词词典,类义词典,类语词典,类属词典,义序辞书,义族词典,意海,词库,词语宝库,词汇集,同类词汇编等。

适用范围:

　　此类词典收录了较多的同义、同类的词语。对于大中学生及成人学习英语有很大的帮助。此类词典有助于我们提高用词的准确性,同时提高用词汇准确表达思想的能力,对于提到我们日常写作也有很大的帮助。

----

① Sidney I. Landau, *The Art and Craft of Lexicography*, New York: Charles Scribner's Sons. 1984, p. 23.

下面以 *Longman Lexicon of Contemporary English*[①] 为例介绍一下义类辞典的使用方法及其编纂特点。

首先，本词典是从 A 到 N 排列的，每个字母后面相对应一大类事物的名称，各个大类事物之下有详细分出与其相关的小事物。

例如：

Contents

A. Life and living thing

B. The body; its functions and welfare

C. People and the family

D. Building houses the home clothes belongs and personal care

E. Food drink and farming

F. Feelings emotions attitudes and sensations

G. Thought and communication language and grammar

H. Substance material objects and equipment

I. Arts and craft science and technology industry and education

J. Numbers measurement money and commerce

K. Entertainment sports and games

L. Space and time

M. Movement location travel and transport

N. General and abstract term

List of sets

A1　life and living things

A30　living creatures generally

B1　the body generally

B10　the body: overall

[①] Tom McArthur, *Longman Lexicon of Contemporary English*, Longman Group Ltd. 1981.

可以看出此类词典是完全按照词义概念编排的。

接下来为词典的正文部分，先是目标词的类别、词性、定义，然后为所有与之相关的词。各个词的后面包括：简单的定义、一些用法的例句，有些还会包括它的形容词、副词、名词等形式。

例如：

A32 nouns: kinds of living creatures

Animals: precise a four-footed creatures, usu a mammal and excluding reptiles, birds, etc: *Many people would call a horse an animal and not a snake. The forest is full of birds and animals of all kinds.*

为了方便读者查找，词典的后面还有一个索引，按照字母顺序把单词排列起来。但这样做会占据词典的一部分空间，无论对于出版商还是对于读者来说都不是很经济的。

例如：

INDEX

fund n. j80 115 v. j80

fundamental adj. n43

funds n. 810

funeral n, adj, c54

funfair n. k72

fungus n. A140

funnel v. l90

funnel n. m157

funny adj. amusing K3

　　　　　peculiar N68

　　　　　unwell B111

fur n. a 126 h88

这样就会很清楚地看到你所查的目标单词在词典当中的位置了。如果你想查 funny 这个词，在索引中可以看到 funny 在 funnel 与

fur 之间。

funny adj. amusing K3
　　　　　peculiar N68
　　　　　unwell B111

在 K3 下就可以看 funny 的其他同类单词了。

K3 adjectives: entertaining and amusing
entertaining
comic
amusing
humorous
diverting
jocular
funny
hilarious
N68 adjectives: strange and peculiar
strange
curious
odd
suspicious
peculiar
fishy
queer
quaint
funny
B111 adj. showing poor bodily condition
ill
bad
unhealthy
poorly
unwell

ailing
unfit
run down
sick
morbid
sickly
dizzy
diseased
funny
upset

义类辞典对我们的学习有较大的帮助,但其缺点是查找起来比较麻烦。

3.2.1.9 图画词典(pictorial dictionaries)

图画词典可以理解为带图画的词典,依据使用人群不同可以将其简单分为三类:一类适用于儿童,根据儿童的生活范围分成不同的主题,内容涉及衣、食、住、行、学习和娱乐等多方面,以帮助他们认识周围的事物,并培养他们多方面的语言表达能力。它没有按照字母顺序编纂,而是根据内容分类一词一图片加以说明。如《儿童英汉百科图解词典》①,其内容如下:

Human Body 人体
Clothing 衣服
Mealtime 吃饭时间
Vegetables 蔬菜
Fruits and Berries 水果
Plants and Gardens 植物和花园
Animals 动物
Earth and Sky 天与地
Transportation 交通
Homes and Buildings 住宅与建筑
Furnishings 家具摆设
Kitchen 厨房
Bathroom 浴室
School 学校

---

① 加拿大 QA 国际图书出版公司编:《儿童英汉百科图解词典》(My First Visual Dictionary),外语教学与研究出版社,2004年2月。

Numbers, Letters and Shapes 数字,字母和形状
Everyday Objects 日常物品
Music 音乐
Sports 体育
Games and Toys 游戏和玩具
Costumes and Characters 服装和角色
Index 索引
中文索引

服装和角色这章中列举了如下图片和单词(图3—3):

图3—3　服装和角色

另一类词典适用于青少年读者,由于他们已经是具有独立阅读能力的读者,这类词典主体部分采取了按照字母顺序的编纂方法,同时附加了字母的书写方法、英语常用标点、英语的拼写和发音、不规则变化表以及经典童话故事等,内容在一定程度上有了扩展与延伸。如《图解式英汉学习词典》[①]中涉及 job 一词时,就列出和工作有关的很多单词(图3—4):

图3—4 job

---

① 无敌英语小组编:《图解式英汉学习词典》(*Picture English-Chinese Dictionary*),外文出版社,2005年7月。

这本词典还收录了12则童话故事,增加了趣味性。如"睡美人"的故事:

图3—5 "睡美人"

第三类词典主要适用于成人读者,根据读者所需不同有的按字母顺序编纂,如牛津大学出版社和英国DORLING KINDERSLEY公司合作的《DK英汉双解大辞典》(插图版)①是一部融合百科全书功能、图文并茂的权威词典。收录词语和释义187000余条,含新词5700余条;4500余幅彩色图片和600余个图画框详解自然科学、历史、文化、艺术等方面的全面信息;1000余项用法说明剖析词语间的细微区别和正确用法;大量的词源信息;以图解的全新形式编辑12项附录,提供多方面的实用信息;4500余幅彩色图片穿插于文字之间,打破了传统的词典编排模式。

有的按照内容编纂,例如一种只有英文、中文和相对应的图片的

---

① 《DK英汉双解大辞典》(插图版),牛津大学出版社和英国DORLING KINDERSLEY公司合编,外语教学与研究出版社,2005年9月。

词典,如《牛津—杜登英语汉语图文对照词典》①,它由德译本翻译到英译本,用图示直观的方法来解释各种事物,按图索骥,一目了然,提供一个完整的知识系统。收词 3 万条,附图 384 章,包括天文地理、声光化电、文化教育、音乐美术、医疗保健等十一大类。在"ATOM,UNIVERSE,EARTH"(原子、宇宙、地球)这一大类的自然地理学 i,如下图示:

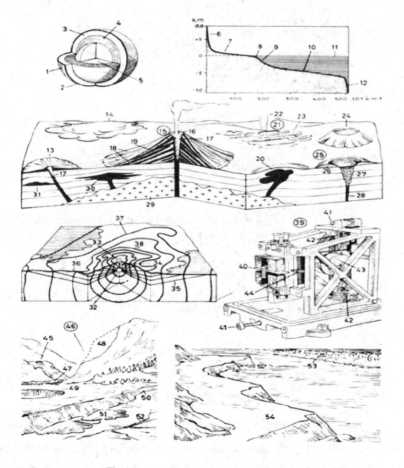

图 3—6　ATOM,UNIVERSE,EARTH

---

① 《牛津—杜登英语汉语图文对照词典》(*The Oxford-Duden Pictorial Ehglish-Chinese Dictionary*),商务印书馆,牛津大学出版社,1997 年 5 月第 1 版。

再如"aircraft" IV,如下图所示:

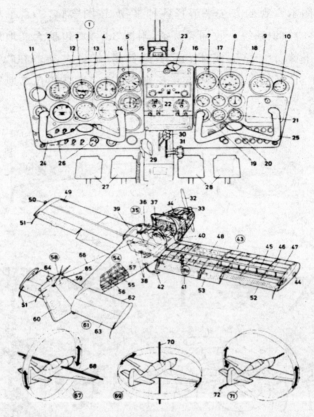

图 3—7 "aircraft" IV

其中 1,2,3,4 分别代表 flying boat(水上飞机),hull(机身),stub wing(sea wing)(短翼),tail bracing wires(尾翼张线)等。有的词汇给了简单解释,如 1 后就有:a seaplane,但大多数词汇都没有再作详细解释。

3.2.1.10 搭配词典(collocation dictionaries)

搭配词典是旨在帮助读者正确运用词与词之间搭配关系的工具

书。要想具体阐述搭配词典的定义,必须要明白什么是搭配(collocation)?

Collocation[①]: The semantic compatibility of grammatically adjacent words. Whether these patterns of co-occurrence between such words as adjective-noun *nice surprise*, noun-verb *panic broke out*, or verb-preposition *lecture on* are approached positively as solidarity relations' or relatively as selection restrictions' (*good surprise*, *passion broke out*, *lecture over*), the resulting collocations are more fixed than free combinations and less fixed than idioms. Since collocability is difficult for foreign-language learners, dictionaries need to specify such patterns, especially where translation equivalence is unpredictable. The double issues of which part of the collocation is more basic' than the other and under which the collocation should be entered in the dictionary has not been settle satisfactorily—construction, fixed expression, valancy.

索绪尔从广义和狭义方面阐述了搭配的定义,他所创建的现代语言学的基本理论之一就是语言体系中的各种要素(如单词)都是处在一定的横组合(syntagmatic relation 或 combinational relation)和纵聚合(paradigmatic relation)的关系之中。以下面这句话为例:

	plan		rejected	
Our	application	was	approved	by the committee.
	proposal		accepted	

横组合关系指词与词之间的连续性的习惯排列,如 was 左边的一串单词与右边的一串单词的相互期待关系(mutual expectancy),这也就是所谓的可预见性(predictability)。再如,英美人一听到 nod 就料到接下来肯定是 one's head;一看到 shrug 就猜到后面跟的肯定是 one's shoulders。横组合关系是一种受语义、句法和/或习惯制约的线性关系。

纵聚合关系是一种语义关系,也称"联想关系"(associative

---

① *Dictionary of Lexicography*, p. 22.

relation),它是指语义联想中属于同一词类的各个习惯搭配词。纵聚合关系在同一个上下文中也是一种潜在的互相排斥的关系。从纵向上选用 plan 就得放弃 application,选用 rejected 就得放弃 approved。

简单地说,每一个单词的上下左右都有一些可预期共现的和可联想共选的词语。这些横向上所谓的"意符串"、"预制件"、"固定说法"、"套语"或"词块"(word block 或 word chunk)等,与纵向方面习惯上可供选择的替换词,两者加起来,就是广义的搭配。狭义的搭配一般指两个或三个紧密相连、习惯共现的单词,如 be addicted to,rancid butter,(be) aware of 和 a flock of sheep 等。换句话说,广义搭配涵盖了狭义的搭配、短语动词、固定短语、习语、成语、谚语,乃至句型等所有自由的、固定的和半固定的词语组合。两者之间的关系是一个整体与部分的关系。在阐述完搭配的定义之后,我们就了解了搭配词典是一部编写词语如何搭配的词典。

搭配词典编纂的特点:

1. 一般的搭配词典所收词目大多为名词、动词、形容词,少量副词、介词和代词等。每一词目下有词性、释义、搭配和例证。词目按英语字母顺序排列。

2. 搭配词典不是把对词汇的解释放在首位,而是注重展示英语词汇众多固定的、约定俗成的搭配结构。搭配词典首先会介绍单词的意义,其次是介绍单词的搭配。

3. 方便查阅,可以直观地了解词语的各种搭配情况。下面表格的内容是《牛津英语搭配词典》[①]和《英语搭配大词典》[②]中对词语解释的对比,以 success 为例(下表中语法的分类用下列大写字母表示:V(verb 动词)构成动宾结构的动词,V2 构成主谓结构的动词,O(object 宾语),Q(qualifier 定语性修饰语),M(modifier 状语性修饰语),P(preposition 中心词前面可以用的那些介词),P2 中心词后面可以用的那些介词)(见表 3—3)。

[①] *Oxford Collocation Dictionary for Students of English*(《牛津英语搭配词典》)(英语版)。(英)Jonathan Crowther,Sheila Dignen and Diana Lea 编,外语教学与研究出版社,2003 年 7 月第 1 版。

[②] 王文昌主编:《英语搭配大词典》(增订版),江苏教育出版社,2004 年 5 月第 1 版。

表3-3 两词典词语解释对比

《英语搭配大词典》	《牛津英语搭配词典》
success，n. 成功；成就；胜利；取得成功的人	success，n. 1. good result
V approach success 接近胜利	ADJ. The campaign to stop drink-driving has only *limited success*.
V2 Success has **crowned** his efforts. 他的努力终于获得成功。	QUANT. Initially, the adventure enjoyed a fair *amount of success*.
Q a **brilliant** success 辉煌的成就	VERB + SUCCESS. He is keen to *notch up* yet another *success*.
P I tried to persuade him, but **without** success. 我试图说服他，但没有成功。	SUCCESS + VERB. Much of such *success lies in* his skill in handling staff.
P2 sb's success **in** business 某人在商业上的成功	SUCCESS + NOUN. The operation has a *success rate* of over 80 percent.
	PRER. She tried to persuade them *without success*.
说明：语法的分类用下列大写字母表示：	PHRASES. What are our *chances of success*?
O(object 宾语)，Q(qualifier 定语性修饰语)，M(modifier 状语性修饰语)	2. sth that achieves its aim
P(preposition 中心词前面可以用的那些介词)，P2 中心词后面可以用的那些介词	ADJ. The book proved a major *commercial success*.
	VERB + SUCCESS. We *had* one or two outstanding *successes*.
	PHRASES. We are sad to see Hiroko go, and *wish her every success* in the future.

4. 用圆括号"( )"，方括号"[ ]"，斜线号"/"和平行号"‖"等符号来说明不同的搭配关系。如斜线号"/"用来分开同一搭配关系的不同

例证。例如:The book doesn't **commend** itself **to** the student. 这本书不受学生欢迎。/ **I commend** her **to** your notice. 请多关照她。

搭配词典的种类很多,有服饰搭配词典、搭配医学词典、色彩搭配词典、搭配金山词典等。

搭配词典有扩充词汇量,提高写作和口语中英语的准确度,培养正确的理解力,习得地道英语的作用。

下面简略介绍一本英语搭配词典:《英语搭配大词典》(增订版)(江苏教育出版社,2004)充分利用当代语言学的研究成果,借助语料库,并参阅最新出版的《BBI英语搭配词典》、《LTP精选搭配词典》、《牛津英语搭配词典》等编纂。增加词目,更新内容,在原有的词汇搭配基础上增添句法搭配和相关的搭配例证,修订幅度达40%。收录词目12000余条,收集约190000个搭配例证,篇幅逾800万字。新增中心词为动词的动宾搭配项目,配置例证约2000个。英汉对照,相得益彰,英语教材全面地道,译文贴切可靠。条目编排醒目,查阅方便,正文后附复合词表。

本词典由序一、序二、导言、前言、用法说明、缩略语表、主要参考书目、《英语搭配大词典》(增订版)正文和复合词表组成。前文中由于在介绍编纂特点时列举了词语的搭配,这里就不再列举了。在考研网上,老师向同学们推荐《英语搭配大词典》时说:"它列举了你在文章中提到的单词的所有搭配情况。"《英语搭配大词典》是一本比较权威的词典,它在1988年就被称为我国迄今为止最大、最完备的英语活用词典。经过近十年的修改,增订版在相关的词条中提供了大量符合英美人言语行为的习惯语言素材,使读者开卷有益,习得地道英语。

3.2.1.11 习语词典(dictionaries of idioms)

"习语"这个概念并没有十分统一的定义。本文采用较为广义的说法,即习语是有喻义或申引义,且由于习用而定型化的(stereotyped)词组(如 baker's dozen, a skeleton in the cupboard, have a card up one's sleeve)或简短语句(如 Pigs might fly! If you want a pretence to whip a dog, say that he ate the frying-pan; Love me, love my dog; The mind is willing, but the flesh is weak.),其中也包括部分定型的俗语(colloquialisms)、俚语(slangs)和谚语

(proverbs)。绝大多数的习语当然还是词组,也包含"动词+小品词(particles)"构成的动词词组(如 get at, get behind, get into, get off, get on to, get through, get together, get up)。其典型特点是:其含义不是各个单词字面意义的组合,不可以用近义词去代替或者置换固定的习语中的成分,不可以转换句法结构(如:主动转为被动)。

An **idiom dictionary** explains idiosyncratic *stock phrases* and *metaphors* in language. Typical English idiom dictionaries, e. g. that published by Longmans, define about 4000 phrases, e. g. "buy the farm", "hit the road", "canary in a coal mine". Of these, a tiny subset, generally involving prepositions or action verbs, are very basic to the language, and are closely related to fundamental *conceptual metaphors*. These include forms like *out of* or *turn into*. ①

而习语词典的编纂顺序大致为:

- 按字母顺序编排,一个短语作为一个词条
- 解释习语的含义(有的还辅有例证)
- 在注释中标明了习语的出处或者是出现的年代并附有时代背景
- 介绍了习语的特定使用情境

下以《英语习语大词典》②为例,对习语词典作一简介:

本词典的编者们花了十年时间收了 3.5 万余条习语,为广大读者提供了一部条目、义项、例句丰富的英语习语工具书。这部词典有以下特点:

1. 选词丰富、精当

编者以 80 余部英美的成语词典为依据,反复比较推敲,取其最大公约数,从中精选出 3.5 万余条。有些条目是国内其他同类词典没有收的,例如:

---

① http://encyclopedia.thefreedictionary.com/Idiom+dictionary

② 《英语习语大词典》,武汉大学英文系词典编辑室编,商务印书馆,2005 年。

cabbages and kings 各方面的话题

change one's coat 改变立场；背叛，变节

the daddy of them all 亦作 the mother and father of (all) 1. (学派、公众运动等的)创始人[倡导者] 2. (令人愉快或不愉快的)最好的实例[榜样，样品]

dawn chorus （春天和初夏的）黎明鸟叫声

the day of days 有重要[高兴]事情的日子；喜庆的节日

Mr Big【口】某一组织中的头头，重要人物；土匪头子

full of the joys of spring 很高兴[愉快]的

另一方面，编者将某些早已不用了的成语不再收入词典，例如：

all on a heap 倒下

flap somebody in the mouth 对某人当面撒谎

run before one's horse to market 过早地计算利润；过早地乐观

2. 释义和选例仔细妥帖

比较同类的词典，编者在释义面方面作了适当的补充，例如：

catch fire 除了"着火，燃烧"，增加"感到兴趣；表现出热情；获得广泛的支持"

change hands 除了"(财产)更换所有权，转手，易主"；还增加"(钱)被花费掉(新闻用语)，利用对立面(干某事)"

calamity Jane 亦作 calamity howler 除了"悲观论者"，"说丧气话的人"，增加"爱大惊小怪的人"

此外，编者根据欧美的词典在释义方面尽量做到准确，例如：

dig up：按 *A Dictionary of Slang and Unconventional English*(1953)原文释义为：to obtain with connotation of effort for difficulty；编者释义为：【美俚】(好不容易)发现[碰上]。其中"好不容易"四字加得很贴切。

dirty old man，按 *Longman Dictionary of English Idioms* (1979)原文释义为：a man who is too interested in sex, e. g., one who follows young girls or boys. 编者释义为:专门追逐年轻姑娘[男青年]的人,色狼,老淫棍。这一注释避免了望文生义,把它只理解为"老家伙,老人"。

编者对有典故的成语,都尽量注明来源,例如:

Carey Street 破产(注:原义为英国伦敦一街名,破产法庭曾坐落在这条街上)

much[great] cry and little wool 只会空叫嚷而无任何结果;雷声大雨点小;徒劳,空忙(注:本语原句为 great cry and little wool, as the Pevil said when he sheared the hogs,典出古典的神秘故事《大卫和亚比该》(David and Abigail),其中谈到魔鬼见纳巴尔(Nabal)在羊身上剪羊毛,也模仿着在猪身上剪毛,结果是叫声大而出毛少。)

have(a)method in one's [sb's] madness 貌似疯狂其实不无道理(语出莎士比亚原著《哈姆雷特》第 2 幕第 2 场)

the widow's cruse 寡妇的坛子;取之不尽的财源(语出《圣经·列王纪》(下)第 4 章第 1—8 节)。

3.2.1.12 方言词典(dialect dictionaries)

方言词典主要记录方言词汇。因此,首先要回答什么是方言词。而要回答什么是方言词,就要先知道什么是方言。

方言:方言是一种语言的地方变体。是全民语言的分支,是共同语的一部分。

方言词:从字面上解释,某一种方言里的词汇就是方言词。但实际上,方言词汇系统的构成是很复杂的。而方言词典收录的对象必须是明确的,如果界限不清的情况大量存在,就会给收词带来很大困难。① 《汉语方言常用词词典》的编者说道:"我们认为,方言是一种语言中跟标准语有区别的,只在少数地区使用的语言:

1. 只在一个地区使用的词语,也就是一般所说的特殊词汇,无疑是方言。

---

① 闵家骥、晁继周等:《汉语方言常用词词典》"前言",浙江教育出版社,1991 年 5 月。

2. 在方言地区使用的范围虽广,但普通话里不说,应看作是方言词。

3. 在普通话和方言里都有,但在意义和用法上不同,或另有方言义的可以作为方言词收入词典。

4. 古代语言里的词仍活在某一方言区人们口中的,也应看作是方言词。

5. 在书面上已用得很广泛,但口语里仍限于某一个方言区使用的词。

6. 外来词中一部分词开始只在某一方言地区内使用的。"

在 Dictionary of Regional American English[①] 中,编者认为:"The term 'regional' in DARE refers to words and phrases whose forms or meanings are not used throughout the United States but only in a part or parts of the country; the term is also broadly used to include those words used more frequently by a particular social group (e.g., older speakers, Black speakers, women, rural people) than would be expected based on demographics; and it includes words that are 'folk' in origin—that is, 'those that are learned from family and friends rather than teachers and books.'"

与其他类型的词典相比,方言词典有以下特点:

1. 确定什么是方言词后,需要进一步确定方言词使用的地区,也就是给方言词标注地区的问题,这是一般的词典所没有的。

2. 方言词典不仅仅是一种供查检的工具书,而是有一定学术价值的方言著作。方言词典的编写有助于语言史的研究。

3. 为了编写方言词典,除了要收集各个时期的书面文献,还必须要进行实地调查,从而收集最详实的口头语料,并记录发音。

4. 编写方言词典,是一项非常艰巨的工程。对一个地方的方言进行研究,要了解发音相对简单,若要对其词汇进行调查,则困难得多:首先是词汇的数量比较大,只就五六千条常用词语来说,调查所费时间就得一个月以上;另外,如果调查者不是当地人,对词语的解释和

---

① *Dictionary of Regional American English* 的官方网站,http://polyglot.lss.wisc.edu/dare/dare.html.

细微的词义分辨都比较困难,更不要说进行深入研究了。

The Dictionary of American Regional English,这部词典由哈佛大学出版社出版。主编是 Frederic G. Cassidy。第一部出版于 1985 年(A—C),第二部出版于 1991 年(D—H),第三部出版于 1996 年(I—O),第四部出版于 2002 年(P—Sk),第五部预计于 2009 年出版。

这部词典是一部与众不同的工具书。它的目的并不是标榜所谓的"标准英语",而是尽力去记录各地的方言。它记录了日常生活中的美国英语。Harvard University Press 对它的介绍是:"This series capture the language spoken on America's main streets and country roads, words and phrases passed along within homes and communities, from east to west, north to south, childhood to old age. Built upon an unprecedented survey of spoken English across America and bolstered by extensive historical research, this series preserves the language with all its idioms and peculiarities."

下面是 *Dictionary of Regional American English* 中一个词条,dropped egg:

dropped egg(Headword) n Also *drop egg*(variant form) [Prob from Scots dial; cf SND *drap* v. 5. (2) (b) 1824 →](Etymology) chiefly NEng(Regional label) See Map, *somewhat old-fash*(Social label) A poached egg. (Definition)

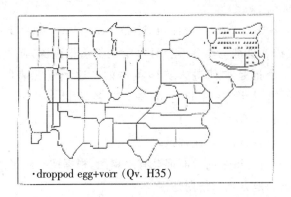

1884(Quotation block) *Harper's New Mth. Mag.* 69.306/1 (Short-title) MA(Regional label), Martha was... eating her toast and a dropped egg. 1896 (c1973) Farmer *Orig. Cook Book* 93, *Dropped Eggs* (Poached). 1933 *Hanley Disks* neMA, Dropped egg—take and put a pan of milk on the stove and boil and drop the egg in and let it cook. 1941 *LANE* Map 295 (Poached Eggs), throughout NEng, *Dropped eggs*....1 inf, ceVT, Drop eggs. 1948 Peattie *Berkshires* 323 wMA, In Berkshire... you could not get a poached egg, but you could get a "dropped" egg, which was the same thing. 1965 *PADS* 43. 24 seMA, 6 [infs] poached eggs, 4 [infs] dropped eggs, 1 [inf] dropped egg on toast. 1965—70 *DARE* (Qu. H35. *When eggs are taken out of the shell and cooked in boiling water, you call them ~ eggs*) 40 Infs (DARE questions), chiefly NEng (Summary Statement), Dropped; NH15 (Informant code), Dropped egg on toast. [33 of 41 Infs old] 1975 Gould *ME Lingo* 82(Social statistics), *Dropped egg*—Maine for poached egg, usually on toast. 1977 *Yankee* Jan 73 Isleboro ME, The people on Isleboro eat dropped eggs instead of poached.

◆ dropped egg（标题字）

◆ n Also（Part-of-speech abbreviation）

◆ *drop egg*（变体形式。所有在条目前部给出的变体形式和标题字都是互相参照的，读者如果查 drop egg 这个词，就会找到 dropped egg）

◆ [Prob from Scots dial; cf *SND drap* v. 5. (2) (b) 1824→]（语源。这部词典并不会对每个词都追根溯源，而只是尽力说明一个词是如何进入美国英语的。这个语源表明，dropped egg 这个词是苏格兰方言，读者可以查询 the *Scottish National Dictionary*）

◆ chiefly NEng（使用地区）

◆ See Map（每个词后面都会有一幅图，根据调查结果绘制的，标黑点的地方表示使用地区）

◆ *somewhat old-fash*（Social label）

◆ A poached egg.（定义）

◆ 1884（quotation block）（此后全为例句，1884年的这个例句，是最早出现在美国的关于 dropped egg 的例句）

◆ *Harper's New Mth. Mag.* 69.306/1（例子的出处，有兴趣的人可以查询）

◆ MA（对于每一个引用的例句，都会尽量标出使用的地区）Martha was... eating her toast and a dropped egg. 1896 (c1973) Farmer *Orig. Cook Book* 93, *Dropped Eggs* (Poached). 1993 *Hanley Disks* neMA, Dropped egg—take and put a pan of milk on the stove and boil and drop the egg in and let it cook. 1941 *LANE* Map 295 (Poached Eggs), throughout NEng, *Dropped eggs*... 1 inf, ceVT, Drop eggs. 1948 Peattie *Berkshires* 323 wMA, In Berkshire... you could not get a poached egg, but you could get a "dropped" egg, which was the same thing. 1965 *PADS* 43. 24 seMA, 6 [infs] poached eggs, 4 [infs] dropped eggs, 1 [inf] dropped egg on toast. 1965—70 *DARE* (Qu. H35.

◆ *When eggs are taken out of the shell and cooked in boiling water, you call them~eggs*) 40 Infs（关于 dropped egg 的一个问题，这个问题的答案是 dropped egg）

◆ chiefly NEng,（表明给出答案的人们所在的地区）Dropped；

◆ NH15（被调查者的编码信息）Dropped egg on toast.

◆ [33 of 41 Infs old]（在被调查的41中，有33人认为 dropped egg 这个词，是 *somewhat old-fash*）1975 Gould *ME Lingo* 82 (Social statistics), *Dropped egg*—Maine for poached egg, usually on toast. 1977 *Yankee* Jan 73 Islebore ME, The people on Isleboro eat dropped eggs instead of poached.

3.2.1.13 俚语词典(dictionaries of slang)

英语俚语是一种非正式的语言,通常用在非正式的场合,所以在用俚语时一定要考虑到所用的场合和对象,最好不要随意用这些俚语。

俚语没有自身的语法结构,它们只是一些词和词组组成的成语,是民族语言的一部分,长期以来被认为属于教育程度低的社会下层(subculture),但它往往比一般标准语更生动、更富有表现力,在表示强烈惊叹、爱好和赞叹等感情方面有独特的作用,或表达幽默、轻松和诙谐。美国是俚语最丰富的国家,从众多的美国电影中可以看出来。

在有些俚语里,同样的一个单词稍作改变,意思则发生了很大的变化,由此可见俚语是相当灵活的。如《牛津现代英语俚语词典》[①]就对该词典的编纂作了详细的说明:

Slang is a colorful, alternative vocabulary. It bristles with humor, vituperation prejudice, and informality: the slang of English is English with its sleeves rolled up, its shirt-tails dangling, and its shoes covered in mud. This dictionary presents a panoramic view of twentieth-century English slang-from Britain, North America, Australia, and elsewhere in the English-speaking world-from World War 1 until the present day.

The *Oxford English Dictionary* identifies 3 types of slang. The first to which the term "slang" was applied, in the mid-eighteenth century, was "the special vocabulary used by any set" of persons of a low and disreputable character, the thieves cant or patter of earlier centuries. This vein of slang thrives today in the vocabulary of the underworld, street gangs, drug trafficking. But soon after the mid-eighteenth century, the meaning of "slang" broadened to include "the special vocabulary or phraseology" "of a particular calling or profession": printers slang, costermongers slang.

---

① 《牛津现代英语俚语词典》(*Oxford Dictionary of Modern Slang*),by John Ayto, John Simpson,Shanghai Foreign Language Education Press, 2001 年 4 月第 1 版。

Each entry in the dictionary consists at its barest of a headword, part of speech, definition, and period of usage; the great majority of the entries are also supplied with at least one illustrative example of the term in context, from a published source. Many entries also contain labels indicating the region, social group, or discipline within which a word is prevalent.

For example:

Jollo [noun Austral A Spree, a party. 1907 N. Pulliam.] my mother used to ask some of the chap pies in for a little week-end jollo (1955) [from jolly (ity or jolli (fication+Austral suffix-o)

Judy (noun, A woman. 1885-Guardian. During a strike a man whose Judy is working is obviously better off than the man with a wife and 3 kids about the house. (1973) [from the female personal name; earlier sense, ridiculous or contemptible woman, perh, from the name of the wife of Punch.

Joy-juice [noun; US Alcoholic drink, 1960—. He could hear the others as in a dream, laughing, telling dirty jokers, playing cards and sizzling joy-juice. (1974)

Jumper [noun; Brit, dated A ticket inspector, 1900] from the notion of "jumping on to or boarding a bus", tram, etc. to inspect tickets

Juice [noun]

1. mainly US alcoholic liquor. 1828—R. Russell
   Nothing at all likes juice, either. Hassan said. "No hangover"
2. Electricity, electric current. 1896—J. M. Cain.
   They got neon sighs, they show up better, and they don't burn as much juice. (1934)
3. petrol 1909. K. Weatherlly
   The Rover had him worried. If she ran out of juice, she had to walk in. (1968)

4. A drug or drugs. 1957—H. C. RAE

I wasn't interested in him. I mean, when you shoot juice, you lose the other thing (1972).

5. To liven up. 1964—

再如《世界英语俚语词典》①，共收集了 3000 多个英语俚语词条，以美国、英国、澳大利亚、加拿大等英语国家为主。作者不但详细解释了每个词条的意义，还介绍了该词条的起源与历史，每个词条都配有例句。读者在学习俚语的同时，还可以了解英语国家的历史及风俗习惯。

此词典中主要包括英国英语和美国英语，对这两种英语的变体，英国剧作家萧伯纳曾幽默地说，这是"被一种共同语分割的两个国家"。像众所周知的 bobby（美国人叫 policeman），lift（美国英语是 elevator）和 chucker-out（美国人称之为 bouncer）。如加拿大人常用 to go to the washroom 来表达 to go to the bathroom 的意思。该词典也收集了一些并不被经常或广泛使用的词汇和表达方式，以及一些电影、电视、现代技术、广告、商业旅行和旅游业发展中出现的新词汇。例如：

Don't Bogart that joint 不要花那么长时间抽那根大麻烟；传递给下一个人（美国）

In his films Humphrey Bogart often left cigarettes dangling from his mouth without smoking them. This led to the counterculture expression *Don't Bogart that joint*—that is, "don't take so long with, don't hog that stick of marijuana; smoke and pass it on to the next person."

Humphrey Bogart (1899—1957，美国著名电影演员，以演硬汉著称）在所演的电影中，常常嘴叼着香烟而不抽，由此产生了这个反正统文化的词语，意义如上所示。

Don't come the acid 别自作聪明；回答不要太尖刻（英国）

---

① 罗伯特·亨德里克森（Robert Hendrickson）：《世界英语俚语词典》(《World English from Aloha to Zed》)，郭健中、孟伟根、丁进锋译，中央编译出版社，2005 年 8 月第 1 版。

Don't be a wise guy; don't give me any of your wise "acid" (vitriolic) answers.

Don't even think about it 甭想（美国）

A stern warning to someone who might be about to do something. "She gave them a look that said, *don't even think about it.*"

对可能打算去做某事的人的严厉警告，如："她瞟了他们一眼，意思是说，甭想。"

Don't fence me in 给我自由；给我宽余的空间（美国）

Give me freedom, elbow room. The expression was coined in a poem written by Bob Fletcher, a Westerner. Cole Porter bought the rights to the poem, revised the lyrics, and wrote music for the song "Don't Fence Me In," which originally appeared in the film *Hollywood Canteen* (1944). Ironically, Porter was crippled in a riding accident.

意义如上所示。该用语是美国西部人 Bob Fletcher 写的诗中所创。Cole Porter 买下了诗歌的版权，修改了诗，并为歌曲《给我自由》配了曲。这首歌原出现在电影《好莱坞酒吧》(1944)中。具有讽刺意味的是，波特在车祸中伤残了。

Don't get your knickers in a twist 别困惑；别烦恼；别忧虑（不列颠，爱尔兰）

Don't get confused, annoyed, worried. Knickers in British and Ireland are women's underwear.

3.2.1.14 外来词词典(dictionary of "foreign words")

英语作为一种世界性的语言，其词汇之丰富，很大程度上源于它对外来词的吸收，而吸收外来词，由于历史的原因，在英语中已经形成了传统（参 5.8）。外来词进入英语后，必然会进入使用领域，如果等大型语文词典收录，时间上无疑会较长，因此外来语词典也就应运而生。

英语中的外来语词典多种多样，但就编写而言，其内容主要有以

下几个方面[①]:

词条的主体以词目词、语种来源和释义为主,如:

gaku［日］日本一种带框的画;装饰壁板

gál［沃］船

galantememte［意］(音)优美、大方、悦耳地

2. 标明与词目词搭配构成的常用短语,如:

gens［法］人,国家。—gens d'affaires 做生意的人。—gens d'armes 军人;武士。—gens de condition 有身份的人。—gens déglise 僧人;教士。—gens de guerre 军人。—gens de lettres 作家;文人。—gens de loi 律师。—gens de maison 家仆。—gens de meme fanille 一家人;一丘之貉。—gens de mer 水手;海员;航海者。—gens de peu 无足轻重的人物;下层人。—gens de robe 司法人员;司法长官。—gens du monde 上流社会人士。—les petites gens 卑贱的人。

3. 标明一些古今作家作品的用语,如:

la farce est jouée［法］闹剧已经结束(拉伯雷临终的话)(参见 acta est fibula)

lala caprina［拉］山羊毛;不存在的事物;微不足道的小事(贺拉斯语,有改动)

4. 标明某些外来词语的学科性,如:

faire feu［法］(军)开火

fiebile［意］(音)悲哀的;悲痛的

上面的(军)、(音)就分别属于"军事"和"音乐"术语。此外,该词典还收有其他学科术语,如地质学、电学、雕塑、光学、解剖学等。

3.2.1.15 新词词典(dictionaries of "new" words)

新词词典主要收录新出现的词汇或者被赋予了新涵义的旧词汇。

---

① 例证选自 Sylvester Mawson:《英语外来语词典》(*Dictionary of Foreign Terms*),沈叙伦编译,北京语言学院出版社,1990 年。

其中也有一些并非都是是新创造的词汇,有些是本来在小范围里使用,后来因为一些原因而进入普通词汇的范围。而现实中也并不是每一次新词语都能进入普通词汇的范畴,而被收入普通的新词词典。每个领域都会因为科学技术的发展和人们思想、生活等等的变化而产生新的词汇。这些词汇往往不能进入大众的视野,但是在专业领域里却广泛应用,于是就有了各个专业领域的新词词典。

有些新词在经过一段时间之后,会被越来越多的人了解和应用,也就逐渐进入某种语言的基本词汇里。也有些词在一段时间后销声匿迹。新词词典可以收集整理这些新词,以便对一定历史时期内的语言现象进行整理、观察和研究。新词词典的编纂和出版可以客观上对语言的发展趋势进行一定程度上的规范和引导①。

Leon Mead 在 1902 年出版的 *Word-Coinage, Being an Inquiry into Recent Neologisms, Also a Brief Study of Literary Style, Slang, and Provincialisms* 是 20 世纪最早一本研究新词的著作。虽然该书并非一本新词词典,但它收集了一些有关新词的文章。在这些文章中,首次提出了对新词的研究,同时还列举了许多由当时一些美国作家创造的新词。作者还提到了当时美国一些文化人对新词的态度。Alphonso Smith 1920 年发表了名为 *New Words Self-Defined* 的著作。该书收词 420 条,每一词目均有一条或多条例句来补充说明词义及用法。对于每一词条中最早出现的例句,Smith 还在括号内注明了具体年份,如 addict(1919/1909)和 camouflage(1917)。虽然他收录的新词有很大一部分是军事用语,但这毕竟是第一次通过编纂词典来记录英语词汇的发展和演变的尝试。

二战后随着科技词汇的大量涌入,收录新科技词汇的词典陆续出版了很多。其中,在 50 年代出版的主要词典包括 W. E. Flood 和 Michael West 的 *An Explaining and Pronouncing Dictionary of Scientific and Technical Words*(1962 年再版时更名为 *An Elementary Scientific & Technical Dictionary*)和 Isaac Asimov 的 *Words of Sciences and the History Behind Them*。后者就 1500 条科

---

① 《新华新词语词典》序言,商务印书馆,2003 年。

技词汇详细地分析它们的词源、词义及相关词语。

在最近的二三十年中，英美新词词典编纂很活跃，也出版了很多词典。其中既有注重学术性的，也有侧重流行性的，亦有兼而有之的。除了由普通的语文词典延伸出来的新词词典之外，最值得一提的是，*Barnhart Dictionary of New English* 这本词典比较侧重已经进入日常生活的新词汇。1973 年的《第一版》的收词时间跨度为 1963 至 1972 年，总词条数大约为 5000 条。该词典的最大特点用三位编者（Clarence Barnhart、Sol Steinmetz 和 Robert K. Barnhart）的话来说就是"把'例句'延伸成'引文'以显示新词或新义的用法"。

国内引进和出版过许多英语或者英汉双语的新词词典。

如世界图书出版公司《布卢姆斯伯里英语新词词典》原作者是 Jonathon Green，这本书只有不到 350 页，一般来说新词词典因为收词范围主要是新词，规模都不会很大。另一本引进的新词词典是外语教学与研究出版社 2002 年出版的《20 世纪新词语词典》，原著作者是 John Ayto。这本词典收录了约 5000 个 20 世纪产生的英语新词，在一定程度上反映了 20 世纪西方社会生活的各个方面，也显示了英语在 20 世纪的发展。这本词典规模稍微大一点，有近 800 页。

上边提到的这两本词典都比较侧重于流行性。

此外国内还有一些英语新词词典。如华中科技大学出版社出版的《英语新词手册》，编者是刘雪梅。这本手册把收录的词语分成政治、经济、科技、教育、医疗健康、体育、休闲娱乐、流行文化八个领域分类整理，规模不是很大，但对每个条目的解释和例句都比较充分，在实际应用中会有一些帮助。比如：

  jet lag ['dʒetlæg] 喷气飞机时差综合症：His nose began bleeding and he felt hungry in a queer way. "I shouldn't be feeling empty so soon," he said. "～, perhaps."

  afternooner n [英] 午后报：In 1954, The Mirror switched to standard size and absorbed the opposition ～, the Daily News.

此外还如四川人民出版社和四川出版集团 2004 年的《最新英汉汉英新词语词典》、安徽科技出版社的《英汉汉英新词词典》。

《最新英汉汉英新词语词典》主要关注于如何把中文新词语翻译成英文,多数条目只是简单的一一对应,也有一些是有解释的。有的词在英语里并非新词,只是在汉语里比较新。

比如:

  白宫(美国) The White House

  白宫法律顾问 White House counsel

  白金唱片 platinum record

  ……

  党政分开 separate the functions of the party from those of the government; separate Party work form government work

  党政机关 Party and government organization; Party and government organs

这本词典在一些场合可能会派上用场。

还有就是专业领域的新词词典。首先要说的是《微软计算机词典》。虽然并不是专门的新词词典,但是由于计算机行业技术更新很快的特性,其中的大多数条目都应该算得上是新词。这本词典对计算机行业的词汇收录全面,而且每个条目都有详细的解释,必要的时候还会附上插图和图表。在其中已经能够感到百科全书的影子了。其他的专业新词词典有《英汉航空航天新词典》、中国金融出版社《英汉双向经济金融新词典》、电子工业出版社《计算机新词双解词典》等等。其中涵盖各行各业,收词量也各不相同,质量也多少有些参差不齐,但是都可以反映出该领域最新的发展趋势。

另外,在普通的语文词典或者专业词典里,每次正式出版新版本都会收录新的词汇;还会在正式出版新版本之前,在词典后边附加新词部分。比如外研社出版的《朗文当代英语词典》第四版(*Longman Dictionary of Contemporary English*, 4th Edition)就比第三版多收了2.4万多条新词。而商务印书馆和牛津大学出版社的《牛津高阶英汉双解词典》第六版,就在词典最后附录了将近60页的新词汇。

3.2.2 学科专科词典

学科类专科词典指某一具体学科或行业的专门词典。它主要选收一定学科或行业范围内的术语、学说、学派、著作、事件、人物、组织、制度、器物等专科词语,而不收普通词语。① 从数量上看,这一类词典的种类最多,但粗略地划分,大致可以分为人文社会科学学科词典、自然科学学科词典、科学技术学科词典和行业词典等,每一大类下又可分为若干小类。

3.2.2.1 人文社会科学学科词典

人文社会科学包含的领域极广,其他的不论,翻开《社会科学学科词典》②的"分类目录",仅仅学科类别就有"综合学科"、"哲学学科"、"宗教学科"、"逻辑学科"、"伦理学科"、"政治学科"、"社会学学科"、"科学社会主义学科"、"管理学科"、"军事学科"、"法律学科"、"经济学科"、"新闻学科"、"出版学科"、"图书馆学科"、"情报文献学科"、"博物馆学科"、"档案学科"、"科学学学科"、"教育学科"、"社会体育学科"、"心理学科"、"语言学科"、"美学学科"、"文艺学科"、"历史学科"、"地区学科"、"人文地理学科"、"城市学科"、"人口学科"、"人类学科"和"民族学科"。而每一学科下,还包含少则十几个、多则几十个的分支学科,如"语言学科"下就有:语言学、普通语言学、语文学、语法学、语音学、音位学、词汇学、新词学、词汇计量学、音韵学、训诂学、语义学、文字学、古文字学、甲骨学、汉字学、符号学、语用学、专语语言学、古代汉语、现代汉语、应用语言学、社会语言学、法律语言学、神经语言学、宇宙语言学、实验语言学、工程语言学、数理语言学、计量语言学、话语语言学、形式语言学、翻译学、历史语言学、历史比较语言学、比较语法学、词源学、描写语言学、修辞学、汉语修辞学、文艺修辞学、形态学、语言风格学、语体学、方言学、语言地理学、模糊语言学、对外汉语教学、世界语学、术语学、专名学、人名学、演讲学、朗读学、古文书学、秘书学、写作学、文章学、速记学、辞典学、语言学史等共61门分支学科。

---

① 林玉山:《辞书学概论》,海峡文艺出版社,1995年,第85页。
② 张光中:《社会科学学科词典》,中国青年出版社,1990年。

尽管我们没有对人文社科各个学科的词典作一个详尽的统计,但其种类无疑非常众多。下以文学词典为例①:

自16世纪后期英国出现文学资料的出版物后,英语文学工具书迄今已经历了孕育形成期、初步发展期、稳步发展期和空前繁荣期四个阶段。迄今已形成了包括文学词典、作家词典、文学手册、百科全书、作家传记辞书等在内的多种工具书,并以系列化、专门化等特点占据了广阔的市场。

文学词典如美国图书馆学家阿利本编著的三卷本《英语文学与英美作家评论词典》(*A Critical Dictionary of English Literature and British and American Author*)(1858—1871,收录了46499位作家及对他们作品的评论,共设40种分类索引,1891年柯克为其续编两卷补编)、美国文论家艾布拉姆斯编著的《文学术语词典》(*A Glossary of Literary Terms*)(1941)、美国哥伦比亚大学出版社1948年出版的《哥伦比亚现代欧洲文学词典》(*Columbia Dictionary of Modern European Literature*)、英国Den出版社1963年出版的《文学作品虚构人物大众辞典》(*Everyman's Dictionary of Fictional Character*)、牛津大学出版社的《牛津简明文学术语词典》(*Oxford Concise Dictionary of Literary Terms*)。

作家传记辞书如英国评论家卡曾编著的《英国文学传记辞典》(*Biographical Dictionary of English Literature*)(1910)、美国Wilson公司自20世纪30年代起出版的系列作家传记辞典,包括《当今作家》(*Living Authors*)、《今昔作家》(*Authors Today and Yesterday*)、《19世纪英国作家》(*British Authors of Nineteenth Century*)、《1600—1900年美国作家》(*American Authors 1600—1900*)、《20世纪作家》等。

作家词典如美国评论家亚当斯的《美国作家辞典》(*Dictionary of American Author*)(1897)、美国Wilson公司出版的《1000—1900年欧洲作家》(*European Authors:1000—1900*)、《世界作家》的1900—1950年卷、1950—1970年卷、1970—1975年卷、1975—1980年卷、

---

① 董守信,《英文文学工具书发展研究》,《辞书研究》1999年第2期,第120—132页。

1980—1985年卷等也先后问世;美国Scribner公司出版有《美国作家》(American Writers)、《英国作家》(British Writers)及它们的增补卷,以及《欧洲作家》(European Writers)、《非洲裔美国作家》(African American Writers)、《拉丁美洲作家》(Latin American Writers)、《超自然小说作家》(Supernatural Fiction Writers),牛津大学出版社的《牛津作家词典》(Oxford Writer's Dictionary)、《牛津古典文学词典》(Oxford Dictionary of Classical Literature)等。除上述这种涵括面较宽的作家词典外,还有一类是专门针对某一具体作家的词典,如美国作家皮尔斯1872年编写出版的《狄更斯辞典》(The Dickens Dictionary)、《莎士比亚戏剧和诗歌词语索引大全》(Complete Condordance to Shakespeare's Dramatic Works and Poems)(1894)、《乔叟词汇》(A Chaucer Glossary)、《福克纳词汇》(A Faulkner Glossary),牛津大学出版社的《牛津莎士比亚词典》(Oxford Dictionary of Shakespeare)。有的还专门收录文学作品中涉及的真实人名、地名或神话、圣经中的人物、典故等内容的词典,如《但丁作品中专用名词和重要事务词典》(A Dictionary of Proper Names and Notable Matters in the Works of Dante)、《乔叟人名词典:乔叟作品中占星家和圣经、历史、文学、神话人物姓名指南》(Chaucer Name Dictionary: A Guide to Astrological, Biblical, Historical, Literary and Mythological Names in the Works of Geoffrey Chaucer)、《弥尔顿英语诗双关语词典》(A Dictionary of Puns in Milton's Poetry)、《莎士比亚性双关语词典》(A Dictionary of Shakespeare's Sexual Puns and Their Significance)等。

英语文学词典的发展推动了对文学的学习与研究,繁荣了世界文学,丰富了人类精神文明的宝库。仅从上述对英语文学词典的简要介绍也可以看出,人文社科类专科词典确实种类繁多,令人目不暇接。

3.2.2.2 自然科学学科词典和科学技术学科词典

与人文社科相类似,自然科学和科学技术学科所包含的学科也十分广泛,这里不再详细列举。从词典数量上粗略估计,这两大类学科的学科专科词典也绝不亚于人文社科类词典。下面我们仅列举一些词典,以管中窥豹。

如牛津大学出版社就出版有[①]：

Oxford Dictionary of Astronomy

Oxford Dictionary of Architecture

Oxford Dictionary of Scientists

Oxford Concise Medical Dictionary

Oxford Dictionary of Science

Oxford Dictionary of Mathematics

Oxford Dictionary of Computing

Oxford Dictionary of Geography

Oxford Dictionary of Biology

Oxford Dictionary of Ecology

Oxford Dictionary of Zoology

Oxford Dictionary of Physics

Oxford Dictionary of Food and Nutrition

Oxford Dictionary of Chemistry

Oxford Dictionary of Plant Science

其实牛津大学出版社还远不止上面这些。此外，我国也有不少属于这一类的双语词典，如：

英汉内分泌学辞典，侨叔华等主编，天津科技翻译出版公司，1993年12月1版

英汉人名医药术语辞典，孙迪清等主编，人民军医出版社，1992年11月1版

英汉现代医学药学词海，蒋谷人主编，黑龙江科技出版社，1991年7月1版

新汉英医药学词汇，李世俊主编，黑龙江科技出版社，1993年5月1版

英汉医学辞典，陈维美等编，上海科技出版社，1984年5月1版

[①] 详见《牛津英语百科分类词典系列》，上海外语教育出版社，后封介绍。

英汉医学新词辞典,陈维美主编,中国医药科技出版社,1993年2月1版

英汉医学词汇,《英汉医学词汇》编纂组,人民卫生出版社,1991年1月1版

英汉药物词汇(新一版),刘有常编著,人民卫生出版,1992年12月1版

汉英常用医学词汇,黄孝楷等编,人民卫生出版社,1982年2月1版

现代电子学辞典(英汉、汉英名对照),〔美〕R. F. 格拉夫著,北京邮电学院"辞典"翻译组译,人民邮电出版社,1982年12月1版

英汉无线电电子学词汇,科学出版社,1979年4月1版

英汉机械制造词典,金锡如主编,四川人民出版社,1986年12月第1版

英汉农业机械词典,洛阳农业机械学院、吉林农大合编,机械工业出版社,1974年5月第1版

英汉激光与红外技术词汇,科学出版社,1978年2月1版

英汉电信辞典,人民邮电出版社,1962年1月第1版

英汉锅炉词汇,科学出版社,1977年5月1版

英汉双解现代机械制造技术词典,郑本伟主编,大连出版社,1993年6月1版

英汉光学术语释义词典,嵇钧生等编著,航空工业出版社,1993年4月1版

英汉光纤通信技术词汇,张廷荣等编,人民邮电出版社,1993年6月1版

英汉信息技术标准术语词典,林宁等主编,电子工业出版社,1992年5月1版

汉英光电技术词汇,杨培根主编,兵器工业出版社,1992年6月1版

英汉传感技术词汇,张福学编著,电子工业出版社,1994年7月1版

简明英汉电信词典,人民邮电社编,人民邮电出版社,1981年2月1版

英汉机械工程技术词汇(缩印本),朱景梓主编,科学出版社,1987年8月第1版

英汉电子学小辞典,复旦大学物理系,上海人民出版社,1974年2月1版

简明英汉机床词汇,清华大华外语教研室,科学出版社,1972年6月1版

英汉金属材料强度词汇,何昌瑞编,国防工业出版社,1979年9月1版

英汉微机处理双解辞典,〔英〕安东尼·委多编,吴潮元等译,湖北人民出版社,1985年1月1版

英汉信息新技术辞典,郭于军编译,北京科技出版社,1986年3月第1版

英汉计算机及数据处理简明词典,张作民等译,〔英〕R.G.安德著,中国对外翻译出版公司,1985年12月1版

英汉自动学及检测仪表词汇,中科院自动化研究所,科学出版社,1966年4月第1版

英汉双解计算机软件辞典,《英汉双解计算机软件辞典》编委会,机械工业出版社,1986年9月1版

英汉计算机技术辞典,《英汉计算机技术辞典》编委会,电子工业出版社,1992年6月1版

英汉计算机通信电子金融安全辞典,缪道期等主编,清华大学出版社,1994年5月1版

英汉计算机词汇大全,《英汉计算机词汇大全》编委会,吴仲贤主编,河北教育出版社,1990年8月1版

英汉情报图书馆学词汇,周剑波等编,科学出版社,1992年12月第1版

最新英语情报辞典,苏生豪,文桥出版社(台湾),1986年2月第1版

汉英双解常用中医名词术语,帅学志等编译,湖南科技出版

社,1983年1月1版

英汉铸造词汇,沈阳铸造研究所,科学出版社,1978年3月第1版

英汉土木建筑工程词汇(第二版),李肇祥等编,科学出版社,1989年4月第2版

英汉建筑工程大词典,河海大学《英汉建筑工程大词典》编委会,河海大学出版社,1989年7月1版

英汉空气动力学词典,范洁川主编,机械工业出版社,1993年3月1版

英汉材料科学词典,《英汉材料科学词典》编写组,刘志刚主编,中国国际广播出版社,1993年8月

英汉土木工程辞海,阎存立主编,中国建材工业出版社,1993年5月1版

英汉工程技术词汇,《英汉工程技术词汇》编辑组,国防工业出版社,1976年9月1版

英汉石油地球物理勘探词汇,陈俊生等编订,科学出版社,1979年11月1版

英汉化学化工词汇(再版本),中科院自然科学名词编订室,科学出版社,1962年10月第2版

英汉化学大辞典,Clifford. A. Hampel, Gessner. G. Hawley,刘采兰译,化学工业出版社,1984年1月第1版

英汉物理学词汇,《英汉物理学词汇》编辑小组,科学出版社,1975年5月第1版

英汉流变学词汇,《英汉流变学词汇》编写组,科学出版社,1990年9月1版

英汉计量技术词汇,中国计量科学院,科学出版社,1977年11月第1版

英汉能源大词典,刘德辉主编,改革出版社,1991年10月1版

英汉航空与航天技术辞典,曹鹤荮等主编,国防工业出版社,1976年2月第1版

英汉军用车辆辞典,《英汉军用车辆辞典》编辑组,国防工业出版社,1975年10月1版

英汉航空流体动力学词汇,黄绍龄等译,科学出版社,1964年2月1版

英汉双解技术词典,马登杰等译,中国对外翻译出版公司、英国贝尔·海曼有限公司合作出版,1984年4月第1版

汉英综合科学技术词汇,周家生等编订,科学出版社,1983年8月1版

3.2.2.3　行业(或跨学科)词典

英语的学科词典中还有一类,它们从严格意义上讲并不属于上述两类,而是属于某一行业(或跨学科)的,因此另列一类。随着社会的发展和知识进程的加快,新兴行业和跨学科的新型学科不断涌现,因此可以预计,这类词典的数量会越来越大。下面是这类词典的一些例子:

英汉电工词汇,余昌蜀编,科学出版社,1976年6月第1版

英汉家用电器词典,徐康成等编著,四川大学出版社,1992年10月1版

英汉实用饮食词典,戴新环编,上海科技出版社,1992年6月1版

英汉精细化学品辞典,樊能廷等主编,北京理工大学出版社,1994年1月1版

英汉化学纤维工业词汇,《英汉化学纤维工业词汇》编委组,纺织工业出版社,1982年12月1版

英汉塑料辞典,[苏联]T.M.皮森主编,郭武鞭译,国防工业出版社,1966年6月第1版

汉英水利水电技术词典,魏中明主编,水利电力出版社,1993年3月1版

英汉真空技术词汇,科学出版社,1978年7月第1版

英汉港口航道工程词典,《英汉港口航道工程词典》编写组,人民交通出版社,1983年10月第1版

英汉火箭技术词典，《英汉火箭技术词典》编委会，国防工业出版社，1963年12月1版

英汉船舶科技词汇，《英汉船舶科技词汇》编辑组，国防工业出版社，1975年9月第1版

英汉航空工程辞典，《英汉航空工程辞典》编委会，国防工业出版社，1965年2月

英汉热力工程词汇，西国热电厂等编，水利电力出版社，1979年10月1版

汉英武术词汇，吴必强编著，科学技术文献出版社重庆分社，1988年9月1版

英汉道路工程词汇，赵祖康等编，人民交通出版社，1965年1月1版

英汉旅游词典，程润明编，上海外语教育出版社，1990年10月1版

新闻英语读者辞典，马骥仲编订，亚太图书出版社（台湾）

英华冶金工业词典（金属材料部分），《英华冶金工业词典》编辑组，冶金工业出版社，1981年4月1版

英汉复印机词典，顾平等编，科学技术文献出版社，1993年11月1版

英汉人工智能词典，史浩山等主编，四川科学技术出版社，1991年8月1版

以上三类学科词典只是一种例举性质，相关的详细资料，读者可参阅徐祖友等编《中国工具书大辞典》（福建人民出版社，1996）。

3.2.2.4 学科类专科词典的主要编纂特点

从学科词典编纂的方法看，学科专科词典大致有以下几种（以双语专科词典为例）：

一是词汇对照法，即词条本身仅由源语词（或词组）及其在译语中的对应词语组成。如：

  additivity 相加性，迭加性
  closed oscillation circuit 闭合振荡电路

axial 轴向的,轴的

axial direction 轴向

二是列举法,即不仅给出词目在译语中的对应词语,而且将以该词目词义作为核心知识的相关术语一并列出。实质上,此法与"词汇对照法"大同小异,其优点是将词目属下的专业术语分类列举,具有层次分明、系统性强的特点。如:

balanse sheet ratios 资产负债率,使用资产负债表数据的比率[包括:毛利润占销货百分比(gross profit as a percentage of turnover),净利润占毛利润百分比(net profit as a percentage of gross profit),借入比(credit taken ratio 即借入额与购入额相比),以及现金比(cash ratio),借款比(lending ratio)等]

三是定义法,即不仅给词目的对应词语,而且还以译语对所指之物进行诠释,如:

electric CO laser 电激发一氧化碳激光器

　　一种电激射激光器,把一氧化碳作为材料,在相邻的振动电场之内,粒子反转产生激光。振动能量通过较低的激光器能态循环,在系统中并不消耗。

四是定义—列举兼备法,即词条中不但给出对应词语,对所指之物进行诠释,而且还列举出相关术语。如:

letter of credit[金、贸]信用证(指银行应买方要求开给卖方的一种银行保证付款的凭证)。开证银行授权卖方在符合信用规定的条件下,以该行为付款人,开具信用证所列金额的汇票,或者按规定随附货运交易所在规定的日期收取货款。

[缩]L. C;L/C;l. c;l/c;lc。blank L/C 空白信用证。circular L/C 流通信用证。commercial L/C 商业信用证。confirmed L/C 保兑信用证。direct L/C 直接信用证。documentary L/C 跟单信用证。irrevocable L/C 不可撤销信用证。limited L/C 有限信用证。revocable L/C 可撤销信用证。

traveller's L/C 旅行信用证。unconfirmed L/C 非保兑信用证。

五是双解法,即除提供对应译称外,还分别用源语和译语对所指之物进行诠释。如:

binary numeral 二进制数值

(1)(ISO) A numeral in the pure binary numeration system, for example, the binary numeral 101 is equivalent to the Roman numeral v.

(ISO)纯二进制中的一个数值,例如,二进制数 101 等于罗马数字 V。

(其他义项略——引者)

总体而言,目前我国双语专科词典编纂的总体趋向,是采用上述 1、3、5 数法构成相应的词典类型,即:"词汇对照表型"、"定义型"和"双解型"。另有一部分词典在宏观结构上混合采用了上述 1~4 数种方法,我们权且称它们为"混合型"。当然,每部具体的专门用途词典,其"混合"程度又有所差异:有的四法并用,有的则取其三或其二。而在同一部词典中,根据词条具体情况,又采用相应的不同方法。如《英汉财经大辞典》(石油工业出版社,1986 年 6 月)第 100—102 页共收词目 88 条,其中采取"词汇对照法"的有 68 条,采取"列举法"的有 1 条,用"定义法"的有 19 条,而用"定义—列举兼备法"的为 0 条。

上述"五法"、"四型"可大致概括我国专门用途双语词典编纂的现状。毋庸置疑,上述各型词典的出版,对推动我国外语教学、促进国际交流起到了相当的作用。

上面所论及的"五法"、"四型"主要是针对学科专科词典中的术语词汇而言,而涉及某一学科的"学说、学派、著作、事件、人物、组织、制度、器物"等时,其编纂方法又大不一样。有关这类词典的编纂,请参阅"6.10 词典编纂设计示例"。

3.3 小　结

　　本章介绍了英语词典的基本种类,并以较大篇幅介绍了语文专科词典和学科专科词典。在本章中举到了不少词典的实例,其目的是让读者能对种类繁多的英语词典有一个感性的认识。而对于词典类型学的研究与探讨,可以说是没有止境的,比如我们在本章中就只介绍了以纸质为载体的词典,而对于电子词典、在线词典等则没有提及(相关内容请参见本书第十章)。随着社会的发展和科技的进步,词典的类型肯定会越来越丰富,这都有待我们进行持续不懈的研究。

第四章 英语词典的构成

4.1 词典的构成

任何一本词典,都是由几个乃至十几个部分组成的。以语文词典(language dictionary)为例,它通常包含以下部分:①目录;②前言;③导论;④使用者指南;⑤百科部分;⑥词典语法;⑦词典正文;⑧索引;⑨附录;⑩内容简介。①~⑥通常置于词典正文之前,因此又称为"前面部分"(front matter),词典正文叫做"中间部分"(middle matter),

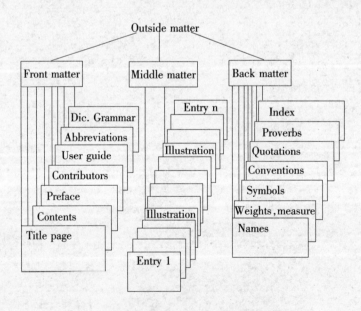

图4—1 词典的大结构(宏观结构与外在部分)

⑧~⑩通常放在词典正文之后,称为"后面部分"(back matter)。上述三大部分在内容及功能上既各司其职,又相互补充,最终构成一个有机的整体——词典。关于词典的"大结构"(megastructure),《词典学词典》曾用图加以形象的说明(见图4—1)①。

图中的"前面部分"和"后面部分"常常统称为"外在部分",而"中间部分"则是词典正文。下面我们简要地介绍"外在部分"。

4.2 前面部分(front matter)

词典的前面部分通常包含封面、版权页及版次、鸣谢、前言、目录、编者、缩写表和/或使用的插图、发音表、使用指南、该语言的性质、历史及结构、词典语法等。② 当然,这里列出的内容,主要是英语单语语文词典的常用项目,而且属于非规定性质,各种词典可以根据自身的特点和编纂方针进行增删。如 *Longman Dictionary of the English Language*③,其目录中的前面部分除封面、版权页和版次外,目录中列出的前面部分有:

Acknowledgements
Forward
Preface
Explanatory chart
Explanatory chart—pronunciations
How to use the dictionary
Abbreviations used in this dictionary

该词典就没有将英语的性质、历史等作为一个专门项目列在"前面部分"中。

英语词典设置"前面部分"的主要目的,是方便使用者更有效地使用该词典(尽管这一良好的初衷往往事与愿违),因为词典编纂的需要,各种词典往往要使用一些缩略词,要使用一些符号等,以减少词典

---

① *Dictionary of Lexicography*, 2000. 92.
② *Dictionary of Lexicography*, 2000. 60.
③ Longman World Publishing Corp, 1984.

篇幅,增强信息密度。围绕这一目的,从词典编纂的实践角度看,以下信息是大多数词典都提供的:

4.2.1 前言

关于该词典的目的、目标使用者(即适用于那些读者)、词典的规模等信息,这些信息常常在"前言"中给予介绍。如 *Oxford Learner's Pocket Dictionary*[①](见表 4—1):

表 4—1 *Oxford Learner's Pocket Dictionary* 序言

Preface

This compact dictionary has been specially designed for the learner of English. It deals with a general vocabulary of more than 17,000 items in sufficient detail to meet many of the reference needs of students, particularly at intermediate level.

Even a dictionary small enough to slip into a pocket or handbag must try to serve and harmonize certain basic reference needs. At times the learner will simply wish to check a spelling or trace the meaning of a word he has met for the first time. But he will also look to the dictionary to help him use new vocabulary acceptably: he will want to compose as well as comprehend.

The user of this general dictionary who wants quick access to meanings will be helped by the way in which the various senses of a word such as *agree* or *beat* are numbered and arranged, by the marking in bold print of compounds, and by the simple language of the definitions.

At the same time the learner is given much guidance on the forms and uses of words. Part of this help is with spelling and pronunciation. Plural forms whose spellings are likely to cause difficulty are always carefully shown, and the irregular written and spoken forms of verbs are all indicated, some in special entries of their own. Space has also been found for marking the difference between countable and uncountable nouns—a familiar stumbling block for the learner. Although the scale of the dictionary rules out an elaborate treatment of idioms, they are easily picked out from the text, and alternative forms are neatly and economically shown as in (*every*) *now and then again*.

---

① *Oxford Learner's Pocket Dictionary*, A. P. Cowie, Oxford University Press. 1988.

续表

> This attractive dictionary is a remarkable feat of selection and compression guided by a clear sense of the learner's practical needs.
> ——A. P. Cowie

4.2.2 用法介绍

如 *Oxford Advanced Learner's English-Chinese Dictionary* (*Fourth edition*)(《牛津高阶英汉双语词典》)[①]用 10 页篇幅介绍了 "Using the Dictionary—A Practical Guide"。

4.2.3 结构说明

即对该词典宏观结构及词条结构的说明,如 *Little Oxford Dictionary of Current English*, 5th edition[②](见表 4-2):

表 4-2 INTRODUCTION

INTRODUCTION

throw (θrəu) v. (**threw**, **thrown** pr. θrəun) release (thing) after imparting motion, propel through space, send forth or dismiss esp. with some violence; *fig.* Compel to be in specified condition; project (rays, light, etc.); *Crick.* Bowl (ball) with illegal jerk by straightening elbow; cast (shadow); bring to the ground; *colloq.* Disconcert; put (clothes etc.) carelessly or hastily *on*, *off*, etc.; cause (dice) to fall on table etc.; obtain (specified number); twist (silk etc.) into yarn or thread; shape (pottery) on wheel; turn, direct, move, esp. quickly; have (fit, tantrum, etc.); *colloq.* Give (a party). *n.* act of throwing; distance a missile is or may be thrown; being thrown in wrestling. ~ **away**, part with as unwanted, lose by neglect, waste, discard. *Theatr.* Speak (lines) with deliberate under-emphasis; ~-**away**, (thing) to be thrown away after (one) use, deliberately under-emphasized.

The headword appears in bold: **throw.**

---

① *Oxford Advanced Learner's English-Chinese Dictionary*(*Fourth edition*)(《牛津高阶英汉双语词典》),商务印书馆、牛津大学出版社,1997,xxi-xxx.

② *Little Oxford Dictionary of Current English*, 5th edition, ed. J. Swannell, 1980, vii-viii.

A guide to pronunciation is given, when necessary, in I. P. A. (see page ix):
(θrəu).

The part of speech is given in italics: *v.* (and *n.* in col. 2).

Irregular inflexional forms: if a verb has irregularly-formed past tenses these are given in bold, with pronunciation when necessary. Thus **threw** is the past tense, and **thrown** the past participle, of this verb. If only one form is given (for example **stood** at the entry for **stand**) this indicates that the past tense and past participle both have this form.

Irregularly-formed present participles of verbs (for example **lying** at the entry for **lie**²) and comparatives and superlatives of adjectives and adverbs (for example **better** and **best** at the entry for **good**) are given in the same way.

Labels to indicate that a word or sense is restricted to a particular type of discourse or subject are given in italics: *fig.*, *colloq.*, *Crick.*, *Theatr.*

The swung dash ~ is used as a substitute for the headword in combinations and phrases, for example in ~ **away** and ~**-away**, standing for *throw away* and *throw-away*.

Round brackets ( ) are used to enclose words that are explanatory or optional: for example 'release (thing) after imparting motion', or 'project (rays, light, etc.)', indicating the type of noun that often appears as the object of this verb; '~**-away**, (thing) to be thrown away', indicating that 'throw-away' can be an adjective meaning 'to be thrown away' *or* a noun meaning 'a thing to be thrown away'.

Words such as prepositions or adverbs which are commonly used with the headword in any particular sense are given in italic. For example 'put (clothes etc.) hastily *on*, *off*, etc.' indicates that the usual construction would be 'to throw one's clothes on' or 'to throw one's clothes off' or any similar phrase.

When a word normally written with a lower-case initial letter also has a sense in which it is written with a capital letter, this is indicated by the swung dash preceded by the capitalized initial letter, for example

blimp *n.* small non-rigid airship; **B**~, diehard reactionary.

Headwords which are foreign and not fully naturalized in English are given in bold italics, and an indication of the language of origin is given in square brackets at the end of the entry, for example

metier (mei'tjei) *n.* one's trade or profession; one's forte. [F]

Derivatives of obvious meaning are included without definitions, for example opulent ('ɔpjulənt) *a.* wealthy; abundant; luxurious. 'opulence *n.*

Space has been saved by not listing obvious and regularly-formed derivatives such as agent-nouns in -er (for example *player*), nouns in -ness (for example *kindness*), or adverbs in -ly (for example *bravely*).

A hyphen that happens to fall at the end of a line is repeated at the start of the next line to make clear that it does not arise simply from the usual practice of hyphenating a word divided between lines. Compare these two examples:

polychromatic (pɔlikrə'mætik) *a.* many-coloured. (*many coloured*)

polystyrene (pɔli'staiəri:n) *n.* hard colour-less plastic. (*colourless*)

4.2.4 音标示例

如果该词典使用了某一具体的拼音系统,须注明"音标示例"(Key to Phonetic Symbols)。如 *Oxford Advanced Learner's English-Chinese Dictionary*(*Fourth edition*)(《牛津高阶英汉双语词典》)(见表4-3):

表4-3 Key to Phonetic Symbols

KEY TO PHONETIC SYMBOLS 音标例释					
Vowels and diphthongs 单元音与双元音					
IPA 国际音标		Example 示例	IPA 国际音标		Example 示例
Jones	K.K		Jones	K.K	
iː	i	see/siː; si/	ɜ	ɜ	fur/fɜː(r); fɜː/
ɪ	ɪ	sit/sɪt; sɪt/	ə	ə	ago/əˈgəʊ; əˈgo/
e	ɛ	ten/ten; tɛn/		ɚ	never/ˈnevə(r); nɛvɚ/
æ	æ	hat/hæt; hæt/	eɪ	e	page/peɪdʒ; pedʒ/
ɑː	ɑ	palm/pɑːm; pɑm/	əʊ	o	home/həʊm; hom/
	æ	ask/ɑːsk; æsk/	aɪ	aɪ	five/faɪv; faɪv/
ɒ	ɑ	watch/wɒtʃ; wɑtʃ/	aʊ	aʊ	now/naʊ; naʊ/
	ɔ	long/lɒŋ; lɔŋ/	ɔɪ	ɔɪ	join/dʒɔɪn; dʒɔɪn/
ɔː	ɔ	saw/sɔː; sɔ/	ɪə	ɪr	near/nɪə(r); nɪr/
ʊ	u	put/pʊt; put/	eə	ɛr	hair/beə(r); hɛr/
uː	u	too/tuː; tu/	ʊə	ur	tour/tʊə(r); tur/
ʌ	ʌ	cup/kʌp; kʌp/			

Consonants 辅音

IPA 国际音标		Example 示例	IPA 国际音标		Example 示例
Jones	K.K		Jones	K.K	
p	p	pen/pen; pɛn/	z	z	zoo/zuː; zu/
b	b	bad/bæd; bæd/	ʃ	ʃ	she/ʃiː; ʃi/
t	t	tea/tiː; ti/	ʒ	ʒ	vision/ˈvɪʒn; ˈvɪʒən/
d	d	did/dɪd; dɪd/	h	h	how/haʊ; hau/
k	k	cat/kæt; kæt/	m	m	man/næn; mæn/
g	g	got/gɒt; gɑt/	n	n	no/nəʊ; no/
tʃ	tʃ	chin/tʃɪn; tʃɪn/	n̩		button/ˈbʌtn; ˈbʌtn/
dʒ	dʒ	June/dʒuːn; dʒun/	ŋ	ŋ	sing/sɪŋ; sɪŋ/
f	f	fall/fɔːl; fɔl/	l	l	leg/leg; lɛg/
v	v	voice/vɔɪs; vɔɪs/	l̩		able/ˈeɪbl; ˈebl/
θ	θ	thin/θɪn; θɪn/	r	r	red/red; rɛd/
ð	ð	then/ðen; ðɛn/	j	j	yes/jes; jɛs/
s	s	so/səʊ; so/	w	w	wet/wet; wɛt/

/ˈ/ or /ˈ/ represents *primary stress* as in **about** /əˈbaʊt; əˈbaut/ /ˈ/ 或 /ˈ/ 代表主重音，如 **about** /əˈbaʊt; əˈbaut/ 中的重音。

/ˌ/ or /ˌ/ represents *secondary stress* as in **acadenmic** /ˌækəˈdemɪk; ˌækəˈdɛmɪk/ /ˌ/ 或 /ˌ/ 代表次重音，如 **academic** /ˌækəˈdemɪk; ˌækəˈdɛmɪk/ 中的次重音。

(r) An 'r' in parentheses is heard in British pronunciation when it is immediately followed by a vowel-sound. (r) 在英式读音中，r 后面紧跟一个元音时，发 /r/ 音。Otherwise it is omitted. 在其他情形 r 不发音。In American pronunciation no 'r' of the phonetic spelling or of the ordinary spelling is omitted. 在美式读音中，音标中或拼写中的 r 均发音。

/-/ Hyphens preceding and/or following parts of a repeated transcription indicate that only the repeated part changes. /-/ 在部分重复注音前面和[或]后面的连字符 /-/，表示只有重复的部分有变化。

A full explanation of the phonetic information is given in sections 4—7 of Using the Dictionary—*A Detailed Guide*. 在"本词典用法——详细说明"的第 4—7 节中载有关于读音的详细说明。

4.2.5 缩写词、术语等的含义

该词典中使用的缩写词、术语的含义等。如 *Cambridge Dictionary of American English*[①] 的 Usage Labels 中就包含了该词典中使用的各种缩略词及各种术语的含义,并给出了例证(见表 4—4):

表 4—4 Usage Labels

Usage Labels		
Most words in the English language can be used in any context. Some words will not be appropriate or will seem strange when used in a particular context. Labels in the dictionary serve as a guide to help you to decide whether or not a term would be suitable. These tables list the labels used in this dictionary, describe them, and give examples of them.		
Words used in some places		
Br	British English term	**fortnight** (=two weeks) • **tyre** (=tire wheel)
Cdn	Canadian English term	**loonie** (=a Canadian dollar coin)
regional	terms used only in parts of US	**submarine** (=sandwich) • **soda** and **pop** (=soft drink)
Words used among some groups		
law	terms used by lawyers, judges, and proof people involved in legal matters	**burden of** (=responsibility for proving that something is true in a court of law)
literary	terms used in literature and similar writing	**wretch** (=someone who is suffering) • **slumber** (=sleep)

---

① *Cambridge Dictionary of American English*, Cambridge University Press, 2000. xiv-xv.

medical	terms used by doctors, nurses, and people talking about medical care	**c-section** (=an operation that allows a baby to be born) • **hypothermia** (=a dangerous condition where the body temperature is too low)
specialized	terms used in science, university studies, and particular type of work	**alkali** (=a substance that has a particular chemical behavior) • **effluent** (=liquid waste that is sent out from factories)
trademark	a product name that is owned by a company	**Band Aid** (=a thin strip used to cover small cuts) • **Xerox** (= a copy made on a photocopier)
Words from the past		
dated	terms used more often before the 1970s	**coed** (=a female student in a college) • **domestic** (=person paid to do work in a house)
old use	terms used before the 20th century	**alas** (= used to express sadness or regret) • **hither** (= to or toward this place)
Shortened terms and special symbols		
Abbreviation	a shortened form of a word or phrase, usually taken from the first letter of each word in a phrase	**ESL** (= English as a second language) • **PTA** (= Parent Teacher Association) • **UFO** (=unidentified flying object)
contraction	a combination of two words that leaves one or more letters	**don't** (= do not) • **I'd** (I would) • **she'll** (=she will)
short form	a word taken from the first or last part of a long word	**sub** (= submarine) • **burger** (=hamburger)
symbol	something that represents a word	× (=multiplication sign) • # (=pound sign)

Words used only for women or only for men		
female	terms applied only to females	**she** (= the female being spoken about) • **policewoman** (= female member)
male	terms applied only to males	**he** (= the male being spoken about) • **policeman** (= male member of the police force)
Words that express an attitude		
approving	term that show a good opinion of someone or something	**discerning** (= able to make careful judgments) • **spunk** (= brave deter-mination and confidence)
disapproving	terms that show a bad opinion of someone or something	**cowardice** (= fear and avoidance of danger or pain) • **riffraff** (= people with a bad reputation)
a child's word for	terms that are suitable for use to or by children	**boo-boo** (= a small injury) • **icky** (= disgusting)
fig.	**figurative** terms that are not used with their basic meaning but to suggest part of that meaning.	**bathe** (= cover) (*fig.*) *the afternoon sun bathed the city in pink and gold* • **absorb** (= take in a liquid) (fig.) *The country absorbed millions of immigrants over the years.*
humorous	terms that are used to show an amused attitude toward something	**fiend** (= an evil or cruel person) *What fiend would deign such ugly clothes?* **jalopy** (= an old car in bad condition)

	Words that are suitable for some people or in some situations	
fml	**formal** terms used in specialized written English or in formal speech, but not in ordinary written or spoken English.	**absolve** (=to officially remove guilt) • **laud** (=to praise) • **propensity** (=a tendency to behave in a particular way)
slightly fml	**slightly formal** terms used mostly in written English that show the writer is educated, but that are also used in newspapers	**affix** (=to attach, add or join) • **perspiration** (=salty liquid excreted through the skin) • **warrant** (=to make something necessary)
infml	**informal** terms that can be used in speaking and writing to friends, but not in writing school or work	**broke** (=without money) • **pick-me-up** (=something that makes you feel better) • **snap** (=something that can be done without any difficulty)
not standard	teams that are not considered to be correct in most writing or speech	**alright** (=all right) • **irregardless** (=regardless) • **like** (=used in conversation to emphasize what follows)
slang	very informal terms used among friends, by people of the same age group, or by people who share a particular interest	**blow away** (=to please or surprise someone greatly) • **dweeb** (=an awkward person) • **hot** (=sexually attractive)
rude slang	terms that are considered to be in bad taste, and should usually be avoided.	**bitch** (=a woman you do not like) • **piss off** (=to anger or annoy)
taboo slang	words having to do with sex and race that should be avoided completely	**fuck** (=to have sex with someone)

续表

Qualifiers for other labels		
esp. (especially)	a term that is particularly used this way or in this variety of English, but may be used in others	**grey** *esp. Br and Cdn for* gray
often	a term that is frequently used this way, but may be used other ways	**sentiment** emotion *often disapproving*
usually	a term that is almost always used in a particular way, although it can be used in other ways as well	**imperial** *usually disapproving* (= relating to a country that rules other countries)

此外,有的词典还将语法信息等放在前面部分,以供读者查阅。

4.3 后面部分(back matter)

英语词典的后面部分指置于词典正文后面的内容,如英语单语语文词典的"后面部分"常包括以下内容:常用人名、地名,度量衡表,军衔,化学元素,musical notations,引语、谚语等①。如 *Longman Dictionary of the English Language* 列出的后面部分有:

Abbreviations

Handbook of style

Ten vexed points in English grammar

Biographical names

Geographical names

Tables

Money

---

① *Dictionary of Lexicography*, 2000. 12.

Number
Weights and measures
Periodic table of chemical elements
Bible
Principal calendars
Military ranks

后面部分常收录的部分有以下几种：

4.3.1 度量衡表

如 *Oxford Advanced Learner's English-Chinese Dictionary* (*Fourth edition*)(《牛津高阶英汉双语词典》)(见表 4—5)：

表 4—5 度量衡表
WEIGHTS AND MEASURES 度量衡表
The Metric System 公制

METRIC 公制	length 长度	GB & US 英制及美制
10 millimetres (mm) 毫米	= 1 centimetre (cm) 厘米	= 0.394 inch (in) 英寸
100 centimetres 厘米	= 1 metre (m) 米	= 39.4 inches or 1.094 yards (yd) 39.4 英寸或 1.094 码
1000 metres 米	= 1 kilometre (km) 公里	= 0.6214 mile or about $\frac{5}{8}$ mile 0.6214 英里或约 $\frac{5}{8}$ 英里
	surface 面积	
100 square metres (m²) 平方米	= 1 are (a) 公亩	= 0.025 acre 英亩
100 ares 公亩	= 1 hectare (ha) 公顷	= 2.471 acres 英亩
100 hectares 公顷	= 1 square kilometre (km²) 平方公里	= 0.386 square mile 平方英里
	weight 重量	
10 milligrams (mg) 毫克	= 1 centigram (cg) 厘克	= 0.154 grain 格令
100 centigrams 厘克	= 1 gram (g) (克)	= 15.43 grains 格令
1000 grams 克	= 1 kilogram (kg) 公斤	= 2.205 pounds 磅
1000 kilograms 公斤	= 1 tonne 公吨	= 19.688 hundredweight 英担

	capacity 容量	
1000 millilitres (ml) 毫升	= 1 litre (1) 升	= 1.76 pints 品脱（2.1 US pints 美国品脱）
10 litres 升	= 1 decalitre (dl) 十升	= 2.2 gallons 加仑（2.63 US gallons 美国加仑）

4.3.2 地区名称

表 4-6 地区名称
GEOGRAPHICAL NAMES 地区名称

Notes 说明

1. Some countries have different words for the *adjective* and the *person*; in these cases both are given, eg *Swedish*; *Swede*. 英语中用作某些地区名称的形容词和用作这些地区的人的名词的词形不同，本附录将两种词形的词一并列出，如 Swedish 瑞典的；Swede 瑞典人。

    Adjective 形容词：I admire *Swedish* architecture. 我觉得瑞典的建筑很了不起。

    Person 人：My mother is a *Swede*. 我母亲是瑞典人。

2. Words for the *person* ending in "-ese", and *Swiss*, remain unchanged in the plural. 以-ese 结尾的指人的词和 Swiss（瑞士人）这个词，其复数形式不变：

    I know many *Japanese*. 我认识许多日本人。
    The *Swiss* have arrived. 那些瑞士人已经到了。

3. In some cases, the *adjective* is also the word for the country's language. 有些情况下，指国家名称的形容词亦是指这些国家语言的词：

    I am learning to speak *Chinese*. 我正在学习说汉语。
    （译者注：附录中用斜方括号表示括号中的词与其前面的词可互换，如 Chinese 中国的〔人〕，意为：中国的；中国人。）

NOUN 名词	ADJECTIVE; PERSON 形容词；人
Afghanistan /æfˈgænɪstɑːn; US 美式英语读作 -stæn; æfgænəstæen/阿富汗	Afghan/ˈæfgæn; ˈæfˌgæn/; Afghanɪ /æfˈgæni; æfˈgænt/; Afghanistanɪ/æfˈgænistɑːnɪ; US 美式英语读作 -stæeni; æfgænəstæeni/ 阿富汗的[人]
Africa/ˈæfrɪkə; ˈæfrikə/非洲	African/ˈæfrɪkən; ˈæfrikən/非洲的[人]
Albania/ælˈbeɪnɪə; ælˈbeniə/阿尔巴尼亚	Albanian/ælˈbeɪnɪən; ælˈbeniən/阿尔巴尼亚的[人]
Algeria/ælˈdʒɪərɪə; ælˈdʒɪriə/阿尔及利亚	Algerian/ælˈdʒɪərɪən; ælˈdʒɪriən/阿尔及利亚的[人]
America ⇨ (the) United States (of America)	
Andorra/ænˈdɔːrə; ænˈdɔrə/安道尔	Andorrann/ænˈdɔːrən; ænˈdɔrən/安道尔的[人]
Angola/æŋˈgəʊlə; æŋˈgolə/安哥拉	Angolan/æŋˈgəʊlən; æŋˈgolən/安哥拉的[人]
Anguilla/æŋˈgwɪlə; æŋˈgwilə/安圭拉岛	Anguillan/æŋˈgwɪlən; æŋˈgwilən/安圭拉岛的[人]
(the) Antarctic/ænˈtɑːktɪk; æntˈɑrktɪk/南极地区	Antarctic 南极地区的
Antigua/ænˈtiːgə; ænˈtigə/安提瓜岛	Antiguan/ænˈtiːgən; ænˈtigən/安提瓜岛的[人]
(the) Arctic/ˈɑːktɪk; ˈɑrktɪk/北极地区	Arctic 北极地区的
Argentina/ˌɑːdʒənˈtiːnə; ˌɑrdʒənˈtinə/, the Argentine/ˈɑːdʒəntaɪn; ˈɑrdʒənˌtaɪn/阿根廷	Argentinian/ˌɑːdʒənˈtɪnɪən; ˌɑrdʒənˈtɪnɪən/; Argentine 阿根廷的[人]
Asia/ˈeɪʃə; ˈeʃə/ 亚洲	Asian/ˈeɪʃn; ˈeʃən/ 亚洲的[人]
Australasia/ˌɒstrəˈleɪʃə; ˌɑstrəˈleʃə/ 澳大拉西亚	Australasian/ˌɒstrəˈleɪʃn; ˌɑstrəˈleʃən/ 澳大拉西亚的[人]

4.3.3 军衔

表 4—7 军衔

MILITARY RANKS 军衔	
Royal Navy (RN) 英国皇家海军	United States Navy (USN) 美国海军
Admiral of the Fleet 元帅	*Fleet Admiral 元帅
Admiral (Adm) 上将	Admiral (ADM) 上将
Vice-Admiral (V-Adm) 中将	Vice Admiral (VADM) 中将
Rear-Admiral (Rear-Adm) 少将	Rear Admiral (RADM) 少将
Commodore (Cdre) 准将	Commodore (CDRE) 准将
Captain (Capt) 上校	Captain (CAPT) 上校
Commander (Cdr) 中校	Commander (CDR) 中校
Lieutenant-Commander (Lt-Cdr) 少校	Lieutenant Commander (LCDR) 少校
Lieutenant (Lt) /lefˈtenənt; lɛfˈtenənt/ 上尉	Lieutenant (LT) /luːˈtenənt; luˈtenənt/ 上尉
Sub-Lieutenant (Sub-Lt) 中尉	Lieutenant Junior Grade (LTJG) 中尉
Acting Sub-Lieutenant (Act Sub-Lt) 少尉	Ensign (ENS) 少尉
Midshipman 准少尉	Chief Warrant Officer (CWO) Midshipman **Warrant Officer (WO1) } 准尉
Fleet Chief Petty Officer (FCPO) 舰队上士	Master Chief Petty Officer (MCPO) 一级军长 Senior Chief Petty Officer (SCPO) 二级军长

Chief Petty Officer (CPO) 上士	Chief Petty Officer (CPO) 三级军士长
	Petty Officer 1st Class (PO1) 上士
	Petty Officer 2nd Class (PO2) 中士
Petty Officer (PO) 下士	Petty Officer 3rd Class (PO3) 下士
Leading Seaman (LS) 上等水兵	Seaman (SN) 一等兵
Able Seaman (AB) 一等水兵	Seaman Apprentice (SA) 二等兵
Ordinary Seaman (OD) 二等水兵	Seaman Recruit (SR) 三等兵
Junior Seaman (JS) 新兵	

* Wartime rank only 战时军衔

** Rank discontinued 1976 1976 年停止使用的军衔

4.3.4 化学元素

表 4—8 化学元素

THE CHEMICAL ELEMENTS 化学元素							
ELEMENT 元素	SYMBOL 符号	ATOMIC NUMBER 原子序数		ELEMENT 元素	SYMBOL 符号	ATOMIC NUMBER 原子序数	
actinium 锕	Ac	89		lanthanum 镧	La	57	
aluminium 铝	Al	13		lawrencium 铹	Lr	103	
americium 镅	Am	95		lead 铅	Pb	82	
antimony 锑	Sb	51		lithium 锂	Li	3	
argon 氩	Ar	18		lutetium 镥	Lu	71	
arsenic 砷	As	33		magnesium 镁	Mg	12	
astatine 砹	At	85		manganese 锰	Mn	25	

续表

barium 钡	Ba	56	mendelevium 钔	Md	101
berkelium 锫	Bk	97	mercury 汞	Hg	80
beryllium 铍	Be	4	molybdenum 钼	Mo	42
bismuth 铋	Bi	83	neodymium 钕	Nd	60
boron 硼	B	5	neon 氖	Ne	10
bromine 溴	Br	35	neptunium 镎	Np	93
cadmium 镉	Cd	48	nickel 镍	Ni	28
caesium 铯	Cs	55	niobium 铌	Nb	41
calcium 钙	Ca	20	nitrogen 氮	N	7
californium 锎	Cf	98	nobelium 锘	No	102
carbon 碳	C	6	osmium 锇	Os	76
cerium 铈	Ce	58	oxygen 氧	O	8
chlorine 氯	Cl	17	palladium 钯	Pd	46
chromium 铬	Cr	24	phosphorus 磷	P	15
cobalt 钴	Co	27	platinum 铂	Pt	78
copper 铜	Cu	29	plutonium 钚	Pu	94
curium 锔	Cm	96	polonium 钋	Po	84
dysprosium 镝	Dy	66	potassium 钾	K	19
einsteinium 锿	Es	99	praseodymium 镨	Pr	59
erbium 铒	Er	68	promethium 钷	Pm	61
europium 铕	Eu	63	protactinium 镤	Pa	91
fermium 镄	Fm	100	radium 镭	Ra	88
fluorine 氟	F	9	radon 氡	Rn	86
francium 钫	Fr	87	rhenium 铼	Re	75
gadolinium 钆	Gd	64	rhodium 铑	Rh	45
gallium 镓	Ga	31	rubidium 铷	Rb	37
germanium 锗	Ge	32	ruthenium 钌	Ru	44
gold 金	Au	79	rutherfordium 钅卢	Rf	104
hafnium 铪	Hf	72	samarium 钐	Sm	62
hahnium 钅罕	Ha	105	scandium 钪	Sc	21

续表

helium 氦	He	2	selenium 硒	Se	34
holmium 钬	Ho	67	silicon 硅	Si	14
hydrogen 氢	H	1	silver 银	Ag	47
indium 铟	In	49	sodium 钠	Na	11
iodine 碘	I	53	strontium 锶	Sr	38
iridium 铱	Ir	77	sulphur 硫	S	16
iron 铁	Fe	26	tantalum 钽	Ta	73
krypton 氪	Kr	36	technetium 锝	Tc	43

  词典的"前面部分"和"后面部分",与词典的"中间部分"一起,构成了词典的全部内容。而"前面部分"和"后面部分"也通过词典的参见结构,与词典正文形成有机的联系,成为词典的有机组成部分。

  当然,要使这些内容有机地结合起来,词典学上所采用的方法,就是充分运用各种结构手段。

4.4 小 结

  本章介绍了词典的"外在部分",对其"前面部分"和"后面部分"举出若干实例进行了说明。需要强调的是,所谓"外在部分",主要是相对于词典正文的"中间部分"而言的,它也是一部词典不可缺少的组成部分。词典,尤其是高质量的词典,往往通过"外在部分"为读者提供系统的信息,使之成为词典的有机成分之一,因此需要我们对之加以足够的注意。

第五章

英语词典的宏观结构

所谓词典的结构(dictionary structures)是指用来处理词典内部关系(interrelationship)的各种方法。这些方法多种多样,主要包含宏观结构、微观结构、参见结构三种,本章介绍宏观结构和参见结构,微观结构将在第六章加以阐述。

5.1 宏观结构(macrostructure)

所谓宏观结构,"指的是词典中按一定方式编排的词目总体,因此也可以称为总体结构"①。这里"按一定方式编排",就英语单词及双语词典而言,主要有"按字母顺序编排的宏观结构"(即形序法,见5.3.1)及"系统性宏观结构"(即义序法,见5.3.2)两种。而"词目总体",则指某一词典所收词目(headword)数量的总和。词目数量的多少,常可决定词典的规模。以语文词典为例,依据其收词量的多少,可以分为大、中、小三类。大型词典收词总数通常在10万以上,如 *The Oxford English Dictionary*(1933)收词达40余万,陆谷孙主编的《英汉大词典》(1989,1991)所收词目也有20万。中型词典的词目总数一般在3万至10万之间,如 *The Concise Oxford Dictionary*(7th edition,1982)收词约8万,《新英汉词典》收录词目5万多条,连同列在词条内部的派生词、复合词,实际收词8万多条。小型词典的词目则一般少于3万。

词典规模的大小,其意义并不在于所收词目多少本身,其根本意

---

① 黄建华:《词典论》,上海辞书出版社,1987年,第49页。

义在于,它一方面要约束确立宏观结构的词目的选择(见 5.2),比如一本小型英汉词典,绝不可能选入像 sebacate(癸二酸盐),potichomania(彩色瓷器仿制法)这类专业性较强或较生僻的词目;与此同时,它还会决定该词典微观结构中成分的多少,如一本中型英汉词典,就不可能像 OED 那样按历史原则,将每一词目中的每一释义均按历时原则加以划分,并辅以例句说明。而词典篇幅的大小,还要取决于与该词典依据使用者调查(见第八章)所确立的编纂方针。

下面对确定词典的宏观结构应当注意的带普遍性的问题作一阐述。

5.2 词目的选立

词目的选立,简单地讲,就是确定一部词典中应当选收哪些词作为词目,藉以构成该词典的 wordlist。我国有学者提出[①],选词之前,有三个问题必须明确:一是词典的性质,是语文词典、百科词典还是专科词典等,因为词典的性质不同,收词范围就有差别;二是词典的规模是大型、中型还是小型,小型着重收基本词、基本概念或基本术语等,中型和大型则要考虑系统性;三是读者对象,是学者还是学生、是某一领域的研究人员还是普通读者等。在此基础上,该文作者结合《辞海》的编纂,提出了具体选词过程中的"十忌":

一忌不成词;

二忌生造词;

三忌见词明义;

四忌过细过专;

五忌不稳定;

六忌不平衡;

七忌缺漏;

八忌片面性;

---

① 王芝芬:《选词十忌》,《辞书研究》1979 年第 2 期,第 91—93 页。

九忌客观主义；

十忌泄密。

以上的"十忌"，虽说是从汉语词典编纂的实践提出的，但它们确实也能说明词典收词中的许多共性问题。张后尘曾将选收词目的原则归纳为通用性、共时性、客观性、平衡性、针对性和选择性①。对英语词典收词中的几个问题进一步讨论如下：

5.2.1 可以作为词目的语言单位

词典中大多数词目都是词，确切地说是词典词（lexical words）。从语言学角度看，词目是词典中要加以诠释，借以建立词条的语言单位，是一种音义统一的符号。正因为如此，词目所包含的就不仅只有词，部分词（parts of words）（如词素）、短语都可以立为词目。

词素（morpheme）包含前缀、后缀、词根，它们是语言中最小的音义统一体，是最小的语言单位，可以立为词目。如英语的否定前缀"un-"（unhappy，unreasonable 等），后缀-er（teacher，burner 等）。

词（words）是最小的能自由运用的语言单位。"自由运用"包含两方面的含义：一是能独立充当某种句子成分，如 professor，admire，active 等；二是指能独立运用，如介词、连词、冠词等。

就英汉词典而言，除占绝大多数的词目外，尚有不少在立目时需考虑的特殊问题。首先是缩略词（abbreviations）。随着现代科技的发展，生活节奏的加快，缩略词愈来愈多，那么如何依据词典的读者对象及编纂宗旨，收入相应的缩略词就颇为必要。第二是专有名词（proper names），如人名、地名等，如何依据体系性原则进行选取，也是需考虑的问题之一。第三是复合词（compound words），目前编纂方法不一，有的单独立为词目，有的则以副词目方式纳入词条之中，如何择取、编排，应在开编前予以统一。再次就是同音异义词（homonyms），通常都作单独词目另立，再在该词右上角标以番号。如《英汉大词典》：

---

① 张后尘：《混合型双语词典类型研究》，《双语词典学研究》，高等教育出版社，1994年，第131页。

file¹, *n.* 文件类……

file², I. *n.* 1. 锉刀……

file³, *vt.* 〈方〉污损……

词组(phrase)是比词大的能自由运用的语言单位。它由两个或两个以上的词按一定的语义搭配和结构关系组合而成。根据其稳定程度,它又可分为临时组合和固定组合两种。临时组合只是临时把一些词搭配在一起,如 catch a thief, catch the last two words, catch sb's breath 等。这类临时组合的词组不能作为词目进入词典系统。而固定组合是指组合中的词处于一种紧密的联系之中,结构上难以更动,意义上是一个不可分割的概念或内容,其功能相当于一个词,可以进入词典的词目系统。

对于固定词组是否列为词目的问题,目前处理方法各有不同:有的词典只把它作为副词目置于词条结构内,而有的词典则独立作为词目分立,这在各类专科词典中尤为常见。如 *Oxford Dictionary of Business English For Learners of English* (1993),不仅将 bankers card(银行卡), bankers cheque(银行支票), bankers order(本票、银行汇票)列为词目,将 The Bank for International Settlements(国际清算银行)列为词目,而且还把 catch a cold(遭受损失)作为词目单立。

以上是对可以作为词目的语言单位的介绍。

5.2.2 词目的平衡

所谓词目的平衡,主要指一部词典的 wordlist 中普通词与科技词、常用词与新词以及缩略词等的比例。这一问题显然与词典的性质、词典类型和词典使用者密切相关。总体而言,若是科技词典,一般词的词条和义项就不能多收,而一般语文词典中若只收核心词汇和普通词汇也是不够的,因为读者在使用中遇到的问题决不可能只限于它们。如《简明英汉词典》作为袖珍词典,其重点放在基础英语词汇上,但也包含了不少其他类别的词汇[①](详见表5—1):

---

① 李明、周敬华:《双语词典编纂》,上海外语教育出版社,2001年,第44页。

表 5—1　《简明英汉词典》的收词

范　围	词　数	百分比
核心词	3,500	13.38%
普通词	14,450	55.29%
专门词	5,000	19.12%
新词	2,000	7.64%
地理名词	800	3.06%
缩略词	300	1.14%
词素/词缀	100	0.37%
合计	26,150	100%

上面列出的仅是一部双语袖珍词典的统计数字,其他语文词典可根据规模等进行相应的调整。

上述仅是宏观层面词目的平衡,具体到每一类别,仍有很多问题需要考虑。比如涉及百科条目时,《英华大词典》收了 Engles(恩格斯)而没有 Marx(马克思),收了 G. R. Ford(福特)而没有收 R. M. Nixon(尼克松),①可见词目的平衡性确实是值得关注的问题。

5.2.3　新词的选收

词典作为记录语词的工具书,在反映词汇的变化上富有不可推卸的责任。而英语中变化最为迅捷的莫过于词汇,因此如何在词典中(尤其是大、中型语文词典中)收录一定量的新词,也是一部词典必须考虑的问题。

所谓"新词"(neologism)指新近进入某一语言的词或短语,其途径可以是通过借入(borrowing)、新造(coinage)或语义变化(semantic change)。② 托马斯·B·I·克里默曾有专文介绍选收新词的原则③:主要原则为选择的词目应为目前英语报刊上出现的普通词语,第二个原则是选的词或词义须是《英汉大词典》未曾收录的(因为本文作者所做的

---

① 李明、周敬华:《双语词典编纂》,上海外语教育出版社,2001 年,第 42 页。
② *Dictionary of Lexicography*, p.99.
③ 托马斯·B·I·克里默著,徐宏念译,余海江校:《一部英汉词典选收新词的原则》,《辞书研究》1998 年第 1 期,第 117—121 页。

工作是为该词典做一补编性质的新词词典)。这两条是根本性的原则,而具体选词的标准有以下六条:

一是英语中新出现的"词",如 cyberspace(电子世界),distance learning(通过电视、电脑等的远距离学习),edutainment(娱乐式学习教育法),face time(面对面交往的时间)等。

二是《英汉大词典》中没有出现的词,如 date rape(约会强奸),defining moment(关键时刻),docudrama(纪实电影或电视片),sound bite(广播电视中的名人发言片断)等。

三是有了新词义的原有词汇,如 Agent(执行特定工作的软件程序),boot camp(挽救少年犯罪者计划),chronic(大麻),lavender(同性恋者),rave(通宵舞会)等。

四是进入日常生活的科技术语,如 DNA fingerprinting 或 genetic fingerprinting(基因手印),good/bad cholesterol(低/高密度脂蛋白),hantavirus(烈性病毒),Persian Gulf Syndrome(海湾战争综合症)等。

五是常与其他词汇或通过连词符号或直接连接的复合词,如 correct(正确的),cyber-(电脑的),electronic-(电子数字化的),-friendly(友好的),smart(电脑控制的)等,因为它们可以组成像 linguistically correct(语言上正确的),cybersex(电脑色情),electronic book(电子书籍),environmentally-friendly(环境友好的),smart highway(电脑控制的高速公路)等复合词。

六是可能引起英语非母语者混淆的普通词组及惯用短语,如(have/cop) an attitude(逆反观念),in-your-face(蛮横的),12-step program(详细计划)等。

这些标准当然不是绝对的,但它们对于我们在语文词典选收新词无疑具有重要的启迪作用。

除上面谈到的三个问题外,在选词时还会涉及对俚语、异体词、禁忌词、同形异义词、同音异义词、成语、派生词和复合词等的处理,这在不少词典学著作中已作了很好的说明①,此不赘述。

---

① 如李明、周敬华:《双语词典编纂》,上海外语教育出版社,2001年,第46—50页。

总之,对任何一部词典而言,选立词目最重要的原则有两条:一是适应性,即依据某一类型词典的使用者调查,确立读者对象,进而确定收词范围;二是词典词目的体系性,如一本语文词典的专有名词若收了 London,Washington,就不能遗漏 Tokyo 等。有关这一问题,黄建华[①]曾将之归纳为三点准则:① 最简单的词汇(这有时是从表面上看的)也应在结构之内有适当的位置。②"结构"中各部分词汇应形成有机的联系。③全词典的任何单词都应在"结构"之内。

上述原则在不同类型的词典中各有侧重。下面我们以双语专科词典为例加以说明。

大家知道,双语专科词典的内容可以涵盖社会科学、自然科学以及新兴的各个学科,因此与语文词典既有共同之处,又有区别。共同之处在于二者都具有辞书的共性,以帮助、指导读者学习、运用语言为终极目的;区别在于专科词典专业性较强。倘若仅从各学科特有的知识体系入手,则由于学科的差异,很难高度概括地确立适用于双语专科词典总体的宏观结构,更难使之具备可操作的特点。因此,双语专科词典词目体系的确立,应当从学习语言、运用语言的角度入手。

正如任何语言都包含着一批使用频率高、构词能力强、词义范围广及搭配能力强的"共有核心词汇"(common-core vocabulary)一样,任何学科(或专业,下同)也总有一批词语在该学科领域使用频率较高、运用次数较多。这些词汇,姑且称之为"准共有核心词汇"(sub-common-core vocabulary),它们自然应当成为双语专科词典的首选词目。

一般而言,"准共有核心词汇"大致包括以下几类:

一是科学通用术语。它们不属某一学科所独有,但却具有属于某一学科的独特义项。如 character 一词,除"特性、性质"的通用义外,在航空航天领域还有"特征标"、"数字、符号、号码、字符"等义,在经贸专业中则有"品性、品德证明书"、"符号、标志(指船级标志、符号)"等义,而在美术学科中又有"(艺术品的)特色和总的效果"、"人物素描"等义。对这类词应注意选收与某一学科相关的义项。

[①] 《词典论》,上海辞书出版社,1987年,第50—52页。

二是某一学科常用的形容词、动词等。这类词的选收,应在认真甄别、分析后确定。择定的基本要求应为:这些词在某一学科领域内不仅使用频率高,同时还具有较强的搭配能力。如经贸英语中的 sell,作为及物动词,不仅可以支配诸多宾语,而且还能和其他词搭配成下列短语:sell (something) off, sell out (of something), sell out (to someone/something), sell up 等。

三是某一学科基本概念、基础知识方面的名词术语。这类词专业性较强,也最能体现"专科"特质,因此一定要根据专业性质进行遴选、确立。从理论上说,由专业专家负责选词或由英语专家与专业专家通力合作,这类词目的选择与确定是不存在太大问题的。

5.3 词目的编排

一部词典在确定好所选词目后,以什么顺序来安排它们,也是词典宏观结构的内容之一。概而言之,英语词典编排法主要有两种,即形序法与义序法。

5.3.1 形序法

所谓形序法,是指根据某一语言的形体结构,找出某些共同点,以一定的顺序加以编排的方法。① 就英语单语及双语词典而言,单语词典及英汉词典多采用按字母顺序编排的宏观结构(alphabetic macrostructure)。但就是按字母顺序编排,常常也有两种方法:逐词编排(word by word)或逐字母编排(letter by letter)②。请先看下表(见表 5—2):

---

① 林玉山:《辞书学概论》,海峡文艺出版社,1995 年,第 122 页。
② *Practical Lexicography*, p.223.

表 5－2　按字母顺序编排的两种方法

逐词编排	逐字母编排
pass	pass
pass away	passage
pass for	pass away
pass off	passenger
pass out	pass for
pass up	passion
passage	passive
passenger	pass off
passion	pass out
passive	passport
passport	pass up
password	password

从表 5－2 可以看出二者的区别。逐词编排以一个词条词为主体,其后加入了其他词;而逐字母编排则严格按字母顺序编排(一个短语两词中的空格不计)。在词典编纂实践中,采用两种方法的都有。但从上表可以看出,逐词编排相对而言更好,因为逐字母编排割断了短语动词与该动词的意义联系。

汉英词典较多的是按字母顺序(汉语拼音)编排的,如《汉英词典》(修订缩印本)[①]"百"条下的词(只选汉语):

百儿八十

百般

百般刁难

百倍

百弊

百病

百步

百步穿杨

[①] 危东亚主编:《汉英词典》(修订缩印本),外语教学与研究出版社,1997 年。

百尺竿头,更进一步
百出
百川归海
……

另外也有采用笔画、部首编排法的,少数还有按汉语拼音字母顺序进行编排的。如《新编汉英词典》①:

[cai]睬 *v.* pay attention to; take a notice of
[cai ban]采办 *v.* purchase; stock up
[cai bangr]菜帮儿 *n.* outer leaves(of Chinese cabbage, etc.)
[cai bangzi]菜帮子 *n.* outer leaves (of Chinese cabbage, etc.)
[caibao]财宝 *n.* money and valuables
……

当确定以形序法中的哪一种方式来编排某一词典后,同时需考虑的另一个问题就是对各词目究竟采用什么方式编排。是采用全部词目均分别立目,还是将某词相应的复合词、派生词等并入该词成为一个词条?仍以双语专科词典为例:各类专科词典因专业性强的特点,词目系统呈现名词术语居多,其中合成词乃至短语有相当比例的状况。现有双语专科词典的编排方法大致有三种②:

其一是以名词为主体的编排方法。其特点是,所有单词均像通用英汉词典一样,按字母顺序排列,而所有的名词词组都排在有关的名词下面。如:

energy 能,能量;能力
   energy of activation
   energy of deformation
   ……
   ……
   atomic energy

---

① 白玉清主编:《新编汉英词典》,时代出版社,1996年。
② 张丙申:《双语科技辞书的编排方法》,《辞书研究》1983年第4期,第9—12页。

beam energy

　　这种编排方法的优点是检索到一个词后,可以在其前后看到一系列同类的相关词组。如上面举到的 energy,除已列出的 atomic energy,beam energy 外,还可以查到全部与 energy 相联系的词组,如 bond energy,chemical energy, disintegration energy 等,有利于读者扩大认知词汇的范围。

　　其二是全部按字母顺序的编排方法。其特点是,将每个词和词组均视为独立的词条,一律按字母顺序排列。如将 energy absorber 当做 energyabsorber 看待,将 energy of rupture 当做 energyofrupture 看待。如:

　　　　energy
　　　　　　energy absorber
　　　　　　energy crisis
　　　　　　……
　　　　　　……
　　　　　　energy of fraction
　　　　　　energy of strain

　　这一编排方法的优点是编排简单省事,查阅方便。

　　第三种方法是介于前两种方法之间的综合编排法。其特点是集上述第一和第二种方法的优点于一身,即以第二种方法为主进行编排,但遇到编者认为重要和常用的名词时,又采用第一种编排法。仍以 energy 相关的词组为例,如 atomic energy 可以在"A"部首中的 atomic 中查到,同时也可以在"E"部首的 energy 下面查到。

　　这种编排法的最大优点是使用颇为方便,读者查阅不熟悉的词时均可查到所需的词组。但这种方法的优点恰好也是它的不足:由于同一词组在两处或两处以上出现,过于浪费篇幅。在编某些篇幅比较小的专科词典时还可以采用这种方法,若是大型的专科词典或语文词典,显然就不堪其重负了。

　　总体而言,形序法的优点是编排清晰,易于查找使用,但缺点是割断了词与词之间的语义联系,它虽可通过"参照系统"予以一定补偿,但理想的解决办法还有待探索。

5.3.2 义序法

如果说形序法是以语言符号为基础,那么"义序法"则侧重于内容。所谓"义序法",是将条目(包括字、词)依其内容加以排列,也就是按其所立学科的门类,所立事物的性质类别为依据,以一定的逻辑次序来排列的一种编排方法。① 它既可依据学科系统分类编排,也可依据学科内容分类编排。Bergenholds ②(1995)介绍了几种具体的分类方法:按概念等级体系关系(conceptual hierarchical relation)、循环(circle)、等式(equation)、图解(schematic)等。按概念体系编排的如下图(见图5—2):

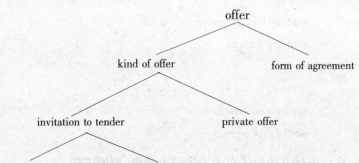

```
0      offer
1      kind of offer
1.1    invitation to tender
1.1.1  public invitation to tender
1.1.2  restricted invitation to tender
1.2    private offer
2      form of agreement
```

图5—2 概念体系

在上式中,各概念的相互关系及其在该概念体系中的位置得到了

---

① 林玉山:《辞书学概论》,海峡文艺出版社,1995年,第138页。
② *Manual of Specialized Dictionary*, p.196.

体现。上例中 0,1,2 等数字则表明该体系中概念的所属关系及并列关系,因而下图可视为对这类概念系统进行抽象后的图示,其中字母与数字结合的 a1,b2 等表示可继续延伸的可置于该体系中的任何概念[①](见图 5-3):

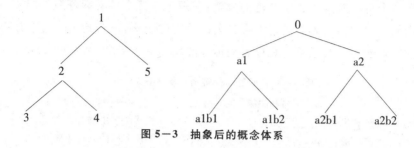

图 5-3　抽象后的概念体系

上图是严格按系统编排的词汇表,但在实际的编纂过程中,常会遇上这样的问题,有的学科,尤其是人文社会学科,其词语及概念关系极为复杂,很难按上述概念或词语系统进行归纳。因此,采用循环、箭头、交叉线等综合方式来表示这些关系就颇为必要[②](见图 5-4)。

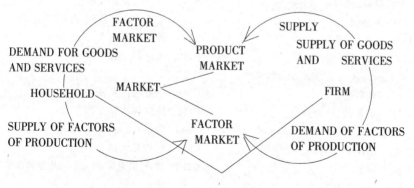

图 5-4　综合方式

上图是表示微观经济学词典中公司和仓库流程的关系图。

上面所介绍的归纳性较强,为说明这类词典的特点,下面以《朗曼

---

① *Manual of Specialized Dictionary*, p.196.
② Ibid., p.197.

当代英语分类词典》为例[①]：

分类词典又称概念词典，它根据词的语义分类的原则从词所表达的概念出发，即按照词的意义分类而后分词群编排的词典。既然叫"分类词典"，如何科学地划分类别当然是首当其冲的任务。《朗曼》的第一个特点就是其科学合理的分类：它把1.5万个核心词分为14类，它们不但包括了人类及与人类有关的事物的名称，还包括了人类对社会和自然界以及人类主观世界和精神活动的主要概念（见表5—3）：

表5－3 《朗曼当代英语分类词典》细目

A. 生命和生物

A1.	生命和生物	A100.	鱼和其他水生物
A30.	生物一般	A120.	昆虫和类似的其他生物
A50.	动物/哺乳动物	A150.	动物体的部位
A70.	鸟类	A140.	植物的种类和部位
A90.	爬行类和两栖类动物	A150.	植物一般

B. 身体：功能和保养

B1.	身体一般	B60.	体液和排泄物
B10.	身体；全身	B80.	身体的姿态和相应活动
B20.	头和脸	B110.	健康、患病、伤残时的身体状况
B30.	躯干、手和腿	B140.	疾病和失调
B50.	皮肤、肤色和头发	B160.	医疗和一般护理

C. 人类和家族

C1.	人类	C160.	一般法律和秩序
C10.	求爱、性别和婚姻	C200.	法庭和法律工作
C40.	友谊和仇恨	C220.	警察和治安工作、罪刑和罪犯
C70.	集团和地域的社会组织	C250.	监狱和惩罚
C90.	政府	C270.	战争、防卫和军队战斗、战争和和平
C110.	政治和选举	C290.	武装力量
C130.	政治上的紧张局势和动乱	C320.	宗教和信仰
C150.	社会各阶层及其态度		

D. 建筑物、房舍、居家、衣服及其他穿戴物和个人卫生

| D1. | 建筑学和建筑物的种类 | D80 | 归属和占有，接受与给与 |
| D20. | 房屋的各个部位 | D110 | 家具和其他用具 |

---

① 潘庆云：《〈朗曼当代英语分类词典〉的分类》，《辞书研究》1984年第3期，第102—111页。

D50. 房屋四周区域	D150. 衣服和其他穿戴物
D60. 住宅	D170. 盥洗、个人卫生

E. 食物、饮料和农业

E1. 食物一般	E100. 食物的制作和质量
E10. 食物	E120. 与食物和饮料有关的场所和人们
E50. 饮料	E150. 农业
E80. 香烟和麻醉物	

F. 情感、知觉、态度

F1. 一般情感和知觉	F140. 褒奖和贬谪
F20. 喜爱和不喜爱	F170. 友善和不友善
F50. 美好和丑恶	F190. 忠诚和奸诈
F70. 幸福和悲惨	F220. 休憩、激动、兴趣、惊奇
F100. 愤怒、暴力、胁迫、平和、镇静	F240. 脸部表情
F150. 恐惧和大胆	F260. 官能和感觉

G. 思想、交际、语言和语法

G1. 思想、判断和回忆	G140. 交际和信息
G30. 了解和学习	G230. 语言
G60. 交际（主要依靠言语和谈话）	G260. 语法
G110. 交际（主要依靠阅读、写作、绘画和出版）	G280. 主要语法术语

H. 物质、物体、客体、设备

H1. 一般物质、物体	H140. 工具
H50. 一般客体	H170. 容器
H60. 具体物质、物体	H200. 电器和电器设备
H110. 设备、机器、仪器	H230. 武器

I. 艺术、工艺、科学、技术、工业和教育

I1. 劳作	I100. 工业和劳动
I40. 艺术和工艺	I150. 教育
I70. 科学和技术	

J. 数量、度量、货币和商业

J1. 数量	J100. 银行、财富和投资
J30. 数学	J130. 商业
J60. 度量	J180. 购买和一般花费
J80. 货币	J210. 经营、工作和雇佣

K. 娱乐、运动和游戏

K1. 一般娱乐	K100. 一般运动和游戏
K20. 音乐和有关活动	K150. 室内游戏

K50. 录音、收听无线电等	K170. 儿童游戏和玩具
K70. 戏剧和电影	K190. 室外游戏

L. 空间和时间

L1. 宇宙	L170. 开始和结束
L20. 光和云	L210. 新旧、老小
L40. 天气和气温	L220. 时期和它们的量度
L80. 地理	L250. 有关时间的一些专用语
L150. 一般时间	

M. 移动、场所、旅行和交通

M1. 移动、来和去	M120. 场所
M50. 放和拿；抽和推	M150. 船运
M70. 旅行和访问	M180. 飞机
M90. 车辆和陆上交通	M200. 方位

N. 普通和抽象的概念

N1. 存在、成为和发生	N180. 相似、区别与变化
N30. 可能性、机会和必然性	N210. 正确、美好、目的、用途与力量
N50. 普遍、平常和偶然等	N250. 充满、重量、粗大、刚硬、粗糙等
N80. 体积、重要性和有效性	N290. 行动与姿态
N120. 办事	N320. 切断、连接、打破与摧毁
N150. 引发	N350. 显示、隐藏、发现、拯救和类似词项

　　表5-3类目的编排次序是颇有讲究的：客观存在的生命和生物居于首位（A类），然后是作为物质存在的人体、功能和保养（B类），在此前提下才有人类和家族（C类），随后是与人类物质生活、精神生活有关的类目，在次序上遵循先物质后精神、先具体后抽象的原则。而本词典分类上最大的特色还在于它在人是客观存在的前提下强调了人的社会性，以人类的社会活动为中心，围绕着社会中的人来对词进行分类。C"人类和家族"中包括很多与人的重大社会活动有关的范畴；F,G包括人类的感情、知觉及心理、精神活动及思想、交际，以及与交际密切相关的语言、语法；H,I两类包括与人类密切相关的物质、客体及人类对客体的施加，即对客观世界的改造以及用以改造世界的设备、工具、人类使用的武器；I,J两类是标志人类文明的工艺、科技、工业及教育，与人类社会关系密切的数字、度量、钱币与商业；K类是人类在工作、斗争之余作为调节生活的娱乐、运动和游戏；L"空间和时间

类"中包括宏观的宇宙乃至天文、地理等一些与人类社会生活有关的概念;M类包括广义的运动、运动所需的场所,与社会生活有关的旅行、交通;N类是与人类生活各个领域都有重要关系的一些概括的和抽象的概念。

不仅大的类目,《朗曼》每一类下属的范畴及词群间也存在内在的联系。如G类中思想、交际、语言和语法下属的各范畴之间就有明显的联系。在这一类中"交际"分为"G60 交际(主要依靠言语和谈话)"和"G140 交际(主要依靠阅读、写作、绘画和出版)",前者是属于世代传习性质的社会现象(语言),后者则包括人类认识世界、反映世界的技艺。本词典编者抓住它们同是"交际手段"这一内在联系,把它们在同一类目中并列编排。再如"G260 语法"和"G280 主要语法术语"之间也存在类似的深层关系:语法是人类语言的组织规律,是客观存在的社会现象,而语法术语则是人类对语法现象的感知与归纳。不仅如此,《朗曼》每一大类下的每一范畴还包括若干词群,每一词群又由若干意义相同、相近、相关的词组成,一个词群中的词按彼此间意义相关、相近的程度来排列。

而同义词、同音词、反义词的合理处理与编排,不但能给读者提供使用上的方便,同时还能揭示语言的词汇系统和语义结构规律。同义词的例子如"I45 图画、油画与素描"包含以下词目①:

  picture
  image
  painting
  drawing
  diagram
  graph
  sketch
  illustration
  outline

---

① 以下例子选自庄志兴、曹永毅主编:《当代英汉双解分类用法词典》,青岛海洋大学出版社,1992年。此书系据《朗曼当代英语分类词典》编译。

silhouette

fresco

tapestry

cartoon

caricature

foreground

background

再如"A4 生命与死亡"中的条目就包含了同义词语反义词的群集:

life

existence

creation

animation

birth

nativity

death

mortality

decay

decomposition

rot

survival

survivor

  不仅如此,每一词条后还给出了该词目的词性、定义、例句等,在相当程度上又具备了语文词典的要素。

  概而言之,"义序法"从内容出发进行编排,可以较为系统地反映学科体系、知识体系、语言体系,使读者在查检时还可了解相应资料。但其缺陷在于,对于不同学科,尤其是人文社会学科中许多知识的本质认识不一,就会造成编者分类的不同,这自然加大了读者查检的难度。现在有不少按义序法编排的词典常附一按字母顺序编排的词汇表,从一定程度上缓解了这种矛盾,但尚未从根本上解决问题。

  词典的宏观结构除上述内容外,还会涉及一本词典中对全书所出现的插图、表格等的统筹安排,此不详述。

5.4　参见结构(cross-reference structure)

　　词典的参见结构指对明晰或含蓄的指示的安排,它可以指引使用者在第一次查询后找到相关信息或补充信息。从根本上讲,词典编纂无论采用形序法还是义序法,都会不同程度地割断原有知识体系的内在联系,而参见结构的设置则是弥补这种条块分割,使全书相关知识彼此连缀的一种努力。与此同时,它还是一个凭之可以反查问题,纠正失误的反馈系统。

　　词典的参见可分两类,词典外部参见(dictionary-external cross-references)和词典内部参见(dictionary-internal cross-references)。前者指未收入词典的其他文献,如专利、技术标准等,后者指在词典内就能找到的信息。词典学主要研究后者。

　　参见的设置主要依据意义把相关条目联系起来,因此设置之初,就应针对相应问题,确定应参见的词目。一般而言,参见系统中的联系主要表现在以下几个方面:

　　1. 上下层次词目间的联系,如 OALD(第四版),cobweb(蜘蛛网)与 web(网)二词间和在 joiner(细木工)与 carpenter(木匠)之间就以 cf 标明相互参见。

　　2. 平行词目间的联系,如 *Oxford Dictionary of Business English for Learners of English* 中在 marketable 和 tradable 间、salary 与 pay, wage 间设置了互见。

　　3. 相关词目的联系,如上述第 2 条的同一本词典中,time bill(远期汇票)就与 short bill(短期票据),sight bill(见票即付,即期汇票)相互设参照,以使读者弄清其区别。

5.4.1　参见的种类

　　参见的种类最常见的大致可分为词目参见、释文内参见及插图参见三种。

所谓词目参见,指仅设词目而不作解释或只作简要解释,其信息内容主要在所指明的其他条目中得到说明与解释的条目。如《汉英词典》(修订版)(外语教学与研究出版社,1997),"娠"shen see 妊娠 renshen;而在"妊娠"后才给出其释义"gestation; pregnancy"。再如《布鲁诺成语与寓言词典》(*Brewers Dictionary of Phrase and Fable*)中"Concrete Numbers"条后只有"see ABSTRACT NUMBERS",其释义在被参见的词条中方出现。

释文内参见指不同词条释文与释文之间的互见。根据其性质与参见的位置,它又可分为两种,一是随文参见,指在词条释文中出现的名词术语已另有专条解释,而又是理解所必需,就可以随文参见的方式指引读者去参见他条,如 Hartmann 的《词典学词典》:

cultural dictionary

The collection term for a range of REFERENCE WORKS which are both the result of cultural practice and agents of its promotion. During the early stages of language community, NATIONAL DICTIONARIES can contribute to the development of a cultural identity, while DIALECT DICTIONARIES can document internal regional and social variety. General monolingual USAGE dictionaries can help to support a common linguistic STANDARD, thus benefiting education. ENCYCLOPEDIA and similar reference works can help to raise the level of factual knowledge, and BILINGUAL DICTIONARIES can improve individual and public awareness of intercultural contact and contrast.

上例中全词大写的 REFERENCE WORKS, NATIONAL DICTIONARIES, DIALECT DICTIONARIES, USAGE, STANDARD, ENCYCLOPEDIA 和 BILINGUAL DICTIONARIES 就是随文参见,它们都在该词典中有专门的词条。

二是条末参见,这是参见中的较常用的方式。被参见的词条对本条具有参考价值,能补充重要信息或为理解所必需,即可在释文末或另起一行注明参见条的名称,如上一词条末有"ALLUSION, BRIDGE DICTIONARY, DICTIONARY CULTURE"。

第三种是插图参见,指词目与插图的相互参见。如 OALD weave 条后有一插图,标明了"编织"的"经"(warp)、"纬"(weft),而在后二词目中则分别有"→illus at WEAVE"指明参见。

5.4.2 参见系统的表达方式

参见系统的表达方式又称参见指示(indicator),英语词典中常用的有两种方式:

一是用单词,全写或缩写均可,如 see、see also、compare、cf. 等;

二是用符号,如→、*、》、◇、⇨等。

在同一本词典中,上述两种方式还可分别使用,以对参见的重要性做出区别。如可用 see 表示重要参见,see also 表示次重要者,与此类似,⇨与→也可作如此区分。但值得注意的是,上述指示词或符号的使用一旦选定,必须在全词典中始终如一,此外,在使用者指南中也应对相应的指示词或符号做出明确的说明。

参见结构是一个复杂的系统工程,既需开编前认真选择确定,更需编定后有专人负责查证,以避免参而不见。因为词典编纂,尤其是大型词典的编纂往往编者甚众,历时少则几年,多则几十年,其间人员变更、内容增删……各种因素都会对参见产生影响。目前计算机技术引入词典编纂,为参见系统的设置与查证提供了高效实用的手段,但它并不意味着一切问题均可迎刃而解,实际上仍需有人专注而负责地予以查实,方可保证参见系统的完整性。

5.5 小 结

本章介绍了英语词典的宏观结构中词目的选择、词目的编排和参见结构,重点对词目选择中的几个问题和词目编排的形序法和义序法作了阐释。应该说,我们这里所涉及的仅是一些基本的问题,而由于词典性质的不同、词典规模的差异和读者对象的变化,还会有许多问题需要研究,需要解决。

此外,我们还必须认识到,宏观结构的确立事关词典的质量,在具体处理中稍有不慎,便会出现疏漏。如国内有学者曾对 OALD 第四版的宏观结构进行过较为详尽的评析[①],指出了该词典在收词(科技词汇的收录、缩略语的收录、专有名词的收录等)和立目(派生词的立目、合成词的立目和专有名词的立目)上的疏漏和缺陷。连享有盛誉的 OALD 第四版都不能避免这些差错,可见宏观结构的问题应引起高度重视。

---

① 姚喜明:《OALD 第四版宏观结构分析》,《辞书研究》1999 年第 3 期,第 127—136 页。

第六章

英语词典的微观结构

所谓微观结构,指词典词条中对提供信息的安排。① 这里的微观,是相对于全部词目的选择及编排而言,实质上,在宏观结构确立后,任何一部词典的质量及特色无不靠微观结构予以体现。此即所谓始于微观而显于宏观。因此可以说微观结构即词条结构"是词典的基本结构系统和功能系统,是词典的主体"(陈楚祥,1994)。微观结构以词目词为主体,较为完备的词条结构还包括对该词目词形式和意义的阐释,如拼写、读音、语法、定义、用法、词源等。Hartmann 曾用一图来表示词典的微观结构(见图 6—1)②。

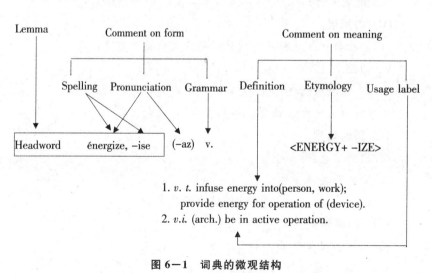

图 6—1 词典的微观结构

---

① Bergenholds, *Manual of Specialized Dictionary*, 1995, p.15.
② *Dictionary of Lexicography*, p.94.

概括起来,词典较为全面的微观结构所包含的要素如下①:

I. 词汇层

1. 词目词的语音(读音与音节标示)
2. 词目词的拼/书写形式及其构成(即词形,包括形态变化、词根、词缀等)
3. 词目词的同义/近义及反义词
4. 词目词的概念/认知信息(目的语的对应释义)
5. 由词目词派生而来的派生词和复合词等
6. 常用的一般词组与固定词组,包括习语、谚语和成语等

II. 小句层

7. 词目词的句法信息,包括词性、格、数的变化,动词的及物性等
8. 词目词的搭配信息(包括搭配能力等)

III. 语篇层

9. 词目词的人际情感信息,包括同义性语体/修辞信息等
10. 词目词的语篇衔接信息(如连词、某些副词及同根词的语篇组织能力)

IV. 语用层

11. 由社会交往所引发的词目词的跨文化语用信息

V. 语域

12. 语域信息(如学科门类等)

从历时语言学和区域变体的角度看,还应包括:

VI. 历时语用

13. 词源信息
14. 方言及其他变体信息

从语言在时间上的发展来看,需注意收录:

VII. 新词新义

15. 新词新义信息

从一般技术性设计的角度来看,要考虑:

---

① 彭宣维:《我国英汉、汉英双语语文词典编纂的得与失》,载姜治文、文军主编:《词典学与双语词典学研究》,上海辞书出版社,1999年,第53—54页。

VIII. 符号使用和编排问题

16.元语言符号、超语言和字体字号技术的应用

上述清单并不是具体词典编纂的顺序表,而是词典可以囊括的要素。而某一部具体词典的编纂,一方面可以依据上述要素,对其顺序重新组合;同时,也可依据特定的编纂原则、读者对象,对上述要素进行取舍。如一部大型语文词典,可将所有要素均考虑进去,而一部只提供目的语对应释义的双语专科词典,则只选 I.4 即可(如上举 arbitrage business 套汇业务)。还应引起注意的一个问题是,对上述微观结构清单的取舍,就是在同一部词典中,不同的词条也可能详略有别。也就是说,一部词典可以采用一种以上的微观结构,但前提是必须保证基本信息体制的一致。如 *Longman Dictionary of the English Language*(1984) brave 分立为三条,第一条给出了读音、词性(*adj.*)、释义、例证、词源、复合词及同义词辨析(brave: courageous, valiant, gallant, valorous, intrepid, dauntless, heroic, plucky),可谓颇为详尽;而[2] brave 给出了词性(*vt.*)、释义、例证、派生词(braver)及词组(brave out);但[3] brave 则只给出了词性(*n.*)、释义和使用域标识,较[1] brave 简单了许多。

依据读者对象、词典类型和编纂宗旨,可对上述各要素灵活组合。下面我们对英语词典微观结构中的常用项目作一简介。

6.1 词目词与音节的划分
（headword and word-division）

词目词(headword)通常称为"左项",它是每一词条(entry)解释的主要对象。它能提供拼写的信息,表明首字母是否需要大写,同时还能提供在行末分节的信息。词目词通常用黑体或半黑体,目的在于醒目。词目词的拼写与该词在正常文本中的拼写一致。

6.1.1 关于拼写

英语中有不少词具有不止一种拼法,通常的做法是把最常见的拼

法作为词目词,若需收录其他变体时,只要不影响字母顺序的排列,可将之作为词目词之一与主词目词并列,如:

auntie, **aunty**...

auntie or **aunty**...

若要标明变体不如主词目词常用,可采用以下方式:

auntie also **aunty**

如果变体需要另立词条,可用参见与主要拼写形式联系,如:

Kelt see **CELT**

若拼写相同的词要分为几个词目词时,通常的做法是用数字标明,如:

[1] hawk *n*.　　　　　　　[1] hawk *n*.

[2] hawk *vt*.　　　　　　　[2] hawk *vt*.

[3] hawk *vi*.　　　　　　　[3] hawk *vi*.

hawk (1) *n*.　　　　　　hawk[1] *n*.

hawk (2) *vt*.　　　　　　hawk[2] *vt*.

hawk (3) *vi*.　　　　　　hawk[3] *vi*.

这类词在词典中选择什么方式来标注均可,但要点有二:一是不能与拼写混淆,二是整本词典的标注方式要统一。

6.1.2　关于音节的划分

音节的划分表明某单词有多少个音节,最常见的方式是用分节点(middle dot)来划分,如:

con•cen•tra•tion

dir•ect•ory

划分音节可以剖析单词结构,帮助发音和记住拼写形式,还可帮助移行。①

6.2 读音(pronunciation)

英语词典中,读音信息主要出现在单语语文词典或双语语文词典中。而根据标音目的的不同,提供的读音信息的方法也有所差异:如果仅仅提供重音信息,那么读音信息标注在词目词上即可;如果要标注词目词的全部读音,则读音信息常常放在词目词之后,并常用方括号[ ]、斜线/ /或圆括号( )来与其他信息加以区别。如:

document [ˈdɔkjumənt]（新英汉词典）

document /ˈdɔkjumənt; ˈdɑkjument/（牛津高阶四版）

上例中,牛津高阶四版就给出了两个读法,这就涉及词典编纂中读音的选择问题。通常,一个词有不止一种读法,其产生主要源于地域差异、文体差异和情境(如一个词单独朗读与在句子中阅读就有不小的差别)。② 一般而言,英语词典的读音选择的主要是南部英语或通用美国英语的读音,或二者都选,地域方言的读音只有在非常普及的情况下才会收入词典。

而在情境因素方面,词典所给出的通常是一个词单独朗读的发音,但我们应当注意,这并不说明这个词在任何情况下都是这种读法。比如冠词、代词、介词这些功能词往往有"弱读"形式,它们在句子的连读中往往是更为常用的读音。如《新英汉词典》就标出了这类词的强读和弱读:

am[强 æm ;弱 əm]
and[强 ænd ;弱 ənd]
are[强 ɑ;弱 ə]
at[强 æt ;弱 ət]
but[强 bʌt ;弱 bət]

---

① 李明、周敬华:《双语词典编纂》,上海外语教育出版社,2001年,第58—59页。
② Practical Lexicography, p.70.

for[强 fɔ;弱 fə]
the[强 ði;弱 ðə]

由于英语的拼写和发音并不完全一致,因此单语语文词典和双语语文词典的做法都是每个词目词均给出读音。但有些词的重音可以在词目词上标注,而该词另一部分的读音需要在其他地方标注,对之有两种方法:

一是在词目词上标注重音,其他读音信息另外给出,如:

'bludgeon [-dʒən]
gynae'cology [gaini-]

其中的连字符"-"表示省略掉的读音。其好处是节约篇幅,不利之处是读者必须在两个地方才能找到某一词的完整读音。因此第二种方法就是不在词目词上标注重音,而是将所有读音信息另外列出,如上所举 document 的例子就是如此。

在词典的注音中还有两种特殊情况需引起注意:一是缩略语和词素的发音,二是复合词和成语的重音。

6.2.1 关于缩略词和词素的发音

英语中有不少缩略词,其中大部分是首字母缩略,如 SSI(1. small-scale integration 小规模集成电路 2. Supplemental Security Income 美国穷人领取的附加保障收入),这类首字母缩略词直接按字母读音,读作[es es ai]即可。但另外还有一类缩略词,它们只是某一单词的部分节略,如 St., Rus., morph. 等,如果不注明,读者很难确定。现行的词典中,有的是给出对应的单词,而有的则标注出其读音:

《英汉大词典》　　　　　　《新英汉词典》

St.　1. Saint　　　　　[sənt, sint, snt][缩] Saint
　　2. statute(s)
　　3. stokes
　　4. Strait
　　5. stratus
　　6. Street

而对一些前缀、后缀等词素,较好的方法是标出读音,如 ex-,extra-, omni-,-ology 等,《英汉大词典》就分别标注了[eks],['ekstrə],[ˈɔmni]和[ɔlədʒi],有利于读者的使用。

6.2.2 复合词和成语的重音

由于复合词、短语和成语往往由不止一个单词构成,因此连读时孰轻孰重,就非常有意义了。有的英语词典给它们标注了重音。

复合词:当复合词作为词目词单列时,读音信息紧随其后。但当复合词出现在词目词后时,则可仅标注重音,如:

flying:..., flying 'colours... 'flying fish... ,flying 'fox... ,flying 'saucer

短语,尤其是动词短语,标注重音有助于读者掌握,如牛津高阶第四版:

get a'bove oneself have too high an opinion of oneself

get (sth) a'cross (to sb) (cause sth to) be communicated or understood

get a'head (of sb) progress (beyond sb)

成语和谚语(牛津高阶第四版):

all ,hands to the 'pump (saying) every one must help

at first, second, etc 'hand directly/indirectly from the original source

(close/near) at 'hand (a) near, close by　(b) about to happen

6.3 词性(part of speech)

词性通常表明词目词在句子中的角色。词典中词性信息的使用实际上与下面的问题有关:词目词是由什么构成的? 词性信息的提供通常与词典种类有关:通用语文词典和双语语文词典一般都提供词性信息。一般而言,在词条中词性信息常置于读音之后,并采用缩写形式,如 n. (noun), vt. (transitive verb), vi. (intransitive verb), adj. (adjective) 等。有关这些词性的详细信息,通常可以在该词词典的"使用指南"中查到[1]。

当有些词目词具有不止一种词性时,处理方法有以下几种:

一是将几种词性的意义均置于一个词目词下,用一定方法将不同词性的意义加以区分,如《新英汉词典》:

  hand [hænd] I. *n.* _____.
       II. *vt.* _____.

二是将某一单词不同的词性作为词目词分列,如 *Cambridge Advanced Learner's Dictionary*(2005):

  hand /hænd/ *noun* _____.
  hand /hænd/ *verb* _____.

在词典中提供词性信息,其根本意义在于它为词目词的各种用法提供了隐含的说明,仍以 hand 为例:

  hand [hænd] I. *n.*

因为上例中并没有可数、不可数的限定,因此我们可以知道它能前置定冠词、不定冠词,而且还有复数(the hand, a hand, hands),其前可以用人称代词和指示代词(his hand, this hand),可以有所有格(hand's),可以被形容词修饰(a beautiful hand),可以在句子中作主语或宾语(Her left hand was hurt by the knife; You have to hold my hand when we cross the road.)。

概言之,词性信息的主要功能,并不仅仅是将词目词在一个理论系统中加以定位,而是要描述词目词潜在的语法特性,唤起读者对语法规则的知识。[2]

---

[1] *Dictionary of Lexicography*, p. 106.
[2] *Practical Lexicography*, p. 82.

6.4 释义(definition)

Definition: a component part in the MICROSTRUCTURE of a REFERENCE WORK which gives an explanation of the meaning of a word, phrase or term. The definition provides an essential function: it is the place where compilers locate and users find semantic information...①

对词的意义加以解释,首先需要确定某一词是单义还是多义。如果是多义,还需对它们的关系加以分析并确定义项排列的先后。

6.4.1 义项划分的标准

对义项的划分一直是词典学中的一个重要内容。探讨义项的本质,以下内容是必须加以考虑的:1.义项是相对独立的意义项目,它包括词义和词素义;2.词义的分项必须是在语言现实中反映了不同的客观事物,表达了不同的概念;3.义项必须是理性的、固定的、具有概括性的。多义词若是虚词,则应当考虑:1.表现出了不同的功能;2.在同一词性中表现了不同的功能。②

以上原则是我们划分义项时必须关注的,但义项划分的标准则更加具体,使词典释义具备了可操作的特点。关于义项划分的标准,目前并没有整齐划一的说法,③下面我们采用 Bo Svensen 所提出的四个义项划分标准④:

6.4.1.1 形式标准(formal criteria)

词项的特定意思是以其特定形态为前提的。比如名词的单复数:

　　fellow 1.［常用复］伙伴;同事;同辈;同时代人

---

① *Dictionary of Lexicography*, pp.35—36.
② 汪耀楠:《语文词典的义项》,载《辞书编纂经验荟萃》,上海辞书出版社,1992年,第130页。
③ 雍和明:《交际词典学》,上海外语教育出版社,2003年,第149—150页。
④ *Practical Lexicography*, pp.112—115.

2. [常用复] 同伙, 同谋者
3. 对等者, 对手
4. [口] 人; 家伙; 小伙子; 某个人; 我
......

上例选自《新英汉词典》，其中的 1、2 义标明了为复数时的意义，其后还有 7 个义项，均为用做单数时的意义。

6.4.1.2 横组合标准（syntagmatic criteria）

从词项的组合特征来分析，因为这些特征都与不同的词义交相联系。其下又可分为几种情况：

一是动词的词义可依据是否及物来划分，如：

  fork v. 1.（transitive）"move with fork"
     2.（intransitive）"form two branches"

二是动词与其他词的关系也可成为划分的依据，如与其他的搭配：

  get v. 1.（with direct object）"obtain"
    2.（with to+inf.）"be able"
    3.（with adverb）"bring, take"
    4.（with preposition *into*, *from*, etc.）"come, go"
    5. ...

三是词目词的语义搭配，仍以动词为例，其搭配的主语可作为分析的依据，如：

  run v. i. 1.（subject: person, animal）"move faster than walking"
     2.（subject: ship）"move straight and fast"
     3.（subject: conveyance）"go between places"
     4.（subject: colour-matter）"spread beyond proper place"
     5.（subject: liquid）"flow"
     6.（subject: play）"have number of performances"

　　　　　　7. ...

而及物动词的不同意义还可据其宾语来划分：

　　shed　v.t. 1. (object: leaves, horns, clothes) "let fall off"
　　　　　　2. (object: tears, blood) "let flow"
　　　　　　3. (object: light) "spread"
　　　　　　4. ...

四是形容词可以依据它所修饰的词来划分，如：

　　new adj. 1. *a new house* ("not existing before")
　　　　　　2. *a new member* ("additional")
　　　　　　3. *new potatoes* ("recently grown")
　　　　　　4. *new clothes* ("recently acquired")
　　　　　　5. *new ways of approaching a problem* ("not known before")
　　　　　　6. ...

6.4.1.3　纵聚合标准(paradigmatic criteria)

通过在不同语境中的词项替换来看是否出现意思上的差异性或相似性。这种分析，若采用可能的同义词替换，则有以下结果：

　　caution n. 1. "carefulness"(*proceed with caution*)
　　　　　　 2. "warning"(*review a caution*)
　　overcome v.t. 1. "defeat"(*overcome the enemy*)
　　　　　　　 2. "incapacitate"(*overcome by the fume*)
　　　　　　　 3. "resolve"(*overcome the difficulty*)
　　　　　　　 4. "surmount"(*overcome many obstacles*)

这种分析，若采用可能的反义词替换，则有以下结果：

　　fast adj. 1. antonym "movable" (*a fast attachment*)
　　　　　　2. antonym "slow" (*a fast train*)
　　　　　　3. antonym "moral" (*a fast life*)

6.4.1.4　语用标准(pragmatic criteria)

即通过主体域等的运用来划分义项。这一标准尤其在分辨不同的专业义项时很有帮助。如 carrier 一词,除具有"搬运人;递送人;[美]邮递员;送报人"的常用义外,在医学、化工、航空航天、半导体、机械等学科中均有不同的专业含义,因此在排列义项时,应视它在某一特定学科中的常用程度进行处理。比如,该词在医学专业中的义项次序应为:

1. 带菌者、病原携带者;
2. 输送器;
3. 带基因者;
4. (传)递体;
5. 媒介物。

而在航空航天专业中次序则为:

1. 载体、运载工具;
2. 航空母舰;
3. 载架;
4. 载波。

当然,我们上面介绍的四种标准也很难说能够解决义项划分的所有问题,有的学者还提出了其他义项划分的原则[①]:(1)历史分析原则:从词义演变的历史出发,采用历时的方法梳理由原始意义到派生意义的发展环节,然后据之分立义项;(2)逻辑分析原则:从分析词义之间的逻辑关系入手分辨义项,在词义的历史关系不明确的情况下,逻辑分析法具有辅助作用;(3)形式分析原则:即上面介绍的 Bo Svensen 的形式标准,从词项的特定形态和句法结构特征来确定义项划分的依据;(4)组合分析原则:即上面介绍的 Bo Svensen 的横组合和纵聚合标准,从词项的横向和纵向搭配关系来分辨义项;(5)功能分析原则:从词项的语法功能甚至指称功能的不同来划分义项;(6)语用分析原则:从词项的使用域、主体域等来分辨词义。

语言符号的能指与其所指之间的关系极为复杂,对之的探索应该

---

① 雍和明:《交际词典学》,上海外语教育出版社,2003年,第150页。

说也是无止境的。上面介绍的标准或原则至少可以让我们对义项划分有一个基本的认识,对其复杂性有一个初步的了解。

6.4.2 释义的方法

上面所介绍的义项划分主要是解决多义词中各个义项的关系:如何区别它们。而下面要讨论的释义的方法,则包含单义词和多义词的各个义项:如何对它们进行解释或定义,简单地讲,就是让读者明白词目词或多义词各义项的意思。

可以说,释义是词典最基本也是最重要的内容之一。一部词典究竟需要采用多少种释义方法,迄今仍说法不一。① 这里我们介绍 Bo Svensen 所论述的四种释义方法。②

6.4.2.1 意译(paraphrase)

着眼于词项的表现特征、以词项的重述形式出现的释义叫意译,用同义词或近义词释义的方法也可归入此类。

意译采用重述的方式,核心在于表达词目词、义项或词组等的意义内容,如:

> **face**/feis/ noun [C] **1** the front of the head, where the eyes, nose and mouth are **2** an expression on someone's face **3** **make/pull a face** to make a strange expression with your face, usually to show that you do not like someone or something (*Cambridge Advanced Learner's Dictionary*)
>
> **cat**/kæt/ noun [C] a small four-legged animal with a tail and claws, usually kept as a pet or for catching mice, or any member of the group of similar animals such as the lion. (*Cambridge Advanced Learner's Dictionary*)
>
> **cat**/kæt/ n **1** [C] small furry domesticated animal often kept as a pet or for catching mice **2** [C] wild animal related to this

---

① 《交际词典学》,上海外语教育出版社,2003 年,第 150—152 页。
② *Practical Lexicography*, pp.116—132.

(*Oxford Learner's English-Chinese Dictionary*)

仅从上面两部词典对 cat 的释义看,除二者均强调的 a pet or for catching mice 外,前者突出了猫的外形特征(small four-legged animal with a tail and claws),后者则强调了猫的毛皮和家养的特点(small furry domesticated animal),由此也可以看出释义的创造性特点。

除描述方法外,采用同义词或近义词也是常用的释义方法。但我们应该注意的是,所谓同义词,真真完全同义的并不多(如少量科技词汇),更多的叫做近义词更为合适。同义词的差别,主要表现在程度轻重有别,范围有大有小,褒贬色彩有异,文体色彩不同,[①]因此词典的释义使用同义词或近义词时,其优点是节约篇幅,在对语义的准确性要求不太高的时候可以使用,但用做释义的同义词有时本身又是多义词,因此需要增加更多的同义词来加以限定。如:

hue *n*. colour, tint

因此同义词释义又有了有数个同义词来解释一个词目词的情况,如:

notion *n*. [C] idea; belief.

nought *n*. [U] nothing; the figure 0.

differ *vi*. **1** ~ (from), be unlike. **2** disagree.

(*Oxford Learner's Pocket Dictionary*)

采用意译方法释义时,还应注意遵循以下原则[②]:(1)不能用科技词汇解释常用词汇,否则达不到释义的目的;反之,用常用词汇意译科技词汇则是通行的做法;(2)意译的用词应该比词目词更容易理解;(3)常用词作词目词时,不能用废旧词、文学用词或方言、口语词进行意译;(4)意译的词不能含有词目词所不具有的隐含意义。

6.4.2.2 真实释义(true definition)

更为明确地表述词项的概念的释义叫真实释义。

---

① 文军、谭松:《英语词汇漫谈》,重庆大学出版社,1988年,第47—49页。
② *Practical Lexicography*, pp. 119—120.

要获得某一概念的的真实释义,极为重要的一步就是辨别概念的典型特征(distinctive features),其常用方法是采用成分分析方法(component analysis)。如英语的 man,woman,boy,girl 等词的关系可图示为:

human		
man	woman	adult
boy	girl	young
male	female	

对上述不同特征的组合,可以对以上各词进行成分分析:

man:＋human＋adult＋male
woman:＋human＋adult－male
boy:＋human－adult＋male
girl:＋human－adult－male

据这一分析,就能确定具有相同成分的词所表示的同义关系。如 grown-up(＋human＋adult),它的两个成分与 adult 相同,区别只在于语体:adult 属于正式语体,而 grown-up 属于口语体。①

再如汉语的草帽、鸭舌帽和瓜皮帽②,《现代汉语词典》的解释是:

草　帽　用麦秆等编成的帽子,夏天用来遮太阳
鸭舌帽　帽顶前部和圆形帽沿扣在一起的帽子
瓜皮帽　像半个西瓜皮形状的旧式便帽,一般用六块黑缎子
　　　　或绒布连缀而成

但如果从所属类别、制成原料、形状、用途等方面进行比较,可以看到这三个词表示的事物的更多的特点:

---

①　陈丛梅:《辨析异同　寻求等值——谈双语词典的释义问题》,《辞书研究》1997 年第 5 期。
②　傅淮青:《构成成分分析和词的释义》,《辞书研究》1988 年第 1 期,第 54 页。

	所属类别	制成原料	形状	用途
草帽	帽子	麦秆等	宽边	夏天挡阳光
鸭舌帽	帽子	毛、布料	帽顶前部和圆形帽沿扣在一起	保暖、装饰
瓜皮帽	帽子	缎子、绒布	像半个西瓜皮	旧时用以保暖、装饰

当然,成分分析主要有助于我们认识概念的特点,以利于对词目词的定义。词典的真实定义大致包含两种:内涵法和外延法。①

(1) 内涵法(intension)

所谓内涵,是指"一个概念所反映的事物的本质属性的总和,也就是概念的内容。例如'人'这个概念的内涵是能制造工具并使用工具进行劳动的动物"②。从术语学的角度,将某一概念的所有典型特征全部列出是一条基本原则。但从词典编纂的实践看,内涵法使用时,因词典类型的差异,对同一概念,其详略程度往往是有差异的:最典型的如百科辞典和语文词典,前者的信息较为详尽和系统,而后者只是择其要者予以解释(例见 3.1.3 百科辞典与语文词典)。

换言之,百科辞典或百科全书的目的是描述世界,而语文词典的目的是描述语言,也就是说,构成语文词典词目词的区别性特征必须是语言学方面的③。正因为如此,语文词典中除词目词外,释义中的区别性特征往往只给出一两种,如:

    whale /weil /*n.* [C] very large sea-animal hunted for its oil and flesh

    horn /hɔːn/*n.* hard, curved growth on the head of cattle, etc

    pine /pain/*n.* kinds of ever-green tree with needle-shaped leaves

---

① *Practical Lexicography*, p.120.
② 《现代汉语词典》,第 919 页。
③ 吴莹:《评〈朗门词典〉的释义》,《辞书研究》1981 年第 3 期,第 161 页。

(*Oxford Learner's Pocket Dictionary*)

有时,对有些词目词甚至只需给出较之高的上位词即可①,如:

calcium *n*. a chemical element
franc *n*. a monetary unit
canasta *n*. a card-game
claret *n*. a wine
triolet *n*. a verse-form

这种只给出上位词的释义方法实际上主要是在较小的普通语文词典中才会出现,而其目的也主要是适用于读者:普通读者不需要了解太详尽的区别性特征,只需了解该事物是什么即可。

(2)外延法(extension)

所谓外延,是指"逻辑学上指一个概念所确指的对象的范围,例如'人'这个概念的外延是指古今中外的一切人"②。

词典释义时完全使用外延法的通常是术语词典或科技词典。这类定义的词目词通常是一个普通概念,其外延定义法会给出其下的一系列下位概念。如:

Nordic country *n*. Sweden or Norway or Denmark or Finland or Iceland
motor vehicle *n*. car, motor cycle, moped, van... and...
(试比较:**motor vehicle** *n*. a vehicle that has an engine——*Cambridge Advanced Learner's Dictionary*)

如果词目词是集合名词,其下的概念属于同类,不必给出所有清单,如:

quintet *n*. group of five musicians

6.4.2.3 混合释义(hybrid forms)

由真实释义或译义加一个或多个同义词或近义词的释义方法叫

---

① *Practical Lexicography*, p. 123.
② 《现代汉语词典》,第1295页。

做混合释义。① 如：

> **flexible** *adj.* that will bend without breaking, pliable, easily led, manageable, adaptable, versatile, supple, complaisant
> （试比较：**flexible** *adj.* able to bend or to be bent easily without breaking——*Cambridge Advanced Learner's Dictionary*）

上面的定义先给出了一个真实定义（that will bend without breaking），其后用一系列同义词来试图描述词目词的某一特性。这种方法容易误导读者，因此 Bo Svensen 的建议是：使用这一方法必须十分谨慎②。

6.4.2.4　词目词的功能描述（description of the function of the headword）

这一方法主要适用于功能词。

由于不少功能词或连词难以用意译或真实定义加以描述，因此不少词典对之的处理通常采用先描述其功能再辅以例证的方法。如：

> **for**¹ *prep* **1**（indicating the person intended to receive or benefit from sth 表示接受某事物或从某事物中受益的人）：*a letter for you* 给你的信○*Are all these presents for me?* 这些礼物都是给我的吗？○*Save a piece for Mary.* 给玛丽留一块吧。○*Have you made a cup of tea for Mrs Watson?* 你给华生太太沏茶了吗？**2**（indicating purpose or function 表示目的或功能）……（牛津高阶英汉双解词典，第四版）

当然，上面所介绍的四种释义方法很难说已囊括无余了，如有的学者就将释义方法另分为三类③：所指释义（referential definition）、程式释义（formulaic definition）和同义释义（synonym definition）。

对词目词的释义是词典特色和创造性的集中表现，也是最难把握的部分。仅就区别性特征而言，要对之做出准确的提炼和表述，就不

---

① *Practical Lexicography*, pp. 131—132.
② Ibid., p. 132.
③ 《交际词典学》，第 151—152 页。

是一件易事。如有人就对《朗门词典》的释义提出批评[①]:

> 如 baby 的释义是"1.［可数］一个非常年幼的孩子,尤指尚未学会说话的;2.［可数;可用于另一名词前］非常年幼的动物或鸟"。根据《朗门词典》,区别性的特征是说话能力,但这是不是语言学上站得住脚的意义特征呢? 英语中另外有一个用以指幼孩的词——toddler(蹒跚学步的幼孩)。由于英语中存在这个词,也就划定了与它有关联的 baby 这个词的词义:baby(婴孩)一旦会走路就不再叫婴孩,而成了 toddler(蹒跚学步的幼孩)。就这个范围来说,区别性的特征是使用双腿走路,而不是会不会说话。

6.5 例证(example)

例证是释义的延伸,它们不仅可以补充说明词的意义,而且还能说明它的使用特点:展示词目的词法、句法、搭配、内涵、文体和社会文化特征。词典的形态本来是相对比较枯燥的,但丰富的例证大大加强了词典的可读性,例证表现了词语在具体语言环境中的丰富多彩和生动活泼。在词典编纂实践中,除严格受篇幅限制的少量词典外,例证都是不可缺少的部分,因此如何选择例证,便成为词典编纂的重要内容之一。

6.5.1 例证的收集与选择

关于语文词典中例证的选择与运用,我国曾有学者将之归纳为"例证十要"[②],即:一要观点正确,二要明语源流变,三要义例相一,四要见例明义,五要全面完整,六要语言规范,七要避免歧解,八要意义明确,九要断句准确,十要核实无误。虽然本文主要针对汉语语文词典,但这些原则对英语词典例证的选择同样具有指导作用。

[①] 吴莹:《评〈朗门词典〉的释义》,《辞书研究》1981 年第 3 期,第 161 页。
[②] 卢润祥:《例证十要》,《辞书编纂经验荟萃》,上海辞书出版社,1992 年,第 158—168 页。

上文所论及的例证,主要涉及两种例句形式:一是引自书籍文章的"书证",二是编纂者自己编写的"自编例"。① 那么,如何在浩如烟海的资料中选择例证呢?美国词典学家 C. L. 巴恩哈特曾就这一问题做出了详细的论述。② 他认为,"确定例证收集的范围"时,必须挑选可以对词典编纂者提供足够的现代用法的那些书,"拟定例证收集的书目"时,有必要拟定选录例证的临时书单,并注意在这些可供摘录例证的原始资料中平衡英、美书刊,同时还应考虑加拿大、澳大利亚和南非的重要书籍,有关印度尼西亚、加勒比海、菲律宾和其他英语广泛使用的地区的书籍也应罗列在内。在"例证摘录和词义界说"中,"针对所读原文要下一个词的令人满意的定义,需要选择多少例证呢?"这一问题,巴恩哈特认为哪怕只有几个例证,也聊胜于无,但他也介绍了一个较为特殊的例子:"桃花心木"这一简单的词,有专家收集了 1500 个例证,从中按用法在其研究材料里出现频率的次序,定下了五个义项,所录例证中各不同意义和每一意义的引文数量如下:

  1. 伐自各种热带的硬木。例:a boat planked with mahogany(铺桃花心木的船)——70%。2. 上述硬木的不同种类。例:African mahogany(非洲桃花心木),the Philippine variety of mahogany(桃花心木的菲律宾品种)——18%。3. 似桃花心木的颜色。例:birch finished in mahogany color(饰以似桃花心木颜色的桦木)——10%。4. 桃花心木树。例:The mahogany and cedar are imposing trees.(桃花心木树和雪松是外观庄严的树。)——1%。5. 桃花心木家具。例:Young Barker swore he would not put his foot under the same mahogany table with the scoundrel.(小巴克尔诅咒说,他绝不和那个坏蛋把脚伸在同一张桃花心木桌子下面。)——1%。6. 美国产的非热带树(如咖啡树等)——0%。7. 一种烈性酒(因酒的颜色似桃花心木而得名)——0%。8. 咸牛肉——0%。

---

 ① 卢润祥:《例证十要》,《辞书编纂经验荟萃》,上海辞书出版社,1992 年,第 158 页。
 ② C. L. 巴恩哈特编纂:《英语词典收集例证的方法和标准》,江希和摘译,《辞书研究》1984 年第 3 期,第 86—91 页。

正是基于上述丰富的例证资料,编纂者在词典中把主要义项即第一义收录了进去,而这一义项在《世纪词典》、《牛津英语词典》等中均未收录,同时,编纂者还将上文中标注频率为零的三个义项予以删除,因为它们属于历史上所用。上例也充分说明了例证与词义选择和释义的互动关系。

在随后的"摘录例证的关键"一节中,巴恩哈特指出,在着手阅读材料摘录例证时,至关重要的一点是:凡是选材、节录和代号的指示要清楚,并要有编纂人对阅读资料者的工作进行指导。最好的例证是那些从上下文中可阐明意义和用法的。如 Sinclair Lewis 的《大街》中的一个例证:Smiling as changelessly as an ivory figurine she〈Carol Kennicott〉sat *quiescent*, avoiding thought, glancing about the living-room and hall, noting their betrayal of unimaginative, commercial prosperity. 本例中有几个同义短语的上下文,如 changelessly(不变地), as an ivory figurine(犹如一尊象牙的小雕像), avoiding thought(不动脑筋)等增强了 quiescent 这一词所表达的心情平静这一概念。正因为上下文在词典例证收集中具有不可替代的作用,因此在"如何培养资料阅读员"中,作者将之作为称职的阅读员的主要条件:要胜任摘录工作,阅读员必须仔细读上下文,善于将不相干的部分和有关的材料区分开来。巴恩哈特在该文的最后一部分"编纂一本词典需要收集多少例证"区分了常用词和科技词,后者所需例证相对较少。按他的估算,受过教育者实际所用的词为三十万,因此一个拥有三千万例证的资料库对每一个词目可平均提供一百个例证,这个数目对词典编纂应该是一个切合实际的基础。

概略而论,词典对例句的选择,尤应注重其"质量"。"所谓'质量',不能只理解为例证的典范性(所谓'范例'),还要注意它们的典型性、实用性。"[①]例句除了揭示词目典型的常用句型、语法特点、搭配范围之外,尤应注意提供词在不同语境中的使用例证,这样就可以在

[①] 陈楚祥、黄建华:《双语词典的微观结构》,载张后尘主编:《双语词典学研究》,高等教育出版社,1994年,第116页。

科学选择的前提下,向读者展示词在不同语境中的用法,帮助读者能动地、适情贴景地运用语言。如《剑桥国际英语词典》(Cambridge International Dictionary of English)中的 malady 条[①]:

> **malady**... *fml dated* a disease or (*fig.*) a problem within a system or organization(正式而过时的用法 系统或组织中的一种疾病或[比喻用法]问题)• *All the rose bushes seem to be suffering from the same mysterious malady.* (所有的玫瑰花丛似乎都在遭受同一种令人不解的疾病。)• *One of the Council's major maladies is the lack of optimism and enthusiasm amongst senior officials.* (委员会的主要问题之一在于高级官员中缺乏乐观情绪和激情。)

上例的释义一是直接的语义体现,指具体的某种疾病;二是比喻用法:问题。随后的两个例证分别给与了说明:前一例是 malady 的直接用法,后一例是比喻性用法,这充分说明了例证辅助释义的作用。而更为重要的是,上述例证为 malady 提供了什么语境?该词目的元语言符号 *fml dated* 表明该词是一个正式程度很高的词,但较陈旧。这样的词只有在语体相当正式的语篇或语用情景中才会出现;如果出现在口语中,要么是意在讽刺,要么是使用不当。但在词典中仅有这种标记是远远不够的,因为对于普通读者来说,他们并不了解语体学方面的知识,在实际使用中就仍然不可能或很难恰当地运用。但这两个例证提供的句子结构、与该词一同出现在句中的其他词语以及所传递的内容,很清楚地表明了 malady 所在语境的正式程度,从而给读者以直观的感性认识:在第一个例证中,主语部分是一个较长的名词词组,这一点便带有正式语体特征。该句的最后一个名词词组 the same mysterious malady 和第二句的 One of the Council's major maladies 也有类似特征,因为口语中一般要避免使用这种冗长的表达方式,以免矫揉造作。日常口语交谈中也不大用 to be suffering from 的说法。

---

① 韩其顺:《读〈剑桥国际英语词典〉》,载姜治文、文军主编:《词典学与双语词典学研究》,上海辞书出版社,1999 年,第 207—208 页。

第二句中的 optimism，enthusiasm，amongst 和 senior official 也都是语体地位较高的词，可见，这两个例证提供的语境与该词的特点是相适应的。

6.5.2　配例的方法

例证在词典中除了具有多种功能外，它还占用了较大空间，因此词典编纂者都会花费较大精力来考虑如何系统有效地处理配例问题。所谓配例，是指针对不同的词目词，要不要配例、配例多还是少以及配什么样的例这样一些问题的解决方法。①

总体而论，大多数词典都遵循两个基本原则：意义中心原则（meaning-oriented principle）和用法中心原则（usage-oriented principle）。意义中心原则将例证根据它们所展示的词目意思来排列，其理想的模式是：在所划分出来的义项中，每条义项至少配备一个例证，例证的数目至少与所划分的义项数目相等，每个例证紧随有关义项之后，以与义项相同的顺序编排。用法中心原则则根据词目与其他词项组合时所显示的词法或句法特点来安排例证。每条释义之后的括号中的语法代码在决定例证的组织结构上起关键作用。在设置例证时，应该充分体现括号中所表明的语法特征，如"仅用于否定句"、"仅以复数形式出现"等。在单义词目中，例证的长度也会对它们的编排方式产生影响：较短的词组置于较长的词组之前，词组置于分句之前，简单句置于复合句和复杂句之前，例证越长离释义越远。②

上面的两个原则，可以说只是一种宏观的原则。其实，配例时因词典种类的不同、读者对象的差异，还有许多值得注意的问题。如编写历史性词典，R. 赫尔伯特就提出③，引例必须选用各个义项的最早的用例；对已废弃不用的词或词义，则必须选用手中最晚的用例；至于每100年左右应选用的引例数量，必须有一定的规则（如在英国已家喻户晓的动植物名或普通职业的名称，《美国英语词典》只给每个义项

---

① 竺一鸣：《双语词典如何配例》，《辞书研究》1982 年第 4 期，第 26 页。
② 《交际词典学》，第 111—112 页。
③ 徐祖友，R. 赫尔伯特：《英国和美国的词典》，《辞书研究》1989 年第 4 期，第 133 页。

每100年配两个用例,而一些具有美国特点或对美国生活具有重要意义的词及作者认为十分有趣的用词,则多配几个)。最好的用例是那些能说明词或词义或是能够提供有价值的信息的用例,如《美国英语词典》中那些能揭示美国社会历史情况的用例。

再如以学习汉语的外国人为主要对象的汉外词典,有学者就专门讨论过汉外词典的设例与语境问题①:如何在例证中自然引进能揭示成语语义的语境,如何在设立时遴选能够辨析近义词成语的典型语境。还有学者具体针对《朗文现代英语词典》第三版,归纳了该词典例证安排的两个特点:充分利用例证解释或补充说明词义,以满足学习者的"求解"需求;提供常用搭配方式,以满足学习者的"求用"需求。②

而在双语词典中,例句配置除要考虑其适切性等因素外,例证的译文又是词典中必须解决的大问题。由于词典例句不少是游离于上下文和语段而存在,翻译起来无疑困难很大。下面是《英汉大词典》的几句佳译③:

There are *jerky* passages, not wholly within the author's control.(有些段落文体变化突兀,多少不大听命于作者的笔了。)

It's an ill *bird* that fouls its own nest.(〈谚〉恶鸟亵巢[意指家丑不可外扬])

He's so spineless, *Jesus* wept!(他真是个松包软蛋,上天明鉴!)

the *jaw* of death (鬼门关)

Stop *jawing* at me!(别再数落我啦!)

The fire engines were going down the road to *beat* the band.(救火车一路风风火火地疾驶而去。)

总之,例证的选择和配置是词典编纂的一项工作量繁重同时也最

---

① 阎德早、方瑛:《试论汉外成语词典的设例与语境》,《辞书研究》1998年第1期,第78—84页。

② 李安兴:《〈朗文现代英语词典〉第三版例证安排的启示》,《辞书研究》2003年第4期,第91—98页。

③ 周孝慈:《评〈英汉大词典〉的例证》,《辞书研究》1989年第4期,第22页。

能体现词典创造性的工作,值得引起我们的高度重视。

6.6 用法信息(usage information)

英语词语本身的性质决定其使用特点:有些词具有特定的文体色彩、感情色彩,有的在使用年代、使用区域和学科等方面都有差异。这类与用法有关的信息,不少词典都有说明,这些说明就是用法信息。现有的英语词典中,提供用法信息的方式主要有三种:用法标注(usage labels)、用法说明(usage note)和语用标注(pragmatic note)。

6.6.1 用法标注

用法标注指对一个词或短语的标记,通常以缩略形式出现在释义前,大致可以分为八类[①]:

1. 时间标注:标示词的通用年代或使用频率,如 obs(旧词),arch(古词),old-fash(老式词),rare(罕用词)等。

2. 使用区域标注:表示某词多用于某一特定的区域,如本书 4.2 中表 4—4 的:

Br	British English term 〈英〉英式英语用词	**fortnight** (= two weeks)· **tyre** (= tire wheel)
Cdn	Canadian English term 〈加〉加拿大英语用词	**loonie** (= a Canadian dollar coin)
regional	terms used only in parts of US 〈方〉美国部分地方用词	**submarine** (= sandwich)· soda and **pop** (= soft drink)

3. 规范化程度标注:注明某词是否为大多数有教养的人通用,如 substand(不够规范),nonstand(不规范),illiterate(粗鄙词),vulgar(猥亵词)等。

[①] 陈燕:《英汉词典中的用法信息》,《辞书研究》1998 年第 5 期,第 67—69 页。

4. 语体标注：表示话语的正式程度，如表 4-4 中有：

fml	**formal** terms used in specialized written English or in formal speech, but not in ordinary written or spoken English. 〈正式〉正式用语	**absolve** (= to officially remove guilt) • **laud** (= to praise) • **propensity** (= a tendency to behave in a particular way)
slightly fml	**slightly formal** terms used mostly in written English that show the writer is educated, but that are also used in newspapers 〈较正式〉较正式用语	**affix** (= to attach, add or join) • **perspiration** (= salty liquid excreted through the skin) • **warrant** (= to make something necessary)
infml	**informal** terms that can be used in speaking and writing to friends, but not in writing school or work 〈非正式〉口语、通俗语、非正式用语	**broke** (= without money) • **pick-me-up** (= something that makes you feel better) • **snap** (= something that can be done without any difficulty)

5. 学科标注：表示某词或某一义项通用于某一学科或领域，如表 4-4 中：

law	terms used by lawyers, judges, and people involved in legal matters 〈律〉法律用语	**burden of proof** (= responsibility for proving that something is true in a court of law)
literary	terms used in literature and similar writing 〈文〉文学用词	**wretch** (= someone who is suffering) • **slumber** (= sleep)
medical	terms used by doctors, nurses, and people talking about medical care 〈医〉医学用词	**c-section** (= an operation that allows a baby to be born) • **hypothermia** (= a dangerous condition where the body temperature is too low)

续表

specialized	terms used in science, university studies, and particular type of work〈专〉专门用语	**alkali** (＝a substance that has a particular chemical behavior)・**effluent** (＝liquid waste that is sent out from factories)	
trademark	a product name that is owned by a company〈商标〉商标	**Band Aid** (＝a thin strip used to cover small cuts)・**Xerox** (＝a copy made on a photocopier)	

6. 感情色彩标注：表示某词所含的特定的感情色彩，如 apprec(褒义词)，derog(贬义词)，eugh(婉词)，humor(幽默语)等。

7. 句型标注或语法代码标注：表示某些动词、形容词须用于比较固定的句型，如 *The Oxford Advanced Learner's Dictionary of Current English*(1989)将动词在句子中的使用归纳为25种句型，在词典的正文前一一举例说明。再如《朗文当代英语词典》第三版(1995)的语法代码标注①，就非常直观易懂：三版保留了二版显而易见的代码如[C],[U],[I],[T]等，并在三版将一些二版中不太清楚的代码分别用语法术语的全称表示，如[singular],[plural],[linking verb],[only before noun],[not before noun],[no comparative]等。

8. 其他，如 taboo(禁忌语)，cap(大写)等无法归入上类的标注。

6.6.2 用法说明

用法说明指对某词或短语提供额外信息的词语，提示读者注意其同义词、相关词，或对惯用语加以解释，或提示文体或用法上的限制。② 有的词典还将这类说明专门列表，以吸引读者的注意。如 *Cambridge Dictionary of American English* 在 one 条后专门框出一表：

---

① 徐海：《评新版〈朗文当代英语词典〉》，《辞书研究》1997年第6期，第106—107页。
② *Dictionary of Lexicography*, p.150.

words with the meaning "one" 表示"一个"的单词

Words used to count one thing or person are **one**, **single**, **only**, **sole**, **alone**, and **first**. 指称一个人或物的单词有 one, single, only, sole, alone 和 first。

One is used before a noun when you want to emphasize that there is only one person or thing, or for contrast. One 用在一个名词前强调只有一个人、物，或为了形成对比。

Will all the books fit on **one** shelf? 一个书架能放下所有的书吗？ • I can't tell **one** sister from the other. 我不能把这两姊妹分清楚。

One is also used with *of* to refer to a member of a group. One 也可以与 of 相连指一个小组的一名成员。

One of my cousins is coming to visit. 我的一个表哥要来拜访。 Guangzhou is **one of** the largest cities in China. 广州是中国的最大的城市之一。

Single can be used before a noun to emphasize the idea of there being no more than one person or thing. Single 可以用在名词前强调有不超过一个人或物。

A **single** candle burned in the window. 窗户里燃烧着一只蜡烛。

Only is used before a noun to show there are no others of the same type or in the same situation. Usually, the or a possessive pronoun is used before it. Only 用在名词前没有同类型或相同情况下的另外一个。

Math is the **only** subject I really like. 数学是我唯一真正喜欢的科目。 • Julius was the **only** one who brought a gift. 朱利叶斯是唯一一个带礼物来的人。

Sole has the same meaning as *only*, but sounds a little more formal. Sole 与 only 有相同的意思，但听起来有一点正式。

He was the **sole** survivor of the crash. 他是那次坠机事件中唯一的幸存者。

Alone can be used after a noun to emphasize that the statement refers to that person or thing and no others. Alone 用在名词后强调陈述的就是那个人或物，没有别人或别的东西。

She **alone** knew where the money was hidden. 只有她自己知道钱藏在什么地方。

First is used for a thing or person that comes before all others. **Very** can be put before it for emphasis. First 用来指某物或某人走在其他物或人之前。可在 first 之前加 very 以示强调。

He was the **first** person to arrive. 他是第一个到的人。 • She was the **very first** person I met in college. 她是我在大学碰到的第一个人。

续表

> Words used to count one event are **once**, **only**, **and first**. 用来计数的词有 **once**，**only** 和 **first**。
>
> **Once** means one time. **Once** 意为一次。
>
> I've been to Mexico **once**. 我去过墨西哥一次。• She calls her sister **once** a week. 她一周给她的姐姐打一次电话。
>
> **Only** can be used to emphasize that there have been no other such occasions. **Only** 可用来强调这儿没有其他类似的情况。
>
> The **only** time I was on a boat I got sick. 我唯一一坐船的那次，我吐了。
>
> **First** is used for an event that comes before all others of the same type. **First** 被用来指发生在所有同类型的事件之前的事情。
>
> Is this your **first** time on a plane? 这是你第一次乘坐飞机吗？• I **first** visited Tokyo in 1990. 我第一次到东京是 1990 年。
>
> lp 见语言描写⇒**Definite and indefinite articles**

6.6.3 语用信息

语用信息指说话的社会文化规则，比如语调、手势、出于礼貌原则等的词语选择等。[①] 以前的词典对之重视不够，用法标记中也常常仅用"非正式"、"贬义词"等加以说明。自 1987 年英国朗文出版公司从"语言得体性"这一突破口出发，把语用学的一些原则引入词典编纂并出版《朗文当代英语词典》以来[②]，在词典中，尤其是学习词典中增加语用信息已普及开来，成为不少词典的特色之一。如《柯林斯合作英语词典》(*Collins COBUILD English Language Dictionary*，1995)就是使用旁注的方式来标注语用意义[③]：

[①] *Dictionary of Lexicography*, p. 111.

[②] 梅晓娟：《〈朗文当代英语词典〉的语用提示》，《辞书研究》1997 年第 6 期，第 98 页。

[③] 余渭深：《〈柯林斯合作英语词典〉对改进我国双语词典的启示》，载姜治文、文军主编：《词典学与双语词典学研究》，上海辞书出版社，1999 年，第 192—193 页。

1. You can use **"suppose"** or **"supposing"** to introduce a clause in which you state a possible situation or action. You usually then go on to consider the effects or results that this situation or action might have.（你可以用 suppose 或 supposing 引入一个从句，陈述一个可能的情景或动作。通常在此之后再继续考虑这一情景或动作可能产生的作用或引出的结果。）

VERB
PRAGMATICS
= say
v. that

2. If you **suppose** that something is true, you believe that it is probably true, because of other things that you know.（如果你假设某事是真的，那就是你相信这可能是真的，因为有你所了解的其他事物作依据。）

VERB
PRAGMATICS
v. that
it be V-ed that
Also V n.

3. You can say **"I suppose"** with a clause stating something that you believe to be true, or something that you think you should do, when you want to express slight uncertainty about it; used in spoken English.（当你对某事有点无把握而又想表达出来时，你可以说"我猜想"，后接一个从句，陈述你认为真实的，或你认为你应该做的；用于英语口语。）

PHRASE
oft PHR that,
PHR so/not
PRAGMATICS

4. You can say **"I suppose"** or **"I don't suppose"** to introduce a clause in which you report someone's thoughts or attitude, when you want to express impatience or slight anger at them; used in spoken English.（当你想对某人表示不耐烦或轻微的不快时，你可以说"我猜想"或"我不认为"，再在引入的从句中说出所指某人的想法或态度；用于英语口语。）

PHR that
PRAGMATICS

5. You can say **"I don't suppose"** as a way of introducing a polite request to someone when it might cause them some difficulty or inconvenience; used in spoken English.（当你向某人提出请求而这可能引起麻烦或不便时，你可以用"我不认为"作为一种有礼貌的请求方式；用于英语口语。）

PHR that
PRAGMATICS

6. You can use "**do you suppose**" to introduce a question when you want someone to give their opinion about something, although you know that they are unlikely to have any more knowledge or information about it than you; used in spoken English. (当你想让某人发表对某事的意见时，你可以用"你认为"引入一个问句，尽管你明白他的有关知识或所了解的信息可能并不比你多；用于英语口语。) PHR that PRAGMATICS

7. You can use "**do you suppose**" as a polite way of suggesting or requesting that someone does something. (你可以用"你认为"作为一种礼貌方式建议或请求某人做某事。) PHR that PRAGMATICS

6.7　百科信息（encyclopedic information）

所谓百科信息是与语言信息相对，主要指对客观现实的描述。① 但实际上，目前并没有一种非常有效的方式来区分百科信息和语言信息。因此，在通用词典中，百科信息既可出现在词条中（即所谓"百科定义"的一部分），也可出现在词条外（即"前面部分"或"后面部分"的一部分）。而在专科词典里，百科信息出现的频率比通用词典更高。

在单语通用词典中，百科信息常常不是作为一种独立的信息类别而存在的，它与语言信息交融在一起，很难区分，但有一点是非常明确的：语言结构本身其实就是对客观世界一种间接的描写②。就单语通用词典而言，许多实词如名词、动词、形容词等，其与世界的联系即它们的"百科性"就比功能词如代词、连词、介词等要强得多。同理，一个详尽的科技术语的定义与现实世界的联系就比一般的普通词更为紧密。但就是对事物的定义，在词典中也往往是不很详尽的，如：

　　　　A *tabla* is an Indian drum played in pairs by hand at variable pitch.

---

①　*Dictionary of Lexicography*, p. 49.
②　*Practical Lexicography*, p. 163.

从这一定义中,读者只能获得一个大概的印象,若要知道其形状、该乐器如何发音、能获得什么效果,则需要求助于百科全书了。

在双语词典中,由于文化的差异,增添百科信息就颇为必要,这主要表现在所谓的文化局限词(culture-specific)中。如汉英词典的编纂,从目的上讲,它应该既可供汉语为母语的人查找英语对应词语,也可供英语为母语的人学习汉语时使用,而汉语中存在大量的文化词语,如何处理它们,自然是一件颇费工夫的事。如"贼出关门"和"亡羊补牢",《现代汉英词典》译为:

贼出关门 lock the door after the thief has gone

亡羊补牢 mend the fold after a sheep is lost

这两条释义只是译出了字面意思,而未对其内涵加以说明。《汉英大辞典》对之的解释就多一些:

贼出(去,走)关门 lock the door when the thief is gone—too late; lock the door after the thief has gone; lock the barn after the horse is stolen; lock the stable door after the horse has been stolen.

亡羊补牢 mend the fold after the sheep have been stolen; lock the stable door after the horse has been stolen; mend the fold after a sheep is lost; shut the stable door after the sheep has been stolen; The sheep has gone astray and its pen must be mended.

还如典故词,典故(allusion)是指人们在日常谈话和写作中引用的出自神话、传说、寓言、文献、文学名著及历史等的故事和词语,其基本特征是句句有根据,事事有出典。[①] 英语在漫长的发展过程中从以上来源中汲取了无数的典故,它们具有典型的英语文化意蕴,对学习者形成了不小的阻碍,因此在英汉双语词典中仅仅音译或意译并不能完全让读者了解其内涵,下面我们看看几部英汉词典(《英华大词典》

[①] 文军:《英语修辞格词典》,重庆大学出版社,1992年,第137页。

修订第三版,商务印书馆 2000;《新英汉词典》增补本,上海译文出版社 1985;《英汉大词典》,上海译文出版社 1989)对几个典故词的处理方法:

the Procrustean bed《英华大词典》:强求一致的制度(政策)。其后 Procrustes 条下有解释:[西神]普罗克拉斯提斯(传说中的强盗,常使被劫者卧铁床上,比床长者斩去过长部分,比床短者,强行与床拉齐)/《新英汉词典》:强求一致的制度(或政策等)。其后的 Procrustes 条有:[西神]普罗克拉斯提斯(开黑店的强盗,传说他劫人后使身高者睡短床,斩去身体伸出部分,使身矮者睡长床,强拉其身使与床齐)/《英汉大词典》:[西神]普罗克汝斯忒斯之床;强求一致的制度(或主义、政策等)。其后的 Procrustes 条有:普罗克汝斯忒斯(系阿蒂卡巨人,羁留旅客,缚之床榻,体长者截其下肢,体短者拔之使与床齐长)

Achilles heels《英华大词典》:唯一致命的弱点(传说阿基里斯出脚踵外全身刀枪不入)/《新英汉词典》:[喻]唯一致命的弱点。其前对 Achilles 的解释有:[西神]阿基里斯(或译阿喀琉斯;出生后被其母倒提着在冥河水中浸过,除未浸到水的的脚踵外,浑身刀枪不入)/《英汉大词典》:[喻]阿喀琉斯的脚踵,致命弱点,唯一的弱点。其前的 Achilles 条有:[西神]阿喀琉斯(或译阿基里斯;出生后被其母亲握脚踵倒提着在冥河水中浸过,因此除未浸到水的的脚踵外,浑身刀枪不入)

Cinderella《英华大词典》:1. 灰姑娘(童话中的美丽姑娘,被后母虐待,终日与煤渣为伴,故称灰姑娘) 2. 美丽的贫穷姑娘;无名美女;前妻所生的姑娘……/《新英汉词典》:1. 灰姑娘(童话中的人物,被继母驱使,日与煤渣为伴的美丽姑娘;后忽得仙姑帮助,成为王子的爱人) 2. 久被蔑视、忽逢幸运而显名一时的角色(或货品)/《英汉大词典》:1. 灰姑娘(童话中的女孩,受继母虐待,日与煤渣为伴,后忽得仙姑帮助,与王子结为夫妇) 2. 有才干(或貌美)而一时未被赏识的人;有用

(或有价值)而尚未被发现的东西;久遭蔑视忽而走运的人;被忽视(或轻视)的人(或事物)

Judas《英华大词典》:1. 犹大(耶稣的门徒,出卖耶稣者) 2. (伪装亲善的)叛徒……/《新英汉词典》:1. [宗]犹大(耶稣的门徒,出卖耶稣者) 2. [喻]叛徒(尤指伪装亲善的背叛者)……/《英汉大词典》:1. [宗]犹大(通常指耶稣十二使徒中出卖耶稣者 Judas Iscariot;亦可指耶稣另一使徒 Jude 或 Saint Judas;又可指耶稣和雅各的兄弟) 2. 出卖朋友的人,叛徒

Utopia《英华大词典》:乌托邦;(常 u-)理想的国土[社会等];空想的社会改良计划(源出英国空想社会主义者托·摩尔所作《乌托邦》一书)/《新英汉词典》:1. 乌托邦 2. [常作 u-]理想的完美境界;空想的社会改良计划/《英汉大词典》:1. 乌托邦,理想中最美好的社会(原为 Thomas More 1516 年所著书名的简称) 2. [常作 u-]理想国;理想的完美境界;空想的社会改良计划

Catch-22《英华大词典》:第二十二条军规,不可逾越的障碍(美 J. Heller 小说的书名)/《新英汉词典》:无/《英汉大词典》:I *n.* 1. 叫人左右为难的规定(或情况) 2. 不合理的处境;事与愿违的措施(或政策);面临两个不合意抉择的处境 3. 难以逾越的障碍,无法摆脱的困境;圈套 II *a.* 无法摆脱的[源于 20 世纪美国小说家 Joseph Heller 的小说 Catch-22(《第二十二条军规》)(1961)]

从上面所引三部词典对 6 个词的汉语释义可以看出,词典的编者不仅给出了英语典故的字面义和扩展义,同时对其文化背景信息也着墨不一地进行了解释,以利于汉语读者更深入地了解其含义。

而在双语专科词典中,根据词典的容量和编纂方针,有的只提供词目词的对应词,而有的则给出了相关的百科信息。如下面财经类词典的例子①:

---

① 文军、姜治文:《专门用途词典学导论》,天马图书有限公司,2002 年,第 45—50 页。

现代英汉经营管理词典,刘历吉等编译,中国财政经济出版社1988年7月1版:
fair market price 公平市价　指卖方自愿卖出、买方自愿买进的价格,亦即公开市场上的正常交易价格。

英汉、汉英会计名词汇译,娄尔行、约翰·B.法雷文主编,上海人民、三联香港分店,1985年8月1版:
relation frequency diagram 相对频率图

英汉法律词典,～编写组,法律出版社1985年11月1版:
bond creditor 契约债权人,证券债权人

实用外贸英汉词典,威云方主编,浙江大学出版社1992年2月第1版:
central rate 中心汇率

英汉财经大词典,胡禧森等编,石油工业出版社1986年6月1版:
balance forward 余额后移,余额

汉英经济词典,苏伦主编,中国商业出版社1989年3月第1版:
［存单］deposit receipt

汉英对照常见外贸商品品名及用法手册,陈凯胜主编,厦门大学出版社1990年4月第1版:富锐精矿 Rich Scandium Ore

汉英外贸口语词典,于兴义等编译,外语教学与研究出版社1992年6月第1版:
修理,维修 repair, maintenance, recondition［ing］

英汉银行词典,刘金宝主编,浙江大学出版社1989年10月第1版:
government commission 政府委员会

外汇、贸易辞典,张锦明校订,三民书局(台湾):
Colombo Plan 可仑坡计划 [贸易]为东南亚国家及一般经济发展的国协计划(British commonwealth plan)。首于1950年1月于斯里兰卡之可仑坡会议提出,1951年6月开始实施,为期6年,后一再延长。其会员国包括美、澳、加、印度、巴基斯坦、新加坡及15个东南亚国家。

实用英汉国际商务词汇,汪尧田等主编,知识出版社(上海)1988年12月第1版:
chilled cargo 冷冻货

汉英经贸手册,安危主编,陕西人民出版社1988年11月第1版:
促进贸易性收费 promotional freight rates

英汉现代工业管理词汇,崔光讷主编,天津人民出版社1982年3月第1版:
description 说明,叙述,说明书 description of the set 集合的叙述法

英汉国际贸易词汇(修订本),~编写组,对外贸易教育出版社,1989年8月第1版:
company law 公司法

英汉技术经济分类词汇,仇道仁主编,中国经济出版社1990年10月第1版:
manoscopy 流压术

英汉管理工程词汇，李江东编，陕西科学技术出版社，1987年9月第1版：
dividend rate 股利率

英汉企业管理词汇，陈今淼编，清华大学出版社1986年7月第1版：
convenience store 方便商店或称 c-store。出售方便货物的商房；如快餐、啤酒、冷饮、食品杂货、药品、化妆品、杂志和汽油等。商店营业时间较长或是日夜商店以方便顾客。据称，在80年代初北美约有7000家方便商店，最大一家叫做"南方公司"，1980年它拥有7248个商店，营业总额为47.8亿美元。

英汉物资辞汇，华主功等主编，中国物资出版社1987年8月第1版：
burn 燃烧、烧、烧化

英汉技术经济学词汇，徐寿波主编，电子工业出版社1988年3月第1版：
econometric analysis 经济计量分析

简明英汉财务与会计词典，陈今池编译，中国财政经济出版社1982年1月第1版：
finance house 金融公司 即 finance company。一个英国用词。
financial accounting 财务会计，一个企业对资产、产权、收入和支出的记账，并将账务状况报告给外部的报表使用者。与管理会计（managerial accounting）的词义相对照。

英汉对外经济贸易缩略语词典，张惠敏、薛立业合编，对外贸易教育出版社，1988年10月第1版：

ASSD, assd assigned 指定的,分配的 assd assessed 应征税的

汉英经济贸易词汇,谢振清编,中国对外经济贸易出版社 1986 年 4 月第 1 版:

发行价格 issue price

从上面的例子也可以看出,无论是只提供对应词的术语还是提供百科信息的术语,从根本上讲,词典毕竟有别于百科全书,如果我们想获得更为系统全面的百科信息,必须充分利用各种词典所给出的学科标注等,查询相关领域的文献才能真正解决这方面的问题。①

6.8　词源(etymology)

词源信息主要涉及词的历史:它们是如何构成、演变,并形成现在的形态和意义的。② 与百科信息不同,词源主要揭示某一次的源流,与词汇本身相关。如词典学 lexicography,就来自于希腊语的 lexis "word", legein "gather, speak" 和 graphia "writing"(通过拉丁语和法语)③。

英语词典中提供词源信息的主要是足本单语语文词典或双语语文词典。这类词典中之所以收录词源信息,与英语词汇本身的复杂性有关:英语是一种混种语言(hybrid language),即是多源头的语言,是本族语与大量外来词相混生成的语言。④ 据统计,英语总词汇量的一半以上都是外来词,其数量达数十万单词,其中最主要的是拉丁语、希腊语和法语。由于公元 1 世纪罗马对不列颠的征服、公元 1066 年操法语的诺曼人成为不列颠的主人以及始自文艺复兴对希腊术语的大量"进口",英语词汇的"混种"就一直没间断过。⑤ 司各特(Sir Walter

---

① *Practical Lexicography*, p. 166.
② Ibid., p. 189.
③ *Dictionary of Lexicography*, p. 52.
④ 俞步凡:《开创英汉词典的词源工作》,《辞书研究》1989 年第 4 期,第 9 页。
⑤ 文军、谭松:《英语词汇漫谈》,重庆大学出版社,1988 年,第 109—111 页。

Scott)曾在其历史长篇小说《艾凡赫》(*Ivanhoe*)中,对当时操法语的诺曼人占据了英国政府、法庭、教会等重要位置,而英语则是"下层人"的语言这一现状作了生动的描绘:

"And swine is good Saxon," said the Jester, "but how call you the sow when she is flayed, and drawn, and quartered, and hung up by the heels like a traitor?"

"Pork," answered the swineherd.

"I am very glad every fool knows that too," said Wamba, "and pork, I think is good Norman French and so when the brute lives, and is in charge of a Saxon slave, she goes by her Saxon name; but becomes a Norman, and is called pork, when she is carried to the castle hall to feast among the nobles.

......

"Nay, I can tell you more," said Wamba in the same tone: "there is Alderman Ox continues to hold his Saxon epithet while he is under the charge of serfs and bondsmen such as thou, but becomes Beef, a fiery French gallant, when he arrives before the worshipful jaws that are destined to consume him. Mynheer Calf, too, becomes Monsieur de Veau in the like manner: he is Saxon when he requires tendance, and takes a Norman name when he becomes matter of enjoyment."

("猪是地道的撒克逊语,"那小丑说道,"但是当母猪的皮被剥掉,身子被割开,四蹄被绑起来倒挂着像卖国贼一样,你又管他叫什么呢?"

"猪肉。"牧猪人回答。

"我很高兴每个傻瓜都知道这个,"汪巴说,"我想,猪肉是地道的诺曼法语。这样,当猪是活的,由撒克逊奴隶饲养时,它用撒克逊名称,但是当它被呈献到大厅之上,供贵人们享用时,就得用诺曼名称,叫做猪肉了。"

......

"不,我再告诉你几句,"汪巴用同样的语调说:"有一种阿尔德曼牛,当它被像你一样的奴隶和佃奴喂养着的时候,一直保持它的撒克逊名称,可当它出现在那些要吃它的达官贵人们面前时,却变成了 Beef[牛肉],一个勇猛的法国豪侠的名称了。门赫尔小牛也是如此,在同样情况下,变成 Monsieur de Veau[小牛肉]了。当需要人饲养时,它是撒克逊名称,一旦成为供人口腹的佳肴时,就用诺曼的名称。")

当然,除拉丁语、希腊语和法语外,英语还从世界上的其他语言借入了大量词汇,如意大利语、西班牙语、葡萄牙语、德语、荷兰语、俄语、汉语等。

正因为英语词汇的这一特征,使得英语中充斥着不同时期从不同途径进入英语的同义词,如:certainty—certitude, frail—fragile, paint—picture, poor—pauper 等。也正因为如此,对英语的认词辨义必须依靠词源这一途径,对多音节词尤其如此。

但语文词典中的词源信息毕竟不同于专门的词源词典,它所能提供的"最大量"的信息包括:对源语或方言的说明、源词的形式和意义、对源词和现在的词关系的简要说明。①

6.8.1 源词的形式

就源词的拼写来说,如果源词是采用罗马字母表进行拼写,直接写出即可,如 *Longman* 中的 compile 条:

compile [ME compilen, fr MF compiler, fr. compilare to snatch together, plunder]

再如 4.7 中谈到的 Utopia 一词,《英汉大词典》的词源信息是:

NL: no place<*Gr ou* not + *topos* place

而对来自其他语言的词源,则需给出相应的直译,如 tea, kumquat (cumquat) 和 kung fu, *Longman Dictionary of the English*

---

① *Practical Lexicography*, p. 190.

Language 给出的词源是：

  tea [Chin (Amoy) te (t'e)]

  kumquat(cumquat) [Chin (Cant) *kam kwat*, fr *kam* gold+*kwal* orange]

  kung fu [Chin dial., alter. of Pek $quan^2$ fa^3 lit., boxing principles]

对于读音，应该说源词与现在词的读音应当有一定的联系，但这一问题太复杂，一般的语文词典都采用不注音的方法。如6.7所涉及的 Procrustes 一词，就是假定读者知道希腊语的读音（《英汉大词典》）：

  ＜Gr Prokroustes ＜prokrouein to beat out, stretch out

6.8.2 源词的意义

揭示源词与现在词意义上的联系，这是提供词源的一个重要作用，因此不少词源信息中会加上简单的说明，以揭示这种联系，如：

  companion [f. L con-with+pānis bread (literary, one who shares bread with another)]

有时对词源还会给出交叉索引，供读者进一步查阅，如 *Longman*：

  ^{1}partner [ME *partner*, alter. (influence by *part*) of *parcener*, fr AF, joint heir—more at PARCENER

事实证明，在词典中提供词源信息，除了能够解释源词与现在词的关系、了解词义的演变过程以外，它们还有利于读者分辨来自不同语源的同义词，甚至掌握某些构词方法。[①]

英语中大量的同义词可以通过不同语源所提供的初始意义进行辨义，如《英汉大词典》：

  get 得到，获得 [＜OE *gietan*；与 ON *geta* to get, learn,

[①] 俞步凡，《开创英汉词典的词源工作》，《辞书研究》1989年第4期，第13—16页。

OHG *bigezzan* to obtain 有关]

acquire 取得,获得,学到 [L *acquirere* ＜*ac-*＋*quaerere* to get, seek]

obtain 获得,得到 [OFr *obtenir* ＜L *obtinere* ＜*ob*＋*tenere* to hold]

gain 获得,赢得,博得 [OFr *gaaignire* ＜Frank *waidanjan* to work, earn; 与 OHG *weidenen* to forage, hunt 有关]

earn 赚得,赢得 [OE *earnian*; 与 OHG *arnen* to reap, OS *asna* salary, tithe 有关]

secure 使安全,保障 [＜L *securus* free from care ＜*se* without＋*cura care*]

procure 取得,获得,达到 [＜L *procurare* to look after ＜*pro-*＋*curare* to care for]

win 赢(得),获得 [＜OE *winnan* to fight, endure, struggle]

关于词源中的构词,上面已举出了一些例子,如 Utopia,kumquat,secure 等,下面再举几例:

atheism 无神论 [＜Fr *atheisme* ＜Gr *atheos* godless＜*a*～[5]＋*theos* god＋ -ism]

iceberg 冰山 [Norw *isberg* ＜*is* ice＋ *berg* mountain]

当然,从以上例子也可以看出,对词源信息的标注是一件十分复杂的工作,所谓词源信息的"最大量",也是词典编者的良好初衷,其实有不少词的词源是十分难以确定的,尤其是涉及它们的具体时间时更是如此。读者要做的,主要是充分有效地利用已有的词源信息,或辨词解义,或区分同义词,或利用源词的前后缀或词素增强对英语词的分析能力,以利于英语的学习。

6.9 插图(illustrations)

所谓插图,是指用图画、图片等来更清楚地说明某一概念的定义。[①] 从本质上讲,插图主要是对于客观世界的说明,在性质上与百科信息相近,只是表现方式不同。既然如此,词典中为什么还要用插图呢?这主要取决于插图本身所具有的功能:插图的特点就是它的直观性、易接受性和简明性。如果词典中插图的内容读者熟悉,则插图可以通过其直观性使读者不必借助文字说明,将词和事物直接联系起来。如果插图所表示的事物对读者是陌生的,则读者读了文字说明后再看插图,可以对该词所表示的事物有更形象的了解,从而对该词的意义获得更深刻的理解,同时它对读者记忆单词也有一定帮助。此外,插图还可以向读者提供文字说明所不具有的直观信息,并能对词典产生一定的艺术装饰作用。[②]

除以上的特点和功用外,有的学者通过对《朗曼当代英语词典》(1987年版)500多幅插图的分析,总结了该词典插图的五种作用[③]:

一是解释某些用文字难以讲清楚的词。这类词包括鸟兽名称、运动项目名称等,如 parrot(鹦鹉), squash(壁球), bicycle(自行车)等。对这类词的释义往往需要很多笔墨,却不一定能让读者获得清晰的感性认识,插图正好弥补了这一不足。

二是对意义相近、容易混淆的词,插图可以起到辨析词义的作用。如 front(前部)的插图表明了 in front of (在……前面)与 in the front of(在……前部)的区别,而 ago(以前)词条下的四幅图画表明了它与 before(在……以前)是不同的时间概念。

三是说明语法概念。如 dress(穿衣)的插图表示出"He's getting dressed"(他正在穿衣)与"He's dressed in grey"(他穿着灰色衣服)中两种时态的差别。

---

① *Dictionary of Lexicography*, p.71.
② 杨景廉、王嘉民:《语文词典的插图》,《辞书研究》1983年第4期,第13—14页。
③ 陈燕:《浅议英语词典的插图》,《辞书研究》1987年第6期,第52页。

四是指明相关事物或概念。如名词 shoe(鞋)的插图绘出鞋的 14 种式样及相应的 15 种名称,动词 walk(行走)的图表列出了走的不同姿态及相应词汇。

五是显示动作或过程,如将 salute(行军礼)和 squeeze(拧)的动作表现得一清二楚,也将 swing(荡秋千)、dump(倾倒)、diffuse(扩散)及 press-up(俯卧撑)的过程描绘出来。

正因为插图具有上述功能,因此不少词典,尤其是英语语文词典已将其作为一种重要的方法加以使用。根据插图的形式和作用,有人将之分为"识别图"、"分解图"、"对比图"和"分类图"四种①,下面我们根据 Bo Svensen 的分类②,并列图予以说明。

6.9.1 单一事物(single object)

插图仅涉及所要说明的某一事物,如《剑桥美国英语词典》的 serrated(图 6-2),但若同一类事物中有许多种,而插图只说明一种,则须对之做出限定,如 chain saw(图 6-3),还有一种情况就是,插图要说明的仅是某事物的一部分,那么插图只需列出相关部分,而将其他部分省略掉,如 dormer(图 6-4)。有的插图还将某一事物的具体部分列举出来,如《牛津高阶》中的插图 angle(图 6-5):

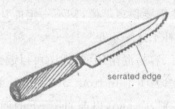

图 6-2　serrated

---

① 杨景廉、王嘉民:《语文词典的插图》,《辞书研究》1983 年第 4 期,第 15—16 页。
② *Practical Lexicography*, p.176.

图 6—3 chain saw

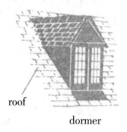

图 6—4 dormer

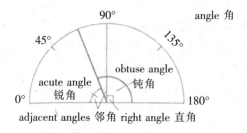

图 6—5 angle

6.9.2 同一类的几种事物

倘若某一类事物下面还有若干小类,插图可以将之放在一起加以介绍,如《牛津高阶》中的 barrel(桶)(图 6—6):

图 6—6　barrel

此外,有的词典还将同一类事物作为一类归并在一起以插图形式加以描绘,其优点是集中插图,可以让读者对相关事物都能了解,但应注意的是在各个词条中一定要有相应的参见指示,否则插图出现在词条位置以外,读者不易找到该插图的位置。例如《剑桥高级学习词典》中的 bar(图 6—7)和 drum(图 6—8):

图 6—7　bar

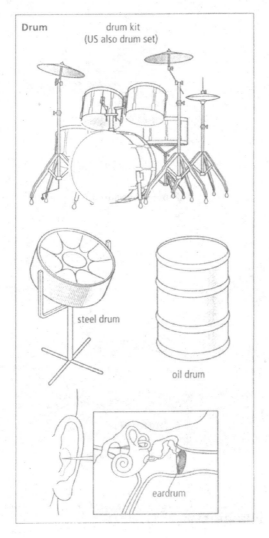

图 6—8　drum

6.9.3　在背景中表示某一事物

有的事物必须通过其背景才能更有效地加以表示,如《剑桥美国英语词典》中的 backpack(图 6—9)和 hammock(图 6—10):

图 6—9　backpack

图 6—10　hammock

6.9.4　运动中的事物

表示运动中的事物,除逼真地描绘其动作外,它常常和其背景联系起来使用,如《剑桥美国英语词典》中的 dunk(图 6—11),《牛津高阶》中的 archery(图 6—12):

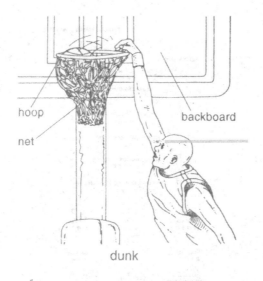

图 6—11　dunk

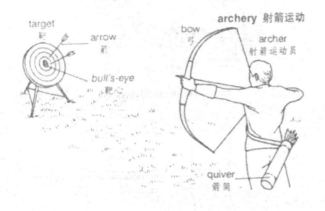

图 6—12　archery

6.9.5　学科中的基本事物或概念

有的词典对某些学科的基本事物或概念也给予了图示，如《牛津高阶》的 musical notation（图 6—13）和 quadrilaterals（图 6—14）：

图 6—13 musical notation

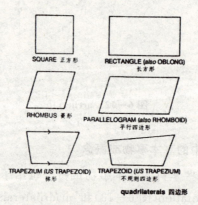

图 6—14 quadrilaterals

上面所引的插图主要是对名词的图示居多,这一点当然无可厚非,毕竟英语词汇中名词占了 41.9%[1]。但随着英语词典的发展,有的词典开始对动词、形容词、副词甚至介词也开始加插图,为插图在英语词典中的运用开辟了新的领域。[2] 不仅如此,《剑桥美国英语词典》甚至尝试着给英语短语和句子增加插图了,如 tossing the salad(图 6-15), She knocked the bottle over(图 6-16)等。

图 6-15　tossing the salad

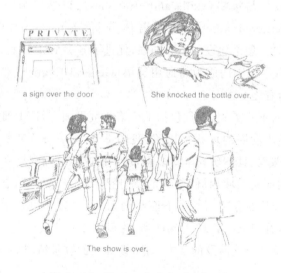

图 6-16　She knocked the bottle over

---

[1]　S. I. Landou, *Dictionaries：The Art and Craft of Lexicography*, New York：Charles Scribner's Sons, 1984, p.111.
[2]　陈燕:《浅议英语词典的插图》,《辞书研究》1987 年第 6 期,第 51 页。

6.10　词典编纂设计示例

前面我们用两章的篇幅讨论了词典的宏观结构和微观结构,重点放在英语单语和双语语文词典上。为了使读者更全面地了解宏观结构和微观结构的编纂设计,下面我们以学科性专科词典为例,具体讨论专门用途百科词典的编写,以期对这一问题有一更明确的认识。①

6.10.1　问题的提出

ESP(专门用途英语)自 20 世纪六七十年代初产生以来,历史虽仅三十余年,但它满足社会需求的宗旨由于顺应了历史潮流,因而获得了长足的发展:在这短短的三十多年当中,ESP 在理论上就已经经历了六个发展阶段:语域分析(register analysis)、修辞或语篇分析(rhetorical or discourse analysis)、目标情景分析(target situation analysis)、技巧与策略(skills and strategies)、以学习为中心的方法(learning-centered approach)和语体分析(genre analysis)(Alan Maley 1995)。理论建设的不断加强,促进了各类 ESP 课程的发展,使得 ESP 在世界范围内成为与通用英语(General English)并驾齐驱的两大教学内容之一。

与国外(不止英美,而且包括不少第三世界国家)ESP 理论研究与实际课程同步发展的现状相比照,我国 ESP 教学与研究的现状可概括为:具体课程、具体研究丰富多彩,理论研究急需加强。

具体到词典领域,我们所说的"理论研究相对薄弱",就是指从知识角度对 ESP 的介绍而言。下面我们以《英语教学语言学词典》(湖南教育出版社,1988 年 12 月第 1 版)为例来进一步说明这个问题。下面是 ESP 及其分支涉及的基本术语,该辞典的收录情况如下:

　　ESP 专用英语

---

① 6.10 的内容主要据《论 ESP 百科词典的编纂》一文(姜治文、文军,《外国语》1997 年第 6 期),本书收录时有删改。

ENGLISH FOR SPECIAL PURPOSES 的简称(第 125 页)

English for Specials Purposes（又作 English for Specific Purposes,ESP)专用英语

英语教学各有不同的目标,一般可以分为两种:(1)专用英语:在这种课程和教学计划里,内容和目的取决于学习者的特殊需要,例如学术英语(English for Academic Purposes),科技英语(English for Science and Technology,简称 EST)和护理英语等；(2)通用英语(English for General Purposes);以教授一般语言能力为目的,与专用英语不同。[参见:LANGUAGES FOR SPECIAL PURPOSES 参考:Robinson 1980](第 122 页)

EST 科技英语

English for Science and Technology 的简称。见 ENGLISH FOR SPECIAL PURPOSES。(第 125 页)

English for Science and Technology(简称 EST)科技英语
见 ENGLISH FOR SPECIAL PURPOSES。(第 122 页)

EBE 无此条

ESS 无此条

EAP 学术英语

ENGLISH FOR ACADEMIC PURPOSES 的略语。(第 115 页)

English for Academic Purposes(简称 EAP)学术英语
见 ENGLISH FOR SPECIAL PURPOESE(第 121 页)

EOP 无此条

从以上摘录我们不难看出,六个术语,该《词典》付之阙如的术语就有三个,达 50%；另外三个术语当中,EST 和 EAP 两条的引见均指向 English for Special Purposes 条,而该条又未对这两个术语的内涵

及外延做出进一步的解释说明,这不能不说是一个极大的遗憾。

有鉴于此,我们认为编纂一部 ESP 百科词典是我国双语辞书界的当务之急。

6.10.2 ESP 百科词典的宏观结构

6.10.2.1 词目的选择

ESP 百科词典的编纂,其目的是从理论及实践两方面涵括 ESP 教学及研究诸领域的成果,力图从 ESP 的宏观层次到各门具体课程的微观层次展示 ESP 的全貌,勾勒 ESP 的历史轨迹,总结其经验教训。根据这一编纂原则,我们认为它的收词范围至少应包含以下几方面的内容:

(一) 术语

术语是各门学科为确切表达本领域内的概念而创制和使用的专门词语,它们的意义通常能反映所研究事物的本质特征。[1] 就专门用途英语而言,前面所引的六个术语(如 EST,ESS 等)就是本领域最基本的术语。

(二) 理论

EST 的理论体系主要建立在对语言学、学习理论、教学理论、词典学、文体学、翻译理论等的借鉴与运用上,因此百科词典在编写时应收入相关学科的相关理论。但应注意的是,并不是各学科相关理论的下位术语、概念等均在收录之列,收目的遴选标准应为:对 ESP 的教学及研究产生过直接影响的相关理论以及阐释这些理论必须涉及的相关术语、概念等方作为词目收入词典。或许有人会提出质疑:这样一来,百科词典这些词条与其他学科如语言学词典同类词条的区别何在?关于这一点,我们将在下面 6.10.3 中阐述。

(三) 方法

ESP 中有一整套源于学习理论、教学理论同时又自成体系的教学方法,如 needs analysis(需要分析), target needs(目标需要), learning

---

[1] 戚雨村等:《语言学百科词典》,上海辞书出版社,1993 年,第 97 页。

needs(学习需要)等等,这些方法应在百科词典中得到完整的介绍。

(四)流派

如本章前面所述,ESP 发展到今天,已出现了六个大的流派。值得说明的是由于 ESP 在世界范围内发展不平衡,实际上这些流派仍同时在不同国家和地区运用于 ESP 的教学,因此对它们的产生、发展、特点等理应给予系统的介绍。

(五)人物

由于 ESP 出现的时间相对较为短暂,因此本词典收录的人物相对较少。对人物的遴选,似乎应遵循以下标准:1. ESP 流派的奠基人,如对"修辞或语篇分析"做出过重要贡献的 H. G. Widdowson 和 Louis Trimble;2. 对 ESP 分支学科的形成和发展做出重大贡献者,如 20 世纪 60 年代第一个系统论述科技英语的 C. L. Barbor;3. 对 ESP 教学实践做出过重大贡献者,如首先将"需要分析"用于 ESP 教学的 John Munby 等。

(六)著作

上面(五)涉及的几类人的主要著作,如 H. G. Widdowson 的 *Teaching Language as Communication*(Oxford University Press, 1978),Louis Trimble 的 *EST: A discourse approach*(Cambridge University Press, 1985)等。当然,虽未作为"人物"收录,但其著作对 ESP 或其分支学科的发展产生过重大影响的人物的著作,亦可作为词目收录。

(七)事件

本部分要收录的是对 ESP 的教学与研究的发展、传播等具有重要意义的事件,如国际会议、英美及其他国家或地区 ESP 项目的设立等。实例如每年一次的 A European Symposium on LSP(欧洲专门用途语言研讨会),The Brazil National ESP Project(巴西全国 ESP 工程),等。

(八)文献

主要收录对各种 ESP 工程实施细则的说明文件。这类文献的特色之一就是它们通常是由国家教育管理机构颁布实施的,如"巴西全国 ESP 工程"出版的 Working Papers,还如我国国家教委颁布的《大学英语专业阅读基本要求》等。

(九) 团体

收录 ESP 学术团体的相关情况,包括成立时间、宗旨、主要活动、秘书处地点等。本部分只收录国家级及以上的学术团体,如加拿大的 Business Linguistic Contre(商业语言中心),印度科学翻译工作协会(Indian Scientific Translators Association),中国科技翻译协会等。

(十) 刊物

收录由各种学术团体、出版社、教育机构等出版的 ESP 刊物,如美国 Pergmon 出版的 English for Specific Purposes (An International Journal),中国的《中国科技翻译》等,主要介绍办刊宗旨、主要栏目、出版周期、编辑部地址等基本情况。

上述收词范围只是一个基本的设想,容补正。在词目遴选过程中,我们应遵循的总的原则是:力图客观、公正、全面地反映 ESP 在世界范围内的产生、发展和现状。具体讲,就是在上述各部分词目的遴选中,不仅应收录英、美等国的相关内容,而且应该对第三世界国家尤其是我国情况立目介绍。

关于词目的选择,还有两点需说明:

一是缩略词也单独列目,如上述 EAP,EBE 等。但在处理上应注意一点,由于全名与缩略词均收入词典,究竟在全名条详释还是在缩略词条详释,词典通篇应保持统一。

二是上位术语与下位术语均同时作为独立词目收入词典。如 syllabus (大纲) 列目,the evaluation syllabus (评估性大纲),the organizational syllabus(组织性大纲),the materials syllabus(材料大纲),the teacher syllabus(教师大纲),the classroom syllabus(课堂大纲),the learners syllabus(学习者大纲),也分别列目。这样处理的目的是为了避免行文的臃肿,若上述下位术语均收在 syllabus 条下,按 6.10.3 下 Model 2 写出来,无疑会上万字,词条过长。

6.10.2.2 词目的编排

本词典以形式编排法中的文字序列法,即所收词目以字母顺序进行编排。与任何按字母顺序编排的词典一样,这样处理的首要目的是便于读者查阅。而这一点对本词典又具有颇为重要的实际意义:正如上文所介绍,ESP理论研究在我国从广度和深度上都亟待加强,如何尽可能方便读者自然是词典编纂应当考虑的要素之一。当然,这样编排的缺点,对一般语文词典而言是词目之间的语义联系脉络不清楚,对本词典而言则是相关术语、理论等的相互关系不明确——正因为上位术语与下位术语均收,如果没有恰当的补救措施,必然会使读者对它们的关系茫然无措。

我们设想,这一问题可通过词条末尾的"引见"或在书末附一份按概念系统编排的附录予以解决。

(一)"条末引见"

在相关词目末尾,可以用一定符号标注上位术语及所属下位术语,假设以▲表示上位术语,▼表示上位词所属的某一个或某几个下位术语,△表示几个下位术语间的相互参见,那么6.10.2.1中的例子所举之例可以表示为:

syllabus 条末引见:▼ the evaluation syllabus, the organizational syllabus, the materials syllabus, the teacher syllabus, the classroom syllabus, the learners syllabus

the evaluation syllabus 条的条末引见:▲syllabus。

△the organizational syllabus, the materials syllabus, the teacher syllabus, the classroom syllabus, the learners syllabus.

余类推,这样做的优点是读者查到一词,即可按图索骥,找到此术语相关的其他词条。其不足是每个相关词条均作类似"条末引见",重复较多,较占篇幅。

(二)为解决这一问题,也可用第二种方法,即在书末按概念系统编制一份"附录"。这样做的优点在于各类种、属概念一目了然,加上在第一词目后注明正文页码,读者亦可在正文中查到相应词条,但其缺点一是不方便,读者必须先查附录,才能找出这些关系,然后再回头去查正文;二是这种"附录"无法收录全部词条,因为有些词条,如人物,它们之间并不存在所属关系。

两种方法哪种更好,更具可操作性,抑或二者均可使用作为互补,尚有待于编纂实践来解决。但不论采用哪种方法,有一个先决条件是共同的:即必须在对 ESP 现有术语、理论、方法等全面系统研究的基础上,确定相关词目的上、下位关系;遇到界定不明或有分歧的划分,似可以文字表述在介绍/阐述中说明,存疑待析。

6.10.3　ESP 百科词典的微观结构

百科词典的微观结构较语文词典简单,它主要侧重于知识的阐述介绍。一般而论,百科词典的微观结构主要包括:

a. 词目;

b. 释文;

c. 介绍/阐述;

d. 引见(必要才设);有的百科词典还在词条末引见参考书目。

上述结构看似简单,但在实际操作中,仍有不少问题需要加以考虑:

6.10.3.1　介绍/阐述内容体例的相对统一

毋庸置疑,在词目选择妥当、释文的译文确定之后,对词目的介绍或阐释内容是百科词典最重要、最富特色的部分。由于百科词条涉及面甚广,如何对相关词条的介绍/阐述做出相对统一的规范,这是开编之前必须考虑的问题。否则,同一类词条的介绍或阐述编出来,叙述角度不同,叙述顺序各行其事,必然会影响词典的质量。

就 ESP 百科词典而论,我们设想,可依据本文第一部分收词范围内所拟定的 10 类分别制订叙述/阐述顺序的大致标准,以保证体例的相对统一。比如对"人物"一类词目,在给出汉译名及生(卒)年之后,介绍内容的顺序可拟定为:

Model 1:

a. 国籍及专业(如:美国语言学家;英国心理学家);

b. 简历;

c. 主要著作;

d. 对 ESP 的主要贡献。

再如对"理论"一类词条可拟定为:

Model 2:
a. 有无别名,如有,用"又称"指明(比如:target situation analysis 目标情景分析,又称 needs analysis 需要分析);
b. 基本内容/定义;
c. 与 ESP 的关系/在 ESP 中的运用。

这一类涉及语言学、学习理论等多种学科的各种理论在 ESP 中的运用。上面的"b. 基本内容/定义"就是指对相关理论在该学科基本内容的阐述,而"c. 与 ESP 的关系/在 ESP 中的运用"既是百科词典重要的遴选标准之一,同时也是本词典中的相关词条有别于它们在语言学百科词典等中的重要区别标准。换言之,这也是本词典的重要特色之一。比如"rhetorical discourse analysis"一条,在对基本理论做出概略的勾勒之后,在"与 ESP 的关系/在 ESP 中的运用"这一部分可作如下介绍:

> 本阶段对专门用途英语产生过深刻的影响。语篇分析所侧重的,是句子之间的意义是如何生成的。这是语言的结构/功能观(structural/ notional view)的一个合乎逻辑的发展,结构/功能观已经说明,意义并不仅仅局限于句子中的单词,句子出现的上下文对意义的产生也具有重要意义。
>
> 现以简单的"It is raining"这个句子为例,如果我们把它放在三段不同对话中,就可看出它的意义是如何变化的:
>
> Can I go out to play?
> It's raining.
>
> Have you cut the grass yet?
> It's raining.
>
> I think I'll go out for a walk.
> It's raining.

在上述各句中，It's raining 的命题意义（propositional meaning）相同，其中包含的意念也相同（现在时、中性），但它却满足了三种不同的交际目的。

第一段对话可能是父/母对孩子讲的，孩子要求出去，父/母的回答 It's raining，其实是对孩子要求的拒绝。第二段可能是夫妻之间的对话，It's raining 在此处的功能是解释原因或作为借口。第三段的该句则具有另一种功能，它可以被看做一种劝告和温和的警告，该对话可能在朋友间进行。

同样一句话在不同上下文中具有不同的含义。这种变化是由以下两种因素引起的：

第一种因素是社会语言学的上下文：谁在对谁说，为什么说。根据对话参与者关系的不同，他们说话原因的不同，意义都会发生变化。

第二种影响意义的因素则是语句在语篇中的相关位置。某一语句要依靠其前后的语句方能获得意义。我们可以将之称为语篇意义（discoursal meaning）。

例如，假设我们将上面第三段对话中的两个语句颠倒位置，它们就成了：

It's raining.

I think I'll go out for a walk.

这样一来，我们就抹掉了原对话劝告或警告的含义，同时也完全改变了原对话的逻辑含义。在原对话中，其隐含意义是下雨为反对出去散步提供了理由，而上面对话中下雨却成了为何出去的原因。由此可见，语篇中某一语句的相关位置会影响语篇的意义。

通过 H. Widdowson 及华盛顿派的推介，语篇分析与专门用途英语关系尤为紧密。将对语篇性质研究成果用于专门用途英语教学材料的方法有很多，下面是主要的两种：

(a) 能让学习者意识到某一材料与特定专业领域相关的层次。这些最有影响的项目是由 Candlin, Bruton 和 Leather (1976) 进行的医生、病人间交际（doctor-patient communication）

的分析。

(b)语篇分析在专门用途英语中的第二种运用方法是通过材料完成的。这些材料意在解释正式书面文章中句子的相关位置是如何产生意义的。这成了许多专门用途英语教科书的主要特色,这些教科书的目的都是想通过对句子在文章中如何组合进而产生特定意义的分析来建立一套知识体系(Allen and Widdowson,1974)。尤为值得一提的是,这种方法还导致了现在可以在许多专门用途英语材料中发现的文章诊断练习(text-diagramming type of exercise)。这种方法的最终目的,是想通过让学习者认识到一篇文章的隐含结构以及语言是如何被组合进而创造出这种结构的分析,让学习者成为更为有效的阅读者。

当然,以上只是一种初步的设想。但循此设计,对其他几类词条内容也进行相对的规范是完全可能的。同时,随着词典素材的增加和对各类词条关系认识的加深,各类词条介绍内容编写模式是完全能够更臻完善的。

6.10.3.2 知识的参照

上面曾讨论过词条"条末引见"的问题。上位术语与下位术语的相互引见当然是阐明词条关系的重要内容,但在百科词典的编纂中,知识的参照远不止这些问题。比如 Model 1 介绍"人物"时,需介绍其"主要著作";一般而言,某位收入词典的人物,其代表作是应该作为另一个(或几个)词条也收入词典的,因而必然会出现知识参照的另一类问题:词典对相同信息分布的处理。也就是说,对同一信息,何处谈详述、何处谈简述、何处只需提及?它们又如何引见?对上例,按通常的做法,在"人物"条中需提及主要著作名称,对另外作为词目收入词典的代表作用"条内引见"方式,以置于右上角的 * 号表示可以在本词典中查到对该著作的介绍。类似的问题,在词典编写的全过程中都会遇到:如 Model 2 所给出的例子中,可作"条内引见"的至少有 structural/functional view, propositional meaning, doctor-patient communication, text-diagramming type of exercise 四处。对这四条另行立目进行阐述,我们会发现另一个问题:这四条若均按 Model 2

进行描述，structural/functional view 和 text-diagramming type of exercise 两条还适当,而 doctor-patient communication 则直接与"ESP 的运用"挂上了钩;若再撰写 propositional meaning 条,我们会发现它并不能作为一种独立的理论对 ESP 产生直接影响,换言之,我们无法从 ESP 角度对之进行介绍,而这种介绍又是必须的。仅由上二例,我们又可引申出"理论"类词条下的另外两种类型:

Model 3 只介绍该词目在本学科中的定义/基本内容;
Model 4 只介绍该词目在 ESP 中的运用。

Model 4 类词目,本词典自然该全部收录;但对 Model 3 如何确定收目标准,如何取舍介绍内容,无疑是应当在开编前解决的又一难题。

以上所列,只是词典编纂中知识参照的部分问题,如何在词典中建立"参见"网络,并真正做到"减少重复,节约篇幅,避免矛盾,前后一致,互相印证,相互补充"[①],确实还需要艰苦细致的劳动。

上面我们从几个方面论述了百科词典的编纂,但在真正进行词典的编写之前,我们必须对这项工作的艰巨性和复杂性有清醒的认识:

首先,正因为这种词典迄今国内外似无先例,而事实上它又必须成为对 ESP 近三十年在世界范围内发展历程的经验总结和相关学术理论等的概略介绍,因此,开编以前如何最大量地占有各类资料,这是编写词典的先决条件。

其次,在占有充分资料的前提下(或同时),如何组织队伍对这些资料进行研究、归纳,进而遴选出全面、权威、准确的入选词条,这是编好词典的基本要求。

第三,在上述基础上如何组织高水平的参编队伍高效、有序地进行词条撰写,做到既分工,又合作,这是词典质量的重要保证。当然,在词条撰写投入实际运作之前,与词典体例相关的词条顺序、介绍阐述程序(各类词条撰写"模式")、编排方式、文体要求、各类略语、符号、代码乃至字体字号都必须给出比较缜密完善的要求。

[①] 陈楚祥、黄建华:《双语词典的微观结构》,载张后尘主编《双语词典学研究》,高等教育出版社,1994年,第 124—125 页。

上面三点仅仅是对词典从准备到编写过程中应该做到的工作的粗略阐述。可以肯定,词典编写中要碰到和需要解决的问题要多得多、具体得多、复杂得多。

6.11 小 结

本章对词典"微观结构"的构成和其主要成分作了简要介绍。需要说明的是,本章介绍的内容主要是以语文词典为主,实际上由于词典类型的差异,读者对象的不同,上面九种成分往往是可以有所增删的,如科技语词汇主要以词目词及释义为主。自然,以上的成分构成也属一种开放性框架,其中哪些可保留,哪些可删减,哪些需加强,还有哪些内容需增加,以期成为"词典参数的最佳结合"[1],则仍有待于不同编者根据不同词典类型和不同读者加以确定。本章 6.10 以学科性专科词典为例,具体讨论了专门用途英语百科词典的编纂构想,意在使读者对专科词典的编写以及词典编写的计划阶段有一个粗略的了解。

此外,微观结构作为一部词典的"血肉",是词典内容得到丰富体现的关键部分,正如本书第五章"小结"所言,与宏观结构相类似,词典的微观结构也是容易出现瑕疵的部分。如有人曾对 *Collins COBUILD English Language Dictionary*(缩写为:CCELD)的微观结构进行过分析,在充分肯定该词典的成就和贡献的同时,也指出了它在微观结构上存在的不足:注音上未对辅音音素在词语的不同位置及与不同的辅音或元音组合时所形成的具体特征加以描述;在惯用法和同义词辨析上几乎没有改进;释义上都是句子释义,略显呆板,等等。[2]

---

[1] 郑述谱:《消极词典与积极词典》,《辞书研究》1990 年第 1 期。
[2] 贾冠杰、向明友:《论 CCELD 的微观结构》,《辞书研究》1999 年第 3 期,第 120—126 页。

第七章

英语词典的评论

对词典的评论,可以说与词典共生。① 所谓词典评论,指针对词典编纂过程、作为产品的词典、词典的社会功能等进行的评价。它既可是理论性较强,概况度较高的总体评论,也可是针对某一部词典,甚至某一词典的某一问题进行评析。Bergenholds 对丹麦专科词典的评论进行的统计似可说明这一问题。② 如下表(见表 7-1):

表 7-1 专科词典评价范畴目录

评价范畴	详细评价	简要评价
使用者	19	19
词典功能	26	14
价格	7	7
版面设计	16	8
编纂者	4	5
与其他词典对比	17	3
词典史	0	1
作为其他词典的参考	4	0
实验方法	12	3
外在部分	20	16
词目选择	101	26
词目编排	10	2
规范化	2	0
对等翻译	76	13

---

① R. R. K. Hartmann, *Teaching and Researching Lexicography*, p. 47.
② *Manual of Specialized Dictionary*, p. 234.

语法信息	27	4
拼写	3	2
读音	0	0
百科信息	35	17
跨系统信息	34	9
历时性信息	0	0
例句	13	2
搭配	14	2
插图	0	1
同义词与反义词	20	3
肯定性总体评价	12	14
否定性总体评价	7	1

表 7—1 所涉及的评论项目达 26 种,评论的文章也多达 651 篇,它说明词典评论涉及的领域颇为宽广,内容十分丰富。当然,这并不说明词典评论已经完全成熟,实际上它值得研究的问题还有很多。

7.1 词典评论的现状

关于词典评论,*Lexicographica International Annual*(No. 9/1993)曾发表七位欧洲学者和一位美国学者的研究成果,对词典评论的现状是一个较好的诠释[①]:

1. Bergenholtz 和 Mogensen 通过丹麦对单语通用词典、双语词典和技术词典的 200 篇评论文章的分析,指出了这些文章的弱点,并就批评性评价如何使目标群体(如使用者、教师、词典编纂者及出版者)受益,提出了具体的建议。
2. Fuentes Morán 通过语料库对五种西班牙期刊中对 57 部词典的评论进行了研究,并得出结论:所有评论文章在数量和质量上差异颇大,其中很多文章缺乏依据词典学原则和词典学研究成果而建立起来的客观评价标准。

---

① 转引自 R. R. K. Hartmann, *Teaching and Researching Lexicography*, pp. 49—50.

3. Höppner 通过对 1957—1986 年杜登拼写词典及其七版在西德的 71 篇评论的分析,指出了报纸上的"普通"评论和学术期刊上的"学术"评论间存在显著的差别。

4. Rossenbeck 从瑞典人的角度,依据两条语言测试的标准——"信度"和"效度",对 83 篇通用双语词典、教学双语词典和技术双语词典的普通评论和学术评论进行了研究,结果表明,符合这两条标准的评论文章屈指可数。

5. Morrello 的研究集中在大众报纸上对意大利单语词典及其封面的分析上,该分析主要选择词典评论文章的若干要点,结果发现这类文章对词典出版商的广告宣传有极大的依赖性。

6. Koukkunen 对芬兰 17 世纪以来的两部单语通用词典和 28 部双语通用词典进行的评论作了系统的研究。

7. 美国词典学家 Steiner 专门选择了一些专业期刊如 *American Speech*,*The Modern Language Journal*,*Verbatim* 和 *Dictionaries* 作为研究对象,以证实当代词典评论中的缺陷。他得出的结论是:词典编纂正处在职业化的进程之中,期望词典评论也能职业化。

以上的资料虽出版于十余年以前,但类似的情况在词典评论领域依然存在。① 上面是国外的状况,那么我国双语词典评论的情况又如何呢?

我国解放后双语词典的评论,自《翻译通报》发表《对〈综合英汉大词典〉的一点意见》(1951. Vol. 2,No. 6)迄今已是硕果累累,据不完全统计,到 2000 年,我国已发表关于双语词典评论方面的论文三百余篇(这还不包括许多报纸上的评论文章),② 其内容颇为丰富:有对某本词典的介绍,有对已出辞书的商榷,有对拟编新类型词典的构想,有对同类词典的比较……特别值得一提的是,我国双语辞书界的专家学者积极参予了对"王同忆现象"的批判,对王所主编的《英汉辞海》、《法汉科

---

① R. R. K. Hartmann, *Teaching and Researching Lexicography*, p. 48.
② 统计依据:《二十世纪中国辞书学论文索引》,上海辞书出版社,2003 年。

技词汇大全》等进行了透辟的分析与批评,[①]弘扬了学术正气,树立了褒优惩劣的良好风气。而针对王同忆的另外一本《语言大典》,上海辞书出版社专门出版了一本评论文集,[②]收录了64篇文章,对该词典进行了全方位的评析,内容涉及词典编纂的宏观结构、微观结构、社会影响等方方面面,这些评论虽然针对汉语词典,但对于澄清词典编纂中的基本理论问题功不可没。

但是,综观双语词典的评论文章,像陈楚祥所著《词典评价标准十题》[③]那种视野宽阔、理论凝炼的文章确乎不多见,大多数评论文章没能跳出技术性评论的圈子,主要表现在几个方面:

第一,对某本词典的一般性介绍较多,而这些介绍以赞誉居多,使词典批评失去了批评的锋芒。

第二,就词典评词典者居多,笔墨主要集中于某一词典的微观结构,批评视野狭窄,缺乏广度。

第三,泛泛的评论居多,理论归纳不够,缺乏深度。其结果是使我们的词典评论细腻有余而厚重不足,赞誉有余而中肯的批评不足,具体细节的评判有余而具有理论深度的批评不足。[④]

由此可见,国内双语词典评论的现状与国外是基本一致的。总体说来,词典评论最大的缺陷在于"系统的、国际通用的评价词典的标准"[⑤]尚未建立。但这绝不是说,词典学家们在此领域就毫无作为,下面就对相关的研究做一简介。

7.2 对词典评论标准的探讨

关于词典评价的标准问题,中外不少学者都发表过不少卓有见地的观点,有的甚至提出过较为系统的评价标准。如中国学者杨祖希认

---

① 如黄建华:《从〈法汉科技词汇大全〉变劣质大词典》,《辞书研究》1994年第1期。
② 《发人深思的笑话——〈语言大典〉短评集》上海辞书出版社编辑出版,1995年。
③ 陈楚祥:《词典评价标准十题》,《辞书研究》1994年第1期。
④ 姜治文、文军:《关于拓展双语词典批评领域的思考》,《外国语》1998年第6期。
⑤ R. R. K. Hartmann, *Teaching and Researching Lexicography*, p. 48.

为,对辞书的评估应从七个方面进行①:

1. 评估辞书,似宜提到比较辞书学的高度
2. 评估辞书,似宜建立可比性和不可比性、借鉴性和不可借鉴性这两对范畴
3. 评估辞书,似宜分清合理的不纯和不合理的不纯
4. 评估辞书,似不宜忽略政治标准和思想标准
5. 评估辞书,似不宜以权威性作为标准
6. 评估辞书,应坚持实事求是的态度
7. 走一条具有中国特色的辞书评估道路

随后的1994年,陈楚祥又以《词典评价标准十题》为名,对词典评论发表了进一步的看法。2003年,《辞书研究》第1期发表了一组五篇文章,内容涉及辞书评论的宏观理论、批评工作者的职责和素质、辞书评论的作用及其发挥以及评论在辞书学中的作用等。同年,又有学者对辞书的评价标准从五个方面进行了阐述:科学合理的逻辑结构、浑然一体的知识结构、得心应手的释义功能、与时俱进的编纂特色、精美典雅的外观设计。②

在国外,也有不少学者对词典评价标准问题进行了研究。如荷兰词典学家阿尔—卡西姆提出了一套编写和评价双语词典的标准,该标准包含三大部分:目的、内容和版式。具体内容如下③:

1. 目的

1.1 目的的单一性

1.11 词典的服务对象是使用释目语的人还是使用条目语的人?

1.12 词典主要收集书面语还是口语?

1.13 词典用于帮助理解语言还是帮助运用语言?

1.2 现代性

1.21 词典是否收入了反映最新文化发展的词汇,诸如"telstar

---

① 杨祖希:《辞书评估问题的补充意见》,《辞书研究》1990年第5期,第79—84页。
② 何华连:《辞书质量的评价标准》,《辞书研究》2003年第3期,第82—90页。
③ 阿尔—卡西姆:《我们研究的结果——辞典编写和评价的标准》,沈允译,《辞书研究》1979年第2期,第159—162页。

（通讯卫星）"，"busing（跨区校车接送）"以及"videotape recorder（磁带录像器）"？

1.22 词典中是否体现了当代语言学家在音位学、语法学和语义学等方面的新进展？

2. 内容

2.1 正文前的说明

2.11 引言：引言中是否指出了下列各项：

(1) 词典的目的

(2) 词典的收词来源

(3) 编纂方法

(4) 作为词典基础的语法理论

(5) 所收的词和词义

(6) 词条中提供的各种信息

2.12 语言的历史：条目词语言的历史发展及其与别种语言的关系在词典中是否得到了反映？

2.13 条目词的语音系统

(1) 是否有对该语言各音位及其变体分布的介绍？

(2) 是否有该词典所采用的标音系统的说明？

(3) 是否有标音符号表，并在每一个音标后面有人所共知的两三个词作为例子？

2.14 条目词的语法

(1) 语法中是否包括了条目的词法和句法体系的概貌，是否清楚地指出了范畴（及次范畴）并说明了其间的关系？

(2) 是否对派生新词的方法有一个系统的、举例说明的描述？如对复合构词法、加缀构词法、零缀构词法及重造构词法等。

2.15 书写：正文前的说明中是否包括了条目词书写系统的概述、拼写规则及其例外？

2.16 词典使用指南：是否有一个指导读者正确使用词典的指南，包括对缩略词、词典编纂的各种规则及一些特殊方法的说明在内？

2.2 词典的正文

2.21 体例

(1) 拼写:各词的不同拼法是否按字母顺序排列在适当的地方并引见主词条?

(2) 切分:词典是否恰当地提供了各条目的切分(用连接号或用切分点)并指出了一个词在移行时如何切分?

2.22 条目词

(1) 词素是否也作为独立词条排入词典?

(2) 词条头是否把各项标注都列举无遗?

(3) 词条中是否包括了熟语和双成分动词(two-word verbs)?

(4) 文化方面的材料,如人名、地名以及文学作品的专名是否也列为词条?

2.23 语音材料

(1) 条目词及其例证是否都标音?

(2) 词典所采用的标音系统是否简明、全面而且准确?

(3) 词典所采用的标音系统是否也标出了超音段音素?

2.24 语法材料:词典是否包括了:

(1) 条目词的形态结构?

(2) 条目词的各种形态变化,如时态、格和性?

(3) 条目词的句法功能?

2.25 语义材料

(1) 词的主要词义是否均已收入?

(2) 词典是否对每一词义力求采用合适的等值翻译?

(3) 对一些等值翻译是否在必要之处加了语言和文化方面的注释?

(4) 是否在必要之处用使用者的语言作了词义辨析?

(5) 是否指出了同该词之间的派生关系?

2.26 习惯用法

(1) 各种语言习惯的标注(如"规范的"、"非规范的"、"诗")定得是否精确?

(2) 词典是否使用了诸如"蔑"、"粗"、"秽"等社会性标注?

2.27 例证

(1) 每个词义下面是否都引用了一个例证?

(2) 所引例证是否能代表条目语使用者的文化水平？

(3) 所引例证是否全部译成词典使用者的母语？

(4) 例证是否言简意赅，即能说明词的用法？

2.28　图例

(1) 图例是否有系统地编排在词典之中，也就是说，在用图例可以比单给等值翻译更明晰地表明词义的地方是否都加了图例？

(2) 图例选择得是否符合实际并能起到说明词义的作用？

2.29　词源：条目词和释目词之间互借的词的词源是否都在词典中指出了？

2.3　附录是否具备有关条目语文化中一般最常查找的附录项目，诸如：

(1) 币制

(2) 度量衡

(3) 温度系统

(4) 主要的教育机构和政治机构的名称

(5) 地图

3. 版式

(1) 词典的装帧是否精美悦目？

(2) 各页的印刷是否完善？词目的印刷是否醒目？

(3) 印刷错误是否降到了最低限度？

此外，Nakamoto 还在题为"Establishing Criteria for Dictionary Criticism: A Checklist for Reviewers of Monolingual English Learners' Dictionaries"的学位论文中，提出了一套针对学习词典包含对27条宏观结构和26条微观结构的评价标准，另外作者还阐述了21条评论重点，论述了13位评论者的地位。在宏观结构的评论要点中包含出版详情、词典作者、内容（包括前面部分、后面部分和使用者信息），而微观结构的评价要点包含词条结构、涵盖的信息类别、插图（如果有的话）以及参见系统。[①]

[①] 转引自 R. R. K. Hartmann, *Teaching and Researching Lexicography*, p.55.

既然相关研究者在词典评论标准上已做了很多工作,为什么词典评论的现状如 7.1 所述依然难如人意呢？其原因多种多样,简单讲大概有主客观两大因素：从主观上讲,评论者的理论素养、个人好恶、欣赏习惯等都会对评论视角产生影响,更何况由于商业运作等的操纵,使词典评论"表扬"多于"批评"也不是天方夜谭。再从客观上讲,由于词典编纂本身的复杂性、种类的多样性,再加上读者需求等,使得评论工作本身变得异常繁复。评价标准的提出,有利于评论者寻找相关的视角,选取一定角度来进行评论,若要全盘按评价标准去做,事实上很难操作：如前阿尔—卡西姆的标准体系就包含 3 大项,21 小项(下面还包含诸多子项),哪怕仅对一部词典(中型词典如 Cambridge Advanced Learner's Dictionary)进行全面评论,仅就篇幅而言,就会令评论者望而却步了,更何况许多评论文章所涉及的词典还不止一部(如词典比较研究)。因此,在继续进行词典评论标准研究的同时,进一步明确和扩展词典评论的范围,对词典评论的发展当是大有好处的。

7.3　词典评论范围的拓展[①]

　　这里的拓展词典评论的范围,是相对于 7.1 提到的我国双语词典评论"就词典评词典者居多,笔墨主要集中于某一词典的微观结构,批评视野狭窄,缺乏广度"而言的,因此下面的词典评论主要指双语词典评论。

　　拓展双语词典批评领域,有利于增强词典批评的针对性、指导性,以充分发挥其批评导向作用,这是双语词典界的当务之急。下面从三个方面论述双语词典批评领域,以建立更臻客观全面的双语词典批评体系。

---

　　① 本节内容主要依据姜治文、文军:《关于拓展双语词典批评领域的思考》(《外国语》1998 年第 6 期)一文,并略有修改。

7.3.1 描写性评论

即从词典编纂过程的角度，结合词典编纂动机、使用对象、词典宗旨、组织分工等对词典进行描写性评论。

这一部分主要涉及词典编纂过程，它包括从拟编一部词典的初始动因到完稿定稿的全过程。国外有人将之称为"词典工程"（dictionary project）（Svensen，1993）。通常，它包含以下几方面：

1. 该词典工程的动机与依据；
2. 确定需要；
3. 初步计划；
4. 修改计划；
5. 准备样条；
6. 确定最终计划；
7. 词典的完成。

第1点涉及编者的主观愿望与客观条件。从编者的动机看，大致可分"理想型"与"实际型"。所谓理想型，是指编者确乎出于责任感、使命感，欲填补词典领域空白，成就一番事业，为跨文化交流做一份贡献；"实际型"则指完全出于实用目的，或为评职称、或为获取酬劳，甚或出自沽名钓誉的心理而为之。当然，仅有主观愿望不行，它必须有相应的客观条件支持，这里的客观条件一指编者个人的条件，即编者的能力，一指社会条件，即出版的可能性。否则，即或编者愿望再崇高，最终只会是眼高手低；若不能出版，也只是废纸一堆。

第2点"确定需要"指确定该词典的使用对象。我们知道，试图在一部词典中解决所有问题的时代已经过去，当今现实生活中的诸多问题都是靠各种不同类型的词典去解答的，确定词典的使用对象，就是确认词典宗旨，就是确定词典特色。

第3至6点的"初步计划"到"确定最终计划"，涉及开编前的一系列研究工作和准备工作，这里的"计划"主要包含两方面的内容：一是在确定使用者的前提下，对词典编写内容的一再修改确认，它包含编写宗旨、编写内容的遴选、宏观结构、微观结构（直至准备出足够参编者参照执行的"样条");这些工作,根据词典容量的大小,可以由主编一人完成,也可由主编会同相关人员讨论修改完成。"计划"的第二层含义,是指在有诸多参编人员时对词典编写的组织分工及词典编写进度的把握。

词典的编写计划(含义1)对词典的质量具有决定性的作用。可以毫不夸张地说,这一阶段的准备工作充分与否,考虑全面与否,直接决定了词典的优劣。词目选择不当,体例稍有不统一,哪怕标点符号的疏漏,都会给词典造成直接的影响,即使编写过程中发现,要更改也麻烦无穷。而在词典史上,因词典编写计划不周而造成的遗憾最典型者,当数荷兰语词典 WNT,它动工于1864年,迄今尚未竣工。其症结在于每换一位主编,编纂内容就做一次调整,结果弄得每次几乎推倒重来,费时费力。计划(含义2)对词典的最终按时竣工有着重要意义。我们知道,词典当然不等同于新闻,一部词典尤其是大型词典,往往需要几年甚至数十年的不断努力,但这并不意味着词典编写可以无限期地拖延,与此恰恰相反,它需要严密的组织、精细的分工,并要求参加者有严格的时间意识。因为归根到底,词典是一种文化产品,它只有在出版后,向社会发行后才会产生相应的效益。在现实生活中,由于主编组织不力而导致词典流产之事时有所闻,因此⑦词典的完成就要求开编后应当有相应的检查督促措施,并建立相应的反馈修正机制,一方面保证按时完成词典编写,另一方面能及时、统一修正词典编写中的问题。

了解上述词典编写过程,对词典评论者的启迪意义主要表现在以下几个方面:

1. 编者动机似乎是词典评论中较难把握的部分,因为哪怕是劣质词典的编者也绝不会承认那些难以启齿的动机的。但事实上,动机纯正与否,确实会对编纂宗旨、编写态度、编写内容产生决定性的影响,进而在词典中反映出来。比如《英汉辞海》,倘若真正如王先生所宣称的"为了国家和民族的利益",那就绝不会仅依据《韦氏三版》,以"翻译加拼凑"的办法凑满50万条来愚弄读者。对于编纂动机,事实上我们可以从不少词典的"前言"或"序"中寻找到蛛丝马迹。当然,对编者所声称的动机与目的,仍需作客观分析,有的可能是词典内容与所称目的一致,有的则完全可能是词典内容与所称目的截然相反(《英汉辞海》就是一例)。

2. 对使用者的认识、认证过程,势必会对后面的计划及分析产生巨大影响。不难想象,一部词典开编之前若对使用者没有一个清楚的界定和明确的认识,其结果只能是像《法汉科技词汇大全》编入"生活词汇和一般用语"甚至俗词一样,名实脱节,非驴非马。①

3. 编纂者的主观动机再好,对使用者的调查再透彻,这一切都必须在编写宗旨中反映出来,方有实际意义。因此评价一部词典,对其宗旨的考证占有重要地位。我们应当依据某词典本身所确立的宗旨,依据其性质、对象、规模的差异,来评论该词典在收词立目、义项划分、释义举例的不同及其贴切性如何(至于这一宗旨的是否合理,当另作评价)。而该词典体例是否统一,参照是否严密,实质上可以从一定程度上反映该词典准备工作是否充分,组织工作是否完备。

对许多评论者而言,由于缺乏主持词典编写或参加主持词典编写的经历,因而对一部词典前期一系列准备工作不甚熟悉,评论起来有一定难度,这也可能是这方面的评价文章相对较少的原因之一。但事实上,主持过词典编写工作的相关编纂经验的介绍总结时可见诸各类文集,其他的暂不论,光是第二届双语辞书研讨会论文集《双语词典学专集》②一书就收入八篇这类文章。它们都是主持其事者的宝贵经验总结,评论者可以通过这类文章,更深刻地领悟词典编纂过程的精确性与复杂性。倘有人愿将近五十余年这类总结词典编纂经验的文章进行系统研究,并与相关主编、编辑等联系,通过各种方式的调查问询,对这些经验分门别类进行归纳总结,将是一件非常有意义的工作:它能拓宽评论者的视野,从动机开始探究词典编纂的全过程,并且弄清各阶段各因素的相互作用与影响;更重要的是这一工作可以为现在及今后从事词典编纂者提供系统、全面、细致周详的参考,使他们加倍注意编纂的每一环节,进而从根本上提高词典质量。

---

① 黄建华:《从〈法汉科技词汇大全〉看劣质大词典》,《辞书研究》1994年第1期。
② 黄建华、陈楚祥主编:《双语词典学专集》,四川教育出版社,1998年。

7.3.2 具体评论

指从编纂质量、校对质量、装帧设计质量、印装质量诸角度,对词典进行具体评论。

本部分是对词典出版以后的评论。兹分述如次:

1. 编纂质量:主要涉及对词典宏观结构、微观结构等的评论,包括:对词典收词是否合理的评估,对条目安排是否科学、针对性是否强的检核,对义项划分层次是否清楚、条理是否分明的评价,对释义是否等值的判别,对例证是否有效、是否实用的评定,对注释是否具备一贯性、系统性的推敲,对术语及符号是否标准的确认,对参见是否严密的检验,对检索是否便捷的论证,等等(陈楚祥,1994年)。

对任何双语词典而言,收词、立目、义项、释义等都是不可或缺的要素,对它们的处理及编写,从根本上决定了一部词典的质量。即或开编前计划周详,安排周密,若不能在上述各要素中反映出来,任何计划都会落空。因此,对上述要素的具体评论,是词典评论的基石:它可以从不同角度切入,对词典进行多视角的分析,以翔实的具体事例对评论的结论给予支持,以理服人。

2. 校对质量:校对质量一直是困扰我国图书出版界的问题,双语词典也不例外——"中国辞书奖"的评审中就有因校对差错超标而遭淘汰的词典。词典评论应将此纳入自己的批评视野,其重点不在于指出差错的结果,而在于其成因:如责任心问题、技术性误差、计算机录入造成的问题等。

3. 装帧设计质量:词典作为一种文化产品,装帧是否美观大方,内页设计是否醒目,对词典的发行销售亦具一定的影响。

4. 印装质量:词典印刷是否清晰,有无倒页、错页、漏页,这些都会对词典的总体质量产生影响。

上述2、3、4条或许更多的并不属于词典编者所能把握的范畴,它们是出版社、印刷厂的责任,但出版后的词典是一个有机的整体,词典的质量也必须靠各个环节来予以保证。因此,词典评论有责任对各个环节都予以关注。

但我们必须清醒地认识到,以上由动机起至对词典的多方面评价,总体上还只是就词典本身相对封闭的系统进行的评价,要从客观上评论一部词典的价值,就有必要将该词典置于整个双语词典体系中,通过历时与共时的比较,对被评价词典定位定性。

7.3.3 定性评论

指以历时分析、共时比较的方法,结合双语词典选题、编纂、出版的现状对词典进行定性评论。

自公元前2340年,第一本苏尔美语—古阿卡德语双语词汇对照表问世后,双语词典由单一的词汇对照发展为多功能、多栏目的语文词典,其品种也由少而多,形成了整个词典大家庭中最繁多庞大的家族。对双语词典产生、发展、演变脉络的把握,有助于评论者从纵向角度为被评事物定点定位。而所谓共时,它至少应包含两方面的内容:一是时间,二是地域。历时、共时比较,从地域上讲,应包含国内外双语词典的比较,对这一点,由于语种等诸多因素,对一般评论者而言并不易做到(除非他至少掌握了两门以上外语或与人合作);而从时间上讲,它应当包括已出版的所有双语词典(历时)、正在编纂中的词书项目以及已经规划的双语词典选题。当然,对后两点,有赖于评论者的信息来源,但对已出版词典的了解则是完全必要的。

采用历时分析、共时比较的方法,其意义在于它给词典评论者提供了鉴别某本词书价值的依据,通过回答以下问题,我们可以对该词典做出属优质、平庸抑或是劣质词典的定性结论。这些问题是:

1. 该类词典以前是否出版过?
2. 若已有同类书出版,本书与它们有何异同?

对第1条通过比较得出的结论是显而易见的:该词典具有创新意义(当然应辅以对该书宏观结构、微观结构的具体评析,说明其新在何处);第2条则应以对同类书的比较为基础,具体分析哪些方面属该书的创新,哪些属于继承,其特点究竟有哪些。这一类需充分运用比较方法来进行研究,它还需结合编纂质量进行具体分析。

这种定性评论是对欲评词典在整个双语词典体系中的一个定位:

它是属于新创的词典种类？抑或是词典编纂上特色突出的词典？抑或是没有新意的平庸之作？甚或是"剪刀加浆糊"的劣质产品？

通过历时及共时比较评价得出的定位，可以为词典评论奠定客观公允的基石，可以帮助评论者避免滥加褒扬（别有用心或视而不见者、不负责任地乱戴高帽如"词典大王"、"超韦伯斯特"之流除外）或横加指责，进而使词典评论成为提高辞书释疑析难的答询力、社会需求的适应力、文化市场的竞争力，进而推动辞书编纂工作良性发展的重要工具。

关于上述三部分评论内容，截止目前，我国似以第二部分对词典编纂宏观结构、微观结构评论的文章居多。这类评论当然是必不可少的，对编纂宗旨的验证、词典框架的评判、词典内容的准确贴切等的评价，都有赖于这类评论作具体说明。就是第三部分对词典的定位，亦需这类具体研究作为基本素材。因此，上述三部分评论是互相补充的关系，它们分别从双语词典准备阶段、出版后词典作为相对独立的封闭系统、该词典在双语词典体系中的位置几个角度对词典进行评价，以期对双语词典做出更臻全面的批评，推动双语词典事业的发展。当然，我们不能要求每一篇词典评论文章都从上述三方面进行全方位评述，各类评论各有侧重，这是可行的，也是必要的。但从我国评论现状看，对双语词典准备阶段及对词典定位的评论似应加强。

7.4 小　结

本章主要讨论了词典评论的现状、词典评论标准的探讨以及如何扩展双语词典的批评范围等问题。就词典评论的现状而言，可以看出在此领域确实要做的工作还有许多，词典评论离"职业化"的距离还相当大。其目标，正如 Hartmann 所说，是要将词典评论置于更客观的基础之上，以建立词典评论学（metacriticism）。[①]

[①] R. R. K. Hartmann, *Teaching and Researching Lexicography*, pp. 53—56.

英语词典的使用者研究

所谓使用者研究(user's research),指针对词典的最终服务对象——读者的需求,进而反馈在词典编纂或词典修订中的过程。使用者研究从时序上讲,通常发生在词典开编之前,编者常依据对使用者的调查结果,确定词典的编纂宗旨、收词范围等,以尽量满足使用者的需求。但与此同时,使用者研究又是一个持续的过程,词典出版后,出版者及编者常会依据对使用者的调查,依据市场的变化,依据读者的意见等对词典进行修订,这就是国外诸多词典为何每隔几年便修订一次的原因。

使用者研究在词典学研究中的地位无疑颇为重要,因为说到底,词典毕竟是一种商品。既是商品,满足使用者的需求就是首要前提。但词典又不是一般的普通商品,它负载着许多词语信息、知识信息、文化信息……它还负载着传播知识、规范语言、解惑释疑的功能,因而引起社会关注,吸引公众瞩目是再自然不过的事。因此,从宏观的意义讲,使用者研究的对象是人——读者,它不仅包含读者的心理、媒体对公众的影响、社会对词典的评价,还包括词典装帧、印刷、版式等工艺对读者购买欲望的刺激、词典定价对销售的正负作用等。事实上,词典的诞生源于社会需求和使用者需求,词典的发展受制于社会需求和使用者需求,而词典的将来也必须适应社会需求和使用者需求。[1] 只有这样,词典及词典学才可能获得健康有效的发展。

---

[1] 高兴:《从社会需求看辞书编纂出版》,《辞书研究》1993年第2期,第81—86页。

8.1 词典的使用者研究

正因为词典使用者处于整个词典链条的末端,对词典编纂起着决定性的作用,因此在词典研究中一直受到高度的重视。如我国有学者梳理了词典使用研究的历史,并将从用户(使用者)出发研究词典看成认识论和方法论进步的必然结果——即"从物到人"到"从人到物"。[①] 而 Herbert Ernst Wiegand[②] 曾就研究使用者需要提出一系列问题:

Who owns what kind of dictionaries?

How is this ownership distributed throughout the population?

What sort of situations of dictionary use can we distinguish?

Are dictionaries used as guides to usage or to settle questions of fact?

Are there class differences in dictionary look-up?

What roles do dictionaries play in the home, in schools, in the office?

How often are dictionaries borrowed from libraries?

Who influences the content of monolingual dictionaries, and in what ways? etc.

以上问题涉及了较为广泛的词典使用情景。由于词典类别的丰富多彩,使用者查询内容的千差万别,而词典使用者的需要也在随着时代和社会的变化而变化[③],因此从较为宏观的层面确定使用者需求就颇为必要。Hartmann 曾将之分为四个要素[④]:

---

① 罗思明、赵海萍:《当代词典使用研究主体综述》,《辞书研究》2005 年第 4 期,第 173—181 页。
② 转引自 Lexicography: Principles and Practice, p.10.
③ 《词典使用者的需求在不断变化》,文平译述,《辞书研究》1983 年第 3 期,第 102 页。
④ Lexicography: Principles and Practice, p.11.

要素一是"信息",即使用者期望或实际上能在词典中寻找到的各类语言信息或百科信息等;

要素二是"使用",即在听、说、读、写、译这类技能或活动中,使用者对词典的运用情况,如主要是查询意义,还是寻找例句等;

要素三是使用者本身的情况,如是儿童还是成人、是学生还是教师、是技术人员还是受培训者等;

要素四是使用者的目的,如是为了学习、为了获得解释、为了写作一份报告还是为了扩展知识等。

Hartmann 还将这四个要素列为一表(表 8—1):

表 8—1 词典使用的要素

Information	Operations
meanings/synonyms	finding meanings
pronunciation/syntax	finding words
spelling/etymology	translating, etc.
names/facts, etc.	
———— situation of dictionary use ————	
Users	Purposes
child	extending knowledge of the mother tongue
pupil/trainee	learning foreign language
teacher/critic	playing word games
scientist/secretary, etc.	composing a report
	reading/decoding FL texts, etc.

以上所介绍的对使用者需要的要素分析,主要是从宏观的角度进行的,可以适用于所有词典类型。下面以专科词典为例,更进一步地说明专科词典如何进行使用者研究。

8.2　专科词典的使用者分析

每种专科词典的编纂都针对一定的使用者层面,因此,在词典设计阶段就应勾勒出目标使用者。与此同时,还应弄清楚使用者期望在什么情形下从本词典获益,从而决定应当提供哪些类型的信息以满足这些情景所产生的需要。①

对使用者勾勒的要点是本族语。它不仅会影响解释性语言的选择,还影响到对每一词目所附加的语言信息,影响到词典语法。与此同时,在涉及所谓的依赖文化的知识时,目标使用者的本族语或国籍还会影响到百科信息。

大多数专科词典所针对的都是操同一本族语的使用者。为了减少专科词典的数量,使一本词典针对较为复杂的使用者群体也颇有必要——比如设计一本既供本族语者,也供非本族言者使用的单语词典。与此相似,双语词典的设计有时可针对两种语言的本族语者,有时甚至面向第三语言的使用者。

在上述情形下,必须解决一系列涉及解释性语言和语言信息的问题。此外,还应考虑这种复杂的使用群体间通常相互抵触的需求问题。因而有必要针对相关不同语言把重点放在不同的主要问题上,以求至少解决最重要的使用者需求。

应纳入考虑范围的另一因素是目标使用者的百科知识水平。专科词典通常是为以下人员设计的:该领域专家、"准专家"(如学生)、相关领域的专家以及外行(如职业译员)。不仅在与百科信息相关时才应考虑百科知识,这一点上专家与外行的需求肯定迥然有别。它同时还会影响到所需语言信息的数量及性质。因此,在某一专门用途语言中外行通常不具备完全的本族语能力,他们会在读音、不规则变化和构词上要求获得更多的信息。

设计双语词典时,目标使用者的外语能力亦应加以考虑。从能力较低的使用者(包括许多科技人员)到外语能力颇强的职业译员,这种能力会沿不同的上升尺度呈现出不同。因此下面可以区分出四种主要的使用者类型,各类型间呈流变型的转换(见图8—1):

---

① 8.2和8.3主要据Bergenholds(1995)编译扩展而成。

图8—1 专科词典使用者的主要类型

从一开始,对欲编词典的目标使用者应包含上述一种、一种以上或全部四种类型,词典编者必须有明确的认识。

下一个应当考虑的问题就是词典意欲完成的交际功能,即专门用途语言文本(text)的生成、接受及翻译。这些功能必须在以下三方面适合目标使用者的能力水平:本族语能力、外语能力和百科能力。

应考虑的第一个功能是本族语文本的生成,无论是口头的还是书面的。由于词典是生成本族语文本的重要工具,这一点,对专家和外行都一样,因而要求词典提供相当种类的信息。当然,这些信息提供的详细程度不一样,尤其是涉及下列问题时更是如此:词缀、词性、读音、规则及不规则的屈折变化、典型的词的组合(搭配)以及更广泛意义上的用法,如语体和频率等。当然,并非所有词目下都应包含这些信息。因而,读音可以只在可能产生疑问时才提供,关于屈折变化的信息可以只限于不规则变化,而所有其他词目则在遵循规则变化。为使词典充分完成上述功能,还有必要包含简单的注释、专业标记或百科标记,以便使用者可以肯定他所找到的是正确的词目。

第二个与此相关的功能是本族语文本的接受。词目下的百科信息固然有助于完成这一功能,但关于词性、读音、不规则变化等语言信息也同样需要,以便使用者找到相应的词目。举例说,一本语文词典应当告诉使用者 lemmata 是 lemma 的复数,与此相似,一本基因技术词典中说明 vira(病毒)是 virus 的复数将是非常有用的信息。在这一功能中,使用者的需求会因为百科知识的程度而迥然不同:一位对其专业领域知识百分之百精通的专家(尽管这并不多见)并不需要任何百科信息来理解专门用途文本,而一位百分之百的外行则绝对需要这些信息。此外,外行还常常需要语法信息以找到恰当的词目。但这并不是说，外行与专家的需求是完全抵触的，因为给外行所提供的必不可少的信息，专家们常常也需要，只不过后者会觉得有些信息属于多余。

专科词典的另一功能是外语文本生成。原则上，它所要求的信息种类与本族语文本生成相同（见上），即专业标识、词缀、读音、不规则变化、典型的词的组合及用法信息。尤其是在涉及使用者的外语能力较低时，这一类信息尤应更加详细，以完成这一功能。此外，具备外语及百科能力与不具备这两种能力的使用者所要求的信息仍然有冲突，只不过后者所要求的信息量要大些。与外语生成相关的一个重要问题是信息是否应当置于语言 2→语言 1 的双语词典中或语言 1→语言 2 的词典中。外语能力较低的使用者更易依据本族语来生成外语文本，比如本族语中约定俗成的惯用语，出于这种理由，相关信息应当置于语言 1→语言 2 的词汇表中。另一方面，外语能力较强的使用者则会从语言 2→语言 1 所提供的必要信息中获益最大。由于多数使用者倾向于依据这两种来生成外语文本，因此，这一功能最适度的做法是在两种词汇表中都提供信息，而这又涉及双向词典的问题。

外语文本接受是专科词典的又一功能。与语法信息相关的问题与上文在本族语文本接受下的讨论相同，如词类、词性、读音及不规则变化。但涉及释义时，专家只需要了解本族语的对应词以理解外语文本，而外行则需要较多的百科信息，这与本族语文本接受的情形相同。

专科词典的另一功能是本族语译为外语。这一功能中，两类主要信息尤为相关。其一，关于本族语的语法信息要求能有助于使用者找到正确的词目。进一步，还要求提供可帮助使用者找到正确的外语对应词的信息，例如通过提供百科注释、百科标记或使用者标识。最后，还应当区分完全对应词和部分对应词，而在零对应时，应当决定释义是否必要。其他主要种类包括意在辅助外语文本完成的信息，即上文外语文本生成中所阐述的信息。

与之相关的另一功能是外译为本族语。与上述本族语译为外语相似，要求两类主要信息，即(1)可以帮助使用者(a)找到正确的词目、(b)找到正确的对应词及(c)对应程度的信息；(2)如在本族语文本生成中一样，有助于正确的本族语文本生成的信息，其中包括典型的词的组合。就(1)(b)而言,外行比专家需要更多的信息,涉及(1)(c)时,大多数情况下,专家都能靠自己的学科知识在一定上下文中找到正确的本族语对应词。

上述结合各种词典功能的使用者需要的论述可归纳如下:

本族语生成 (a) 词缀、词性、注音、不规则变化、搭配、用法信息
　　　　　(b) 百科标记、专业标记或简略注释

本族语接受 (a) 词类、词性、读音、不规则变化
　　　　　(b) 百科注释

外语生成　 (a) 词缀、词性、读音、不规则变化、搭配、用法信息
　　　　　(b) 百科标记、专业标记或简略注释

外语接受　 (a) 词类、词性、读音、不规则变化
　　　　　(b) 百科注释

译为外语　 (a) 据本族语:词类、词性、读音、不规则变化
　　　　　(b) 据外语:词缀、词性、读音、不规则变化、搭配、用法信息
　　　　　(c) 翻译对应词
　　　　　(d) 对应程度
　　　　　(e) 百科标记、专业标识或简略注释

译自外语　 (a) 据外语:词类、词性、读音、搭配、不规则变化
　　　　　(b) 据本族语:词缀、词性、读音、不规则变化、搭配、用法信息
　　　　　(c) 翻译对应词
　　　　　(d) 对应程度
　　　　　(e) 百科标记、专业标识或简略注释

从上述归纳看来,对各种词典功能的要求依据不同使用者类型与不同功能在细节上程度有所差异,但将这些功能综合运用到一本词典当中是完全可能的——除非该词典的目标使用者本族语相同。因此,相对而言,一本单语词典较容易满足本族语的生成与接受功能,因为生成仅仅要求提供更详尽的语法信息(包括搭配),而接受要求提供百科信息。与此相似,这两种功能可以从一定程度上在本族语—外语词

典中加以考虑,这种词典同时意在外语翻译及一定程度上的外语文本生成。一种外语—本族语词典能满足后一种功能以及外语接收和译自外语。唯一的不足是,有些使用者可能会因为信息过多而觉冗赘。然而这一缺陷很难抵消,因为就经济上而言,要出版适用于各种使用者类型、囊括每一种功能的词典是不可能的,尤其是涉及一些小语种时更是如此。与此同时,对各种功能还可附加不同的重点,以便至少可以满足最重要的使用者。

然而,当一本专科词典是为操不同本族语的使用者设计时,上述几种功能的一体化会产生一些问题。如上面归纳所示,有不少完成某一功能的信息项完全相同,比如本族语及外语文本生成以及翻译。可是非本族语使用者会比本族语使用者要求更多的语法信息。但这也仅是一个量的问题,它可以根据本族语、通过对不同使用者类型有所侧重而得以解决。

另一个需要考虑的因素是释义语言的选择,由于它不是使用者的本族语,因而很可能引起理解上的问题。通过使用国际标准化的标识可以部分解决这个问题,这些标识通常是以缩略语、语法注释、百科注释及其他标志的形式出现。像使用者指南及百科解释这类较长的篇幅,则可采用双语对照的方法。

译为外语或用外语生成属于重点考虑的功能,故此可仅以外语来提供百科信息。这样,百科注释就能既提供例证又提供构词,达到一石二鸟的目的。

另外,在涉及等值程度的信息和帮助使用者找到恰当的等值之时,应当考虑使用者的本族语。这一问题尤其与专家有关,因为总体而言,在某一特定的专门用途语言中,一个没有百科知识但却具备相当本族语能力的外行跟非本族语使用者所需要的信息相同。而大多数专门用途语言词典是为专家和外行同时设计的,因为专门用途语言中所表现的困难与通用语言有所不同,后者会把它当做一个主要问题。

除上述语言功能外,专科词典还可具备数种百科功能,它们传统上属于百科全书的范畴。不少专科词典仅用做对某一专业领域的介绍,它以词典的形式,向使用者提供或多或少的简略解释或对该专业的描述。在这一方面,应当区别依赖文化的专业领域和不依赖文化的专业领域。后一种情况,比如机械工程,需要的解释对所有使用者都是相同的,无所谓是否本族语,要考虑的主要差异是专家与非专家,当然,应当使用明晰的语言必须在考虑之列。

在涉及依赖文化的专业领域时,比如合同法,对专家和外行来说,问题都颇为复杂。例如,丹麦法律植根于德国法律,而西班牙和意大利的法律则依据罗马法律,其结果产生了两种迥异的法律体系。因此,来自另一文化的使用者不仅需要专业领域的信息,同时还需要将这些信息与他自己文化进行对比的描述,不仅单语词典的准备阶段应考虑这一问题,双语专科词典更应如此。倘若这种词典同时还拟供第三种文化或语言的读者使用,那么使用者对百科信息和比较描写的要求会更趋强烈。就某一对语言(La,Lb)而言,依据使用者的本族语分别是 La,Lb 或是任意的第三种语言(Lx),可以设想以下六种百科功能:

　　　　La 使用者:
1. 对专业领域的介绍
2. 对专业领域在两种文化中的比较
　　　　Lb 使用者:
1. 同上
2. 同上
　　　　Lx 使用者:
1. 同上
2. 同上

对依赖文化的专业领域,可以用几种方法进行介绍和对比,例如在词条内提供百科注释,通过独立的词典组成成分——百科部分,并对之在词汇表中给出参照。

截至目前,将百科功能和语言功能融于一部词典的规范尚未建立,但也有一些例证,如《商贸英语学习词典》的例子[①]:

---

① 文军主编:《商贸英语学习词典》,重庆大学出版社,1995 年。

bill broker /ˌbil ˈbrəukə/ n. (pl. bill brokers)【经】票据经纪人(专营各种票据买卖的商人或企业。他们从票据的持有者手中按较高的贴现率买进票据,再以较低的贴现率卖出,买卖差价就是他的利润。他有时也代客买卖,从中获得利润):Bill brokers try to make a living by the differentials between discount rate. 票据经纪人靠贴现率的差价为生。【注】在美国 note broker 即指 bill broker。【搭】auction, chartering, insurance *broker* 拍卖经纪人/租船经纪人/保险经纪人。

专科词典既提供语言信息也提供百科信息,如是设计有诸多理由。其一,如上文所述,在一部专科词典中容纳所有功能实则非常不经济,故此词典家们常一石二鸟,以确保相应词典能够出版。其二,更为重要的是,百科功能与语言功能通常不仅可以兼容并存,同时还可相互补充,互为因果。因而,无论是从本族语及外语文本接收的角度还是从帮助使用者找到正确的词目及对应词的角度,百科信息都具有决定性作用,至少涉及外行时如此。此外,百科信息需要对等值程度加以区分,这在依赖文化的专业领域尤为重要。还有,置于词目下的百科注释为使用者提供了专门用途语言用法及典型的词的组合,这些信息对生成功能及翻译颇有用处。因此从一定程度而言,句子例证可以说没有必要。

专科词典功能的最后一点,是关于其方便性。这里的方便性,不仅针对多功能词典,而且涉及如何调和传统上认为单语与双语词典之间的相悖。如上文所述,出于商业原因,针对某一专业出版好几部词典值得怀疑,因为有必要考虑在单语词典中加上双语成分的可能性,进而使之在译成外语、外语译入以及外语文本接受诸功能上能付诸应用。与此相似,一部双语词典也可以提供可在文本接收及生成方面帮助本族语言读者的信息(参上)。

8.3 使用者需求调查的方法

8.1 和 8.2 所介绍的内容对确定使用者的需求有相当帮助,与此同时,词典的使用者研究还常常采用调查的方法来了解和分析使用者的需求。这类方法的好处是针对性强(常可针对拟编的某一具体词典而作),收集的是第一手资料,有利于深入了解实际、弄清事实、发现存在的问题,便于进一步的分析等。① 下面对使用者调查的几种常见方法做一简要介绍:

8.3.1 问卷调查

调查之前,首先需考虑的问题是,依据欲编词典对象,决定采样群体。比如若要编写一本面向普遍读者的中型语文词典,那么采样的目标群就不能仅局限于高等院校教师,而应将可能使用该词典的其他层面的读者如高校学生、中学生、高校毕业进入社会的读者等均包括进去。也就是说,要注意选样群的全面性及代表性。其次,还要考虑采样人群的规模。理论上讲,采样对象愈多,反馈的信息可信度愈高,但同时操作难度也就越大。因而采样规模通常取决于该词典对反馈信息需做的质或量的分析。

词典问卷调查的方法与其他市场调查形式相同:即就产品或行为向选中的群体提出标准式问题。例如,牛津大学出版社就在计划出版新的牛津词典时,曾就现有《牛津英语词典》的使用情况及对即将出版的电子版在形式和功能方面的要求进行过问卷调查。② 问卷数量为1000份,共包括以下12个问题(见表8-2):

以下是《牛津英语词典》的主要项目,你使用的频率如何?

表 8-2 《牛津英语词典》使用频率调查

	每天	每周	每月	从不
词目(如:拼写)	23%	33%	25%	19%
读音	4%	16%	38%	43%
变异形式	6%	21%	39%	34%
词源	8%	24%	41%	27%

---

① 文军:《科学翻译批评导论》,中国对外翻译出版公司,2006年,第221页。
② *Manual of Specialised Dictionary*, pp.78-79.

续表

用法标注				
地区(如:澳大利亚)	4%	14%	30%	52%
学科(如:核物理学)	6%	15%	34%	45%
语域(如:口头语)	7%	16%	32%	45%
通用程度(如:过时的)	7%	19%	37%	37%
语法(如:及物动词)	9%	22%	34%	35%
语义(如:比喻的)	12%	20%	33%	35%
词组与习语	13%	24%	37%	26%
词义(定义)	22%	38%	28%	12%
说明性的引语	12%	19%	39%	30%

除了在现有《牛津英语词典》中能查到的信息外,你还认为哪些信息应该收入?可有多种选择:

单词之间选择:
单词之间的划节线 49%
国际音标注音 45%
专有名称(如人名、地名、事件、机构) 54%
单词出现频率统计 49%
每个引用来源的文献目录(现有的只对
主要来源写出文献目录) 31%
同义词和反义词 70%
插图说明 20%
其他(请详细说明) 14%

还如,另有一份问卷调查是为了了解词典在法国外语学习中的功效。问卷共包括21个问题,其中6个是有关使用现有词典微观结构中的子项,其余的是有关使用者在词典中要查找的信息及查找频率:

下面哪些信息是你最经常查找的?(指出三种)
含义 87%
句法信息 53%
同义词 52%
拼写/发音 25%

| 语言变体 | 19% |
| 词源 | 5% |

在进行下边哪一项活动时你最经常使用词典?

翻译	86%
笔头理解	60%
笔头写作	58%
口头理解	14%
口头作文	90%

你查找以下内容吗?

举例和引语	70%
同义词	68%
插图	24%

问卷调查是一种高效实用的方法。词典编者及出版者可以在相对较少的时间内获得答案,并可立即对之进行量的分析。

但是,问卷调查也有一定的局限和不足。首先是收集到的答案不一定都绝对真实,这与被调查的态度、重视程度有关。第二,问卷作为一种限定性框架,本身就限定了其内容,因此设计问卷应尽量避免过于繁琐的问题,以免引起被调查者的不快而拒绝回答或随意回答;避免在不经意中缩小或扩大问题的范围或提出无关的问题。再有就是措辞上如使用"经常"、"定期"这些比较笼统的词语容易造成误解,应当避免。

为避免上述弱点,使词典编者了解读者的真正需要,方法之一是在问卷中设计可供被调查者自由填写的栏目,以发现读者新的需求。方法之二就是在采样人群中选择一小部分人预先面谈(见8.3.3),目的是发现问卷设计中的问题,使之更臻完善。当然,调查之后也可找提出新观点者进行面谈,以具体了解他们的观点。

8.3.2 填表

此方法要求被调查者填写表格,具体描述他在从事某一工作时遇到问题需查阅词典的过程。此类调查宜在被调查者在查阅词典过程中或刚刚结束时进行。其方式可是口头的(录音)或笔头的。采用笔头方式进行调查时,应先设计好供填空用的表格(见表8-3)。如:

表8-3 填表

对翻译问题的评论

第一栏	第二栏	第三栏	第四栏
翻译中遇到的问题	辅助 (包括口头获得的协助)	××) 其他评注	问题在×分钟解决
×)对问题的描述	××)需获得的信息	×××)kode	

×)每一个问题有一个号码,放在所翻译文章原文中该词的右上角。

××)其他评注:若使用缩写,应单独列在一张纸上。

×××)参考的词典,把词条放在"需获得的信息"一栏内。

　　由于此类问题的描述特点,其答案无疑会有诸多差异,因此进行下一步分析之前,需首先针对"填表"所涉及问题的性质,设立一个阐释模式。如上述"对翻译问题的评论",其阐释模式如下(图8-2):

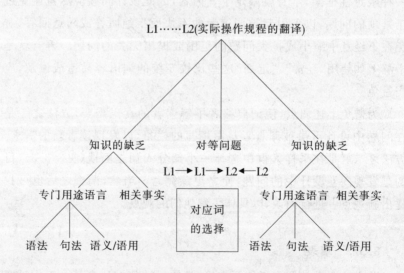

图8-2 "对翻译问题的评论"的阐释模式

填表方法的优点之一，是它所涉及的情景真实可信，被调查者可以描述与词典使用有关的所有问题，而有些问题常常出乎词典编者的意料。优点之二，它能让词典编者对某一问题出现频率与其他问题的频率进行比较，从而判断该问题是否是表面问题，即是否可以通过词典解决。这类信息对词典选目、义项取舍等均有极大帮助。这种方法的最大弱点，就是费时费力——被调查者如此，词典编者也如此。因而这类调查应当对被调查者数量予以严格限制，从这种意义上讲，"填表"调查可视为一种定性方法。

8.3.3 面谈

此方法指与被选定的被调查者面对面交谈。面谈可分为两类：结构性面谈（structured interview）与非结构性面谈（unstructured interview）。前者指交流内容依据事先拟定的具体问题进行交谈，后者则指在交流中围绕几个话题展开。因此也可以说，问卷调查是一种笔头上的结构面谈，但它缺乏的恰恰是面对面的交谈。面谈的两种方式都可视为对上述"问卷调查"和"填表"的补充，因为面对面进行交流，可以使许多词典编者想澄清、想进一步了解的问题得到答案。这一方法同样非常费事，因此被调查者的选择数量不宜过大。

上面介绍的只是使用者调查的几种方法，调查结束之后，词典编者还需对之进行过细的分析，以得出对词典编纂有帮助的结论。这些分析涉及社会学、心理学、语言学等学科的知识及方法，此不赘述。概而言之，使用者研究是词典编纂中非常重要的步骤，它对词典的选词立目、确定范围、确定读者对象及其需要以及词典修订都具有重要的意义。

8.4 案例一则：大学英语词典需求的调查与分析[①]

词典的编纂与使用之间的关系是一种相辅相成的关系。前者以科学的方式指导后者，服务于后者；而后者的需求又不断地改进、完善、发展前者，在一定程度上起导向作用。有鉴于此，我们对大学生使用英语词典（包括英英、英汉、汉英各种词典，下同）的情况进行了调查，旨在了解在校大学生对词典的需求，为词典编纂人员提供有价值的信息，以便其在编纂过程中采取相应的对策来满足这类为数甚众的使用者的需求。

调查以问卷形式在原重庆大学、原重庆建筑大学等校的在校大学生中进行，发出问卷 500 份，收回有效答卷 485 份，受调查人员主要分为英语专业学生与非英语专业学生两类。问卷内容涉及英语词典使用者选择词典的首要标准、购买词典的主要原因。同时还了解使用者对英语词典的认识、要求和使用词典的方法等（参见附件）。两类被调查人员的答卷在某些项目上出现较明显的差异，其主要原因在于这两类人员的英语程度不同，语言学习的预期目的和学习方法不同，因而对词典的需求也有所不同。调查还反映出词典使用者对词典的某些功能缺乏正确的了解，使用的方法欠妥，没有能够充分地利用所拥有的词典。这也给英语教学提出了新的要求，即如何引导学生正确地使用各类英语词典。

8.4.1 学习与使用

词典使用者所进行的各种语言活动都对词典提出了不同的要求。从调查中可以看出，受调查者购买英语词典的首要原因是为了学习英语（85％），其次是搞翻译（29％英语专业，10％非英语专业），然后依次是写文章（18％英语专业）、语言研究（8％英语专业）、备用（2％英语专

[①] 本文原载姜治文、文军主编：《词典学与双语词典学研究》，上海辞书出版社，1999年，第 133—139 页，作者：寮菲。

业,1%非英语专业)。英语教学以听、说、读、写、译五项语言技能培养为主,语言活动也基本上围绕训练这五项技能而进行。按照传统的划分,读和听被视为被动的信息接受活动,以理解为主,而说和写则是主动的信息生成活动,以表达为主。由此而产生了消极和积极两种词典类型的划分:前者描写语言文字的体系以供使用者查询,后者描写言语的使用规则以指导使用者积极地掌握并有效地运用语言。然而,在语言使用过程中,听、说、读、写、译通常是语言交际过程中联系十分紧密的组成部分,很难分割开来。再者,理解也不完全是被动的信息接受过程,而是受话人与说话人或者读者与作者之间知识结构相互作用的过程。交际双方的语言知识不仅包括语法、语义规则,还涉及语用规则和不言而喻的社交规范。这些并非是单一的消极或积极词典所能满足的,做到义和用兼顾。调查结果显示,英语专业在校大学生的各种双语活动,按使用英语词典的频率排列,自高至低依次为阅读、翻译、写文章、做作业、上课、听录音、与人交谈,如表8—4所示。

表8—4 英语词典使用频率

双语活动	阅读	翻译	写文章	做作业	上课	听录音	与人交谈
使用频率	63%	59%	36%	35%	17%	5%	2%

其中做作业和上课是综合性活动,包括做试题、翻译、回答问题、写作文等。翻译是双向的:汉译英或英译汉。在上述活动中,要求学生运用英语遣词造句组成篇章来交流思想的言语生成活动占较大的比例,因而学生需要求助于英语词典来解决难题,详细情况如表8—5所示。

表8—5 大学生需查询英语词典质疑的项目

生词	拼读	用法	搭配	释义	拼写	辨义	成语/习语	表达	句型
82%	56%	52%	51%	48%	47%	40%	38%	37%	25%

其中查释义不仅包括查询不熟悉词语的意义,还包括查询普通词语上下文中较含糊的词义。如在"English composed a great body of world literature and contributed to the rich information resource"中,

literature是个常用词,通常指"文学作品",但在此上下文中指"文献资料"。学生需在教师的指导下,通过查词典来确定意义。在语言表达方面,学习者在初级阶段易以汉语表达方式硬套英语,形成不地道的中式英语。因此,掌握英语词语的搭配和习惯用语是英语表达的关键。英语专业的学生,在总体上而言,英语程度较非英语专业的学生高,语言活动的形式多,层次高,对词典的要求也相对要高。但随着各专业大学生总体英语水平的上升,社会对人们英语能力要求的提高以及英语教学大纲的改革,英语教学将逐渐向培养语言应用能力方面转化,因此,非英语专业学生对英语词典的要求也有所提高,如需要求助于英语词典了解词语用法(48%)、单词拼读(29%)、动词句型(5%)、成语/习语(3%)和词语搭配(2%)。此类需求在今后还会有较大的增长。

调查显示,大学生选择英语词典的首要标准是实用性(68～71%),希望一部词典在手可满足多种需要,回答各类疑难。这无疑给词典编纂人员提出了更高的要求。

8.4.2 数量与种类

目前,英语词典无论在数量、种类、功能还是质量方面都得到了令人欣喜的发展,但面对林林总总的词典,大学生们无所适从,不知如何选择适合不同层次的英语学习的词典。特别是新生,学年伊始,总觉得自己该添置一些工具书。他们的做法一般是向老师、同学、同乡、高年级同学咨询,或是到学校附近的书店"碰运气"。这样很难买到合适的词典。随着学习的深入,语言程度的提高,要求的变化,还得购买其他词典以满足学习的需要。据此次调查统计,拥有一本英语词典的占受调查人数的81%,而拥有两本英语词典的为47.8%,三本至五本的分别为23.6%、8.7%、4.8%。我们把大学生拥有的英语词典按价格分为三个档次:第一档多为英汉袖珍词典,价格为10～20元,如《新英汉小词典》;第二档一般为英汉双解或多功能词典,价格为40～60元,如《朗文英汉双解词典》、《英汉多功能词典》等;第三档一般为案头词典,如《汉英大辞典》、《牛津现代高级英汉双解词典》等,价格为80～

100元及以上。大多数学生都拥有第一档和第二档英语词典各一本，他们在英语词典上的开支大约70~80元。调查结果显示：12%的受调查大学生认为已形成了一定的经济负担。如果选对了词典，皆大欢喜；否则，还得去买一本。遇到问题，要么去问同学(31%)，或问老师(24%)，或去借别人的词典(52%)，只有27%的学生去图书馆，还有3%的学生放弃查询，问题不了了之。

据此调查中不完全统计，大学生手头拥有的各类英语词典有四十余种。其中有专门语言词典，有综合性语文词典，还有单一学科词典。使用频率最高的要数综合性语文词典，如《牛津现代高级英汉双解词典》、《朗文英汉双解词典》、《新英汉词典》、《英华大词典》、《简明英汉词典》、《英汉大词典》、《汉英大辞典》等。英语专业的学生比较青睐英汉双解类(使用频率为59%)，而非英语专业学生则比较热衷于一般英汉类(使用频率为68%)。英语专业的学生倾向于选择语言功能型词典，如能够提供搭配、同义词、成语、习语、动词句型等知识，有文化背景注解，有联想等的词典(占总人数38%)，而非英语专业的学生则倾向于科学技术类词典(76%)或单一学科词典(48%)。两类学生均对汉英词典显示出相当的热情(36%)。

英语词典的数量之多、种类之全为大学生学习英语创造了良好的条件，同时也为大学生选择适合于自己的，质量好、价格合理的词典造成了困难。真正适合大学生的英语学习特点、经实践证明实用性强的英语词典，一直受到大学生的欢迎。

8.4.3 评论与建议

大学生对自己所拥有的英语词典是怎样评价的呢？调查显示，大学生中有52%的人认为词典收词量的大小是他们选择英语词典的首要标准之一；但也有15%的人认为轻便可随身携带是首选条件。这似乎是个矛盾：既要收词量大又要便于携带。其实这个矛盾也不难解决，只要针对中国人学习英语的特点、问题和困难下功夫，就会受到读者的欢迎。比如条目选录使用频率相对高的词，避免收录生僻、过时的词语；多收录近年流行的新词；释义要言简意赅；例句恰当、地道、易懂;在重要的单词后附加相关词,方便读者联想。许多学生喜欢随身带一本英语词典,遇到问题可随时随地查询,也可背单词。一本简明轻便的词典对学生帮助不小,定会受到学生的青睐。

调查中,当问及所拥有的词典的优点时,43%的大学生回答是条目多;23%的大学生认为是收词新;41%的大学生认为是功能全。详见表8-6。

表8-6 大学生对所用英语词典优点的评价

条目多	收词新	功能全	易懂	易查	例句地道	有专业术语	轻便	便宜
43%	23%	41%	40%	37%	39%	11%	15%	13%

一本英语词典的质量好坏在很大程度上取决于它的例句,例句既要恰当、地道,又要简明、易懂;不仅能补充释义,演示句型,还要有时代感,易被读者接受,便于应用。一本英语学习词典固然不能包罗万象,解决所有的问题,但应在想读者所想、急读者所急上下功夫,才能成为大学生们的良师益友。

调查还显示,大学生们对手中的词典并不完全了解,大多数人没有读过使用说明,对一些符号、缩略语不明白,也不熟悉手中的词典都有什么样的功能,没有充分地利用手中的词典。因此,有必要为大学生开词典使用讲座,使其掌握词典编纂的基本知识和使用的方法,以用好手中的词典。

8.4.4 附件

大学生英语词典使用调查问卷

1. 你选择英语词典的首要标准是什么?(没有列出的可补充)

    A. 经济　B. 实用　C. 质量高　D. 收词量大　E. 功能多
    F. 轻便　G. 装潢精美

2. 你买词典的主要原因是什么?(没有列出的可补充)

    A. 学英语　B. 翻译　C. 写文章　D. 语言研究　E. 备用
    F. 老师要求

3. 你拥有几本英语词典?
   A. 1　B. 2　C. 3　D. 4　E. 5　F. 6本以上
4. 写出你所使用的英语词典的名称及出版社:
5. 你所拥有的英语词典属于哪一类?(可选一项以上,没有列出的可补充)
   A. 英汉　B. 汉英　　C. 英英　D. 英汉双解　E. 简明
   F. 袖珍　G. 多功能　H. 电子　I. 专科　　J. 同义词
   K. 搭配　L. 成语
6. 你认为上述类别中常见的是哪一种?(写出5种中的字母)
7. 你所使用的词典的最大优点是什么?(可选一项以上,没有列出的可补充)
   A. 条目多　B. 收词新　C. 功能全　D. 易懂
   E. 易查　　F. 例句地道　G. 有专业术语
   H. 动词句型　I. 有用法　　J. 有同义词辨析
   M. 简明　　N. 价格低　　O. 便于携带
8. 你所使用的英语词典的明显不足是什么(可选一项以上,没有列出的可补充)
   A. 陈旧　　B. 繁琐　　C. 不易查找　　D. 难懂
   E. 质量差　F. 词条少　G. 功能不全　　H. 例句不地道
   I. 例句少　J. 不便携带
9. 在遇到下列哪种情况时会求助于英语词典?(可选一项以上,没有列出的可补充)
   A. 生词　　　　　　　B. 不会拼写的词
   C. 不会拼读的词　　　D. 英文表达(口,笔)
   E. 辨义　　　　　　　F. 想知道词语用法
   G. 想知道词语搭配　　H. 想了解成语/俗语
   I. 单词意思在上下文中含糊
10. 你在下列哪种情况下使用英语词典频率最高?(没有列出的可补充)
    A. 阅读　　B. 翻译　　C. 写文章　　D. 做作业
    E. 与人交谈　F. 上课　　G. 听录音

11. 如果你手头的词典不能满足你的要求,你能常利用哪些渠道解决难题?(没有列出的可补充)

    A. 问同学   B. 问老师   C. 借别人的词典   D. 去图书馆

    E. 去书店   F. 放弃

12. 如果遇到专业性的问题,你通常会查哪些词典?(没有列出的可补充)

    A. 专科词典   B. 技术词典
    C. 术语词典   D. 缩略语词典
    E. 附有人名地名的词典   F. 有词源的词典
    G. 有典故/文化背景的词典 H. 有同义词辨析的词典
    I. 列有同义词、反义词的词典 J. 有搭配的词典
    K. 有联想的词典   L. 有用法的词典

8.5 小 结

本章主要介绍了词典的使用者研究以及使用者分析和需求调查的方法,最后以一则个案为例具体说明了使用者调查与分析的意义。值得强调的是,词典使用者研究是一个需要挖掘的课题,因为对它的研究关系到词典市场的拓展,也关系到词典编纂和词典研究的发展。

第九章

英语词典的教学

本章"英语词典的教学"包含两方面的内容:一是针对词典学专业的教学,可以称为词典学专业人才的培养;二是针对词典学专业以外的各个层次,主要内容是关于如何使用词典的教学,可以称为词典用法的教学。①

9.1 词典学专业人才的培养

随着词典学研究的深入,这门学科的理论性与应用性结合的特点越来越受到学界、教育界的关注。因此,如何培养词典学专门人才,使他们既能从事理论研究,更重要的是能从事辞书编纂,这成为词典学发展中必须解决的问题。

据美国著名词典学家盖茨(E. Gates)在《北美词典学会杂志》(Journal of the Dictionary Society of North America)上介绍②,美国的大学从 1925 年就开始开设辞书类课程了。1980 年,印第安纳州立大学开设了正规的辞书学硕士课程。英国的埃克塞特(Exeter)大学自 1984 年建立辞书研究所以后,不仅开设了词典学硕士课程和国际词典学讲座,还多次召开了有关词典学的主题研讨会。此外,法国的里尔(Lille)大学、荷兰的弗里奇(Vrije)大学也开设有词典学专业硕士课程。下面介绍的是英国埃克塞特大学的词典学专业硕士课程:该课程的学习时间总

---

① 本文系据姜治文、文军:《设置词典课,对学生加强词典用法的指导》(《辞书研究》1998 年第 6 期)一文修改扩展而成。

② 转引自林申清:《英国埃克塞特大学的辞书学教育》,《辞书研究》1998 年第 4 期,第 139—141 页。

共为九个月,分为三个学期:

第一学期:三个月,共开设四门课程:
1. 辞书编纂与计算机
2. 辞书的释义
3. 辞书的分类与结构
4. 辞书及其使用对象

第二学期:三个月,开设三门课程:
1. 辞书出版的理论和实践
2. 双语辞书的编纂
3. 学习者辞书

此外,在一、二学期,还要求学生出席每周一次的研讨会。这种研讨会是该大学应用语言学科全体研究生的例会。

第三学期,三个月,实习。

这是出于将学校里学到的理论与辞书编纂的实践相结合的考虑。实习时间原则上为十周左右,地点是英国国内各出版社。目的是让学生实际接触一些课堂上学不到、而辞书编纂中又常会遇到的具体问题。学生实习后必须提交实习报告。

如果在英国国内一时找不到接受实习的出版社,学校也考虑让学生到国外的出版社实习,或者采取在校内进行模拟辞书编纂实习,到法国里尔大学和荷兰弗里奇大学听课等替换措施。

在实习之前,学生还需参加为时一周的讲座,这也是硕士课程的一部分,其特点是词典学编纂专家、语言学家和词典学家齐聚一堂,互相交换对辞书编纂种种问题的看法,使学生受益匪浅。

以上仅是课程学习,学生如果要取得硕士学位,则必须提交两万字以上的论文。

此外,国内的词典学教育也方兴未艾。国内大学如广东外语外贸大学、南京大学、厦门大学等开设了专门的词典学硕士点,广外和南大还培养词典学方向的博士生。这些硕士点和博士方向的开设,为词典学研究和词典编纂实践输入了高水平的人才,为词典学的发展注入了活力。

如果说词典学专业人才的培养对词典学的发展和词典编纂是一

项必不可少的基础工程的话,那么,针对其他各层次的使用者的培训也具有不可忽视的重要作用,这就是词典用法教学。

9.2　词典用法的教学

9.2.1　词典用法教学的意义

关于词典用法教学,20世纪以来国外不少学者曾从不同角度作过探讨,其发轫者当数 Flaherty[①] 的 *How to Use the Dictionary*,其后在 20 世纪 80 年代渐成热点。

为什么要教词典用法?原因之一在于使用者不熟悉词典自身的体系(比如词典的类别);原因之二是由于人们使用词典时往往与编者的初衷大相径庭,比如一些调查表明:

① 词典提供的某些信息常常受到误解,最显著的例证就是韦氏二版、三版中的用法标记。

② 词典提供的某些信息比使用率要低。编者花大力气设置了某些信息,以加大词典信息容量,减少篇幅,但使用者却并不领情。这方面最明显的例子就是 Paul Paocter 编《朗曼当代英语词典》(1978)、A. S. Hornby 编《牛津现代高级英语学习词典》(1980)中语法标记的配置。

③ 正是基于帮助读者的想法,现在不少词典的"序言"都力求编得具体而详细,但事实上,很少有人去细读这些"序言",又使得词典编者的努力付之东流……[②]

由于使用词典往往是一种个人行为,对其复杂的心理流程迄今仍没有突破性的进展。[③] 但词典作为一种文化产品,必须为使用者充分接受、充分使用时才能产生出最大效益,因此,词典使用是一个双向过

---

① Flaherty, M. C., *How to Use the Dictionary*, New York University Press, 1923.
② 见 "The Teaching of Dictionary Use", in *Dictionaries*: *An International Encyclopaedia of Lexicography*, vol. I, Walter de Gruyter, 1989.
③ *Lexicography*, *an Emerging International Profession*, ed. by Robert Ilson, Manchester, 1986, pp. 72—81.

程:一方面需要编者尽可能替读者着想,使词典使用更趋简明;与此同时,还必须设法提高使用者的词典使用能力与使用技巧。由于当今词典编纂总的趋向是种类愈来愈多、内容愈来愈丰富,因此加强对词典使用指导的必要性是不言而喻的。

当然,词典用法教学并不意味着迫使使用者被动地去迎合编者。其根本意义在于,它不仅可以帮助使用者改进使用词典的方法,而且从长远观点看,它有助于词典事业从质和量两方面得到持续发展。正如 Hausmann(1986)所说:"许多词典使用者(甚至包括受教育程度优秀者)缺乏词典知识,不能分辨词典的优劣,因而他们不明白为何要花钱再买一部词典(即或其质量甚高)……只有在公众对词典的所知像出版家一样多时,才能迫使他们改进词典质量。"[①]

Hausmann 上话实则从两方面论述了词典用法教学的意义:

其一,通过词典用法教学,使广大使用者真正弄清辞书类别,各种词典不同的功用、词典的各种特性等,无疑可以刺激使用者在不同阶段购置所需词典,从而大幅度刺激词典市场的发展。以我们最近对大学生英语词典使用调查为例,调查对象 298 人,均为非英语专业学生,在"你拥有几本英语词典"一栏中,只有一本的占 10%,两本为 64%,三本占 22%,四本占 3%,五本为 1%。也就是说,只有三本及三本以下的占了 96%。倘若他们每人只增加一本词典(从他们所购词典看,这是非常保守的估计),我国光在校大学生就有一千多万,而且每年的进校新生就有好几百万,这是多大的市场!而随着他们毕业走上工作岗位,加之日后工作性质可能的改变、提职、出国的需求等,无疑都是促使他们购买新类型词典的动力(如与工作性质吻合的专科词典),倘仍以年均每人一本计,其潜力非常巨大。

其二,通过词典用法教学,使用者从一定程度上具备了鉴别优劣词典的能力,可以从根本上断绝劣质辞书的生路,同时又可以反作用于词典编者及出版社,带动词典质量的全面提高。

[①] Hausmann, F. J., "The training and professional development of lexicographers in Germany", in *Lexicography, an Emerging International Profession*, ed. by Robert Ilson, Manchester, 1986, pp. 101—110.

可以说,词典用法教学是关涉词典事业发展的基础工程,它既可使词典使用者获益,亦可推动辞书界、出版界素质的提高。但是,我们现在的实际情况如何呢?

9.2.2 国内词典用法教学的现状

既然词典用法教学对词典和词典学的发展具有如此重要的意义,而国外的词典用法教学也尚难如人意,那么,国内词典教学的状况又如何呢?

对于这一问题,国内词典学界已有不少人呼吁加以重视。如 1997 年就有人发表文章,希望"把双语词典的使用引入中学教学"[1];次年初,又有文章见于《辞书研究》,谈及的内容扩大到了语文教育。[2] 该文通过对 1150 名中学生的问卷调查,归纳出了几个普遍存在的问题:

1. 辞书知识匮乏;
2. 不知知识归属又不知辞书类型及该查何种辞书;
3. 了解的辞书品种少而单一;
4. 缺乏阅读凡例、了解附录、熟悉检字法等使用辞书的最基本常识。

不仅如此,《辞书研究》还在该文后附了"编后语",并说这些不足"恐怕不仅仅见于中学语文教育领域,也不仅仅见于中等教育领域,而且在高等教育领域,成人继续教育领域及其他领域中也同样存在,涉及的学科也远远不止语文一个学科。"情况也确实如此。如在 1998 年举行的全国第三届双语词典研讨会上,就有一组专门讨论大学生英语词典使用的文章,[3]其中一篇文章以问卷方式对 30 所大专院校的 40

---

[1] 金莉洁:《把双语词典的使用引入中学外语教学》,《辞书研究》1997 年第 1 期,第 98—101 页。

[2] 黎灯光:《语文教育要关注辞书使用指导》,《辞书研究》1998 年第 1 期,第 139—147 页。

[3] 它们是:方丽等,《大学生词典需求调查与词典编纂》;寮菲,《大学生英语词典需求调查与分析》;杨晓虎、赵红,《大学英语学生词典使用问题浅议》;姜治文、文军,《设置词典课加强对学生词典用法的指导》。上文均收于黄建华、章宜华主编《双语词典论专集》,北京出版社,1999 年。

名英语教师进行了一项关于"词典课程"的调查,①其内容及调查结果如下表(表9—1):

表9—1 词典课开设情况调查

调查内容	调查结果
1. 贵系是否开过下列课程? 　A. 词典学概论 　B. 双语词典学 　C. 英美辞书介绍 　D. 汉英—英汉词典介绍 　E. 其他(请注明)	1. 选A者0人,占0% 2. 选B者0人,占0% 3. 选C者0人,占0% 4. 选D者0人,占0% 5. 选E者30人,注明为:未开 6. 10人未选
2. 若开①中某一课程,请选填下项: 　A. 该课设置为 　　a. 必修课 　　b. 选修课 　　c. 任选课 　　d. 其他(请注明) 　B. 该课总学时为 　　a. 20学时 　　b. 40学时 　　c. 60学时 　　d. 其他(请注明)	1. 选Aa者0人,占0% 2. 选Ab者0人,占0% 3. 选Ac者0人,占0% 4. 选Ad者0人,占0% 5. 选Ba者0人,占0% 6. 选Bb者0人,占0% 7. 选Bc者0人,占0% 8. 选Bd者0人,占0% 9. 未选者40人,占100%
3. 若未开①中课程,是否以下列形式介绍过词典: 　A. 讲座 　B. 研讨会 　C. 课外活动 　D. 其他(请注明)	1. 选A者4人,占10% 2. 选B者0人,占0% 3. 选C者8人,占20% 4. 选D者4人,"注明"包括:课堂随意介绍(1人),没有(1人),不清楚(1人),课堂介绍(1人) 5. 未选者24人,占60%

---

　　① 其中受调查学校20所为重庆地区高校,10所为四川省内高校。选自姜治文、文军一文。

续表

4. 若选 3,周期如何,每次多少时间? 　A. 每学期一次(时间:小时) 　B. 每学年一次(时间:小时) 　C. 不定期(时间:小时)	1. 选 A 者 2 人,占 5%,时间分别为:1—2 小时 1 人,1 小时 1 人 2. 选 B 者 1 人,占 2.5%,时间分别为:1 小时 1 人 3. 选 C 者 7 人,占 17.5%,时间分别为:0.5 小时 1 人,1 小时 1 人,不定时 5 人 4. 未选者 30 人,占 75%
5. 若上项均未选,贵校老师若向学生介绍过英语词典,通常所采用的方式是: 　A. 对新生专门花时间讲解 　B. 在课堂上顺带介绍 　C. 在课后若有学生问到再介绍 　D. 其他(请注明)	1. 选 A 者 5 人,占 12.5% 2. 选 B 19 人,占 47.5% 3. 选 C 者 8 人,占 20% 4. 选 D 0 人,占 0% 5. 未选者 7 人,占 7.5%

以上的调查表明:现在几乎没有专门开设词典课的学校,对学生词典使用的指导,主要以讲座、课外活动为方式进行,时间不固定,在课堂上顺带介绍或学生问到再解答者居多。很明显,与学生、教师几乎天天用词典相比较,对学习词典用法指导方面显得过于薄弱:没有专门课时,即或介绍,随意性也很强。这一现状亟待改变。

上面是针对教师的调查,下面我们看一项对学生的调查[①]:

调查人群来自于北京航空航天大学软件工程、理学院和生物工程等专业的 100 名学生。他们分布在四个英语普通班,由两名大学英语教师教授三级课程。本研究调查表是基于如下假设设计的:

1. 词典使用在二语习得中发挥不可取代的重要作用;
2. 学生需要掌握查词、选义等词典使用能力。

问卷包括多选和单选两种题型,内容涵盖了学生对于词典的使用习惯、查阅技巧等问题。调查表如下(表 9—2):

---

① 王敏:《大学生英语词典使用情况的调查》,《外语教学》2006 年专刊,第 53 页。

表 9—2　学生英语词典使用情况调查

	多项选择	统计数据
经常使用的词典类型	A. 英汉双解词典（纸制）	37%
	B. 英英词典（纸制）	6%
	C. 汉英词典（纸制）	9%
	D. 电子词典	48%
查词频率	A. 每天十次以上	6%
	B. 每天一至十次	15%
	C. 每周一至十次	64%
	D. 每周少于一次	15%
经常在什么情况下查词典（多选）	A. 阅读英语文章时	68%
	B. 翻译、写作时	37%
	C. 口语表述用到时	9%
	D. 听对话、讲座或看影片时	15%
泛读过程中	A. 只查阅影响理解全文的关键词	52%
	B. 很少查	34%
	C. 见词就查	14%
写作过程中（多选）	A. 表意困难时查词	45%
	B. 为避免关键词重复查词	13%
	C. 不确定单词用法时查词	18%
	D. 很少查	31%
听力过程中	A. 基本能够利用单词发音查出词汇	11%
	B. 习惯猜词	23%
	C. 很少查	66%
口语遇到不会表达的词汇时	A. 用中文代替	54%
	B. 查词典	9%
	C. 用简单词汇描述	26%
	D. 咨询老师	11%

续表

查阅目的是(多选)	A. 发音（pronunciation）	21%
	B. 英语解释(definition)	7%
	C. 汉语翻译（equivalent in Chinese）	56%
	D. 用法及搭配（usage & collocation）	8%
	E. 同义、反义词（synonym & antonym）	6%
查看词义时	A. 只看词条的第一个解释	41%
	B. 根据语境从词典选择词义	26%
	C. 词义太多无法取舍	11%
	D. 尽力记住所有词义	22%
查过的单词会	A. 记在生词本上，反复复习	14%
	B. 核心词汇用心记下	38%
	C. 所有生词查完就忘	48%
词典对于英语学习的帮助	A. 很大	21%
	B. 一般	34%
	C. 不大	31%
	D. 没用	14%
针对如何使用英语词典，英语老师	A. 系统化讲座或辅导	2%
	B. 偶尔指导	26%
	C. 从未	72%

上表显示，尽管学生具备基本的查阅词典能力，大部分学生在英语学习过程之中既没有查阅词典的习惯、意识，也没有掌握充分利用词典的技巧。同样，授课老师也很少提供这方面的帮助。

参与调查的100名学生之中，一半学生查阅传统词典，而另一半学生使用电子词典。电子词典的携带方便、查阅简便等特点吸引了众多英语学习者。然而，普通的电子词典除了提供词条的汉语、英语解释外很少罗列例句、用法、固定搭配等。另一类受到学生青睐的则是英汉双解词典。他们认为牛津、麦克米伦等词典基本满足了他们的需要。查阅汉英、英英词典的学生少之又少。而且,令人惊讶的是79%的学生查词频率仅为每周十次以内,这个数字远远不能达到大学英语词汇大纲要求。

  本次调查还揭示出学生淡薄的词典使用意识。只有少数学生在口语和听力时查阅词典,比较而言,他们更多是在阅读和写作时使用。34%的学生在阅读中很少查词,而14%的学生几乎见词就查;45%的学生在遇到写作表意困难时寻求词典帮助,而只有13%的学生利用词典丰富写作词汇,18%的学生搞清词汇用法;11%的学生能在听力过程中根据单词发音查阅生词,他们在某种程度上得益于电子词典拼写联想功能,而其他学生几乎没有查词意识;口语遇到困难时,54%的学生采取中文替换的方式。这个现象普遍存在的原因是学生口语能力相对较差,另一方面他们的交流对象主要是中国老师和同学。26%的学生通过单词替换的方式绕过障碍,11%的学生请教老师。相比之下,只有9%的学生寻求词典帮助。

  再者,调查问卷的统计数据还反映出学生缺乏必要的词典使用技巧。查出词条后,他们的注意力多数集中在了汉语翻译以及发音上,而词典里列出的英语解释、用法及搭配、派生词等信息往往被忽略。这种错误的习惯会造成或轻或重的负面影响:英汉词汇不是一一对等,如果依靠汉语解释学习英文词汇只能导致片面理解、过度推理等后果。不但如此,学生在词条选择、词义归纳等方面上也表现欠佳。面对丰富的词义注解,多数学生往往不能根据语境做出适当选择,而是把焦点集中在第一个注释上。查阅完毕,48%的学生既没有抄写记录生词的习惯,也没有记生词的意识。

  从调查表的统计数据和学生平时表现来看,英语程度较高的学生查阅词典的频率越高,查阅词典的意识越强,技巧越丰富。他们不但经常使用词典,还能够充分利用词典信息,并对学到的词汇加强记忆。

  以上调查表现出来值得分析的问题是多方面的:学会一个单词并不等同于知道此词在目标语言中的对等词汇。词汇学习不但意味着明白某个单词的种种涵义,还要知道与之共用的其他词汇——词的搭配。词汇积累过程是语义网络建立的过程,而不是独立单词的简单叠加。词汇知识包括搭配、概念、关联词、适切性等。作为词汇习得的必备工具,词典发挥着不可替代的积极作用。学生不只需要查询目标语言的简单定义,还应学会搜索词条的发音、解释、例句、关联词汇等重要内容。

词典使用的复杂性决定了教师辅导的必要性。然而,相当部分英语老师想当然地认为所有学生已经具备英语词典使用技巧,这可能源于他们学生时代的亲身经历。过去的老师一直以为:没有必要额外指导学生如何使用英语词典,学生已经掌握必备的使用知识;词典查阅技巧应是相通的,它们同时适用于汉语词典、英语词典等。然而这些猜测与实际情况相差甚远。在词汇习得方面,目标语和母语的积累过程因教育环境、掌握程度、理解能力、学习目的、文化背景等因素各异,所以查阅技巧也不尽相同。因此,教师很有必要为学生提供适当指导,教会学生如何有效利用英语词典促进语言学习。

Cowie[①] 认为词典使用技巧指的是有效的查阅能力和信息应用能力,可以通过指导教学来获得。词典使用策略可以分为以下几类:(1) 词条查阅技巧:首要的问题是应该查什么?查阅动词的原形还是变体?查阅名词的单数还是复数?查阅词组 up to standards 的 up 还是 standard? 使用者首先需要确定词条的词形,继而根据发音、字母顺序或近义词等开始寻找;(2) 词义确定技巧:在这个阶段,使用者需要认真阅读构词、发音、语法、语义、语源等词典信息,看完之后进行归纳总结;(3) 信息应用技巧:最后,使用者将总结的信息带入特定语境检测词义在上下文是否连贯。如果是就说明语义基本无误,如果与上下文不符,需要开始新一轮的查阅。

词典查阅对于精力集中、记忆、思考和语言学习都颇有裨益。重复是记忆的关键,适当使用词典可以使学生反复接触语言信息,巩固单词知识的积累。接触单词次数越多,记忆时间越长,印象越深。总的来说,经常使用词典的学生英语程度比那些不常用的要好得多。教师应该鼓励学习者在英语学习过程中养成良好的查阅习惯。

---

① Cowie, A. P., *English Dictionaries for Foreign Learners: A History*, Oxford University Press, 1999.

上面的两份问卷调查虽然相隔了七八年,但暴露出来的问题是共同的:学生使用英语词典的水平亟待提高,教师指导学生使用词典的意识亟待加强。而解决这一问题的途径,是在英语专业设置"词典用法"课程。这里我们只强调在英语专业中设置这一课程,其理由有二:其一,他们以英语为专业,绝大部分人还将终身将它作为职业,因此如何使用词典,如何用好词典作为专业基本功,他们应当练好;其二,我国英语教学的各层次——如中学、大学(专科、本科)、硕士生、博士生、成人教育、自考甚至包括各型各样的培训班等——教师几乎全是英语专业的毕业生(大学英语专业阅读除外)。设置词典课后,他们的知识可以辐射到教育各层次的各种英语课型,起到事半功倍的效果(当然,若客观条件允许,可在其他教学层次,如大学英语开设词典课)。

9.2.3 词典用法课程的设置

关于如何设置词典课。正因为目前开设者不多,要想将之像综合英语一样一下子全面开设似乎不切实际,故而对之可采用较灵活的方式:最好是以专业必修课的形式开课,如开设一学期,40学时;其次还可采用针对某一年级学生,以连续讲座形式代替必修课,开设讲座的时间较灵活,但缺点是容易被冲挤掉,因此必须持之以恒;还可根据实际,面向学生定对象、定周期地进行课外集体辅导。

下面,我们将以开设专业必修课为例,讨论一下词典用法课程的教学目标和部分内容。

词典使用课程的总体目标,是要把学生培训成 Crystal 所描述的理想的词典使用者:拥有数种词典并经常查阅其他词典、懂得词典规范甚至能对现有词典提出改进意见。[1]

"拥有多种词典并经常查阅其他词典",这就要求学生必须懂得词典的基本种类,并知道在学习中遇到困难或在从事具体工作(如翻译、教学实践等)时知道查阅哪类词典。"懂得词典规范",即应当让学生了解词典的基本构成(如前面部分、中间部分、后面部分),了解词典宏

---

[1] Crystal, David, "The ideal dictionary, lexicographer and user", in *Lexicography, an Emerging International Profession*, ed. by Robert Ilson, Manchester, 1986, pp. 72—81.

观结构、微观结构的种类等。"对现有词典提出改进意见",指学生在前两部分学习的基础上,应具备辨别优劣词典的能力,能对词典做出评价甚至能对现有词典提出进一步修订的意见(这种意见可能是宏观的,也可能是具体的,甚至可以只是指出词典的某一疏漏)。

综合上述三方面,词典使用课程的教学似应包含以下内容:

1. 能在词典中查找某一词项。

1.1 能掌握词目的字母顺序。

1.2 能理解词条编排原则。

1.3 能查找以不同词目形式出现的某一词项的条目(尤其是派生词)。了解词目分立原则。

1.4 能查找某一由数个词构成的词项。了解分立原则。

1.5 能运用语法信息或词义信息在同音异义词中进行选择。

1.6 能在多义条目中选择不同的词义。

1.7 能在词典的宏观结构中使用不止一种词汇表:专有名词、缩略词等。

2. 能在微观结构中找到某一信息。

2.1 能查到有关单词拼写的信息:比较级和不规则动词;大写字母、连字符等的运用;音节划分。

2.2 能找到单词的语音信息:读音和重音。

2.3 能查到有关用法的信息:理解用法标识(时间的、地理的、特殊语域)。

2.4 能查出词的语法信息:例如英语中形容词的位置、名词数的一致、介词的选择等。如果有代号的话,应了解它们并理解其意义。

2.5 能查找词义的信息:理解定义(种属词及具体差异;同义词定义等);采用其他线索如例句等。

2.6 能找到相关词:同义词、反义词、同源同形词,等。

2.7 能查到词源信息。

2.8 能运用双语词典提供的释义词。

3. 能根据词项的种类和所需信息的种类选择恰当的词典(双语或双以字母为序或以概念编排、语文词典或专科词典、学习词典或操本族语者所使用的词典,等)。当然,某些种类当中可供选择的词典数量极为有限,而与此相反,另外有些种类数量浩繁,使用者不得不靠人推荐高质量的词典,例如,在编码和解码的双语词典之间就不得不做出选择。对每种新的词典种类,介绍入门知识是颇为必要的(例如按概念系统编排的词典)。

4. 知道从总的词典或具体词典中能查到什么或不能查到什么(例如,词典中众所周知的薄弱领域就是搭配)。能学会使用不同的词典互为补充(如一本双语词典和一本单语词典。)

5. 能运用已学词典知识,对常用种类的词典做出评价,对词典新的种类做出分析,对词典的优劣做出鉴别。

上述教学内容不能说已囊括无余。但值得注意的是,上述某些项目适用于所有词典,另外一些需要介绍词典的分类才能理解,还有一些则适用于同一类辞书中的不同种类。因此,实际教学中可根据教学需要,对上述项目的介绍灵活组合。

在词典课教学中,还有一个问题需要引起重视:

正因为上述教学目标、教学内容都是针对英语专业学生设置的,如上文所述,他们毕业后无论是从事各种层次的教学工作,还是其他工作,都对词典事业的发展具有重要意义,因此,在我们的教学工作中,除对上述各项词典知识的传授及对词典的具体分析(作为范例)外,还须反复向学生强调"使用者需要"的观点:词典为使用者服务,不同的使用者其需要也有所差异(如在校大学英语学生与毕业后);而使用者的需要由多种因素决定,其中最重要的因素是行为的目的性(如,欲出国,TOFEL,GRE之类工具书是必不可少;欲将一部汉语著作译为英语,汉英词典又是必备之物);使用者的需要可能会随着时间或地点的改变而改变(如,就是同一个人,随着学历、阅历、学识的增加,对词典的要求通常会越来越高;就是同一个人,身在国内或国外,或由教育部门进入党政部门,其需求也大不一样)……这种贯穿于整个教学过程的强调,有利于学生正确看待词典的功用,更重要的,有利于他们工作后为他们的学生或其他人恰当地推介词典。

9.3 小　结

本章介绍了针对词典学专业的教学和词典用法教学的基本状况，并提出在英语专业开设词典课的设想。自西方20世纪70年代末、80年代初开展"以使用者为中心的词典研究"(user-centered dictionary studies)以来[①]，在理论研究和实践方面取得了一定的进展，但现状并不乐观。而在国内，无论是英语单语词典还是双语词典的用法指导都亟待加强：一方面需要我们加强对词典用法教学的系统研究，另一方面更为急迫的是在研究的基础上，能拿出一些行之有效的办法，把对各个层次的词典使用者的用法指导落到实处，以切实推进词典事业的发展。

[①] A. P. Cowie, *English Dictionaries for Foreign Learners: A History*, Oxford University Press, 1999. p.177.

第十章

英语词典学的发展趋势

人类自公元前2340年出现苏美尔语和古阿卡德语的双语词汇对照表①以来,词典由少而多,由简而繁,到今天已发展成为一项颇具规模的产业;而对词典的研究,经过几十年的发展,到今天也已硕果累累。但是,对任何学科而言,其未来走向都是应该而且必须关注的内容,词典学当然也不例外。概而言之,词典学未来的发展,除进一步深化本书前面所提及的内容以外,尚有以下三方面的课题需要进一步研究。

10.1 词典学发展战略研究

由于词典学研究所表现出来的极强的理论与实践紧密结合的特点,这就决定了它的发展必须关注词典编纂实践的发展,并在对其研究并加以指导的互动关系中加速自己的发展。正是出于对这一关系的优先考虑,对词典学发展战略的研究便必不可少。

这里的词典学发展战略研究,主要指针对当代词典编纂、词典出版的新的发展趋势,词典学需要什么样的对策,以加深对相关问题的研究。关于"新的发展趋势",词典界已有不少专家进行过论述。如有的学者认为,词典的发展趋势主要指"编纂者的集团化、国际化"、"出版体系化"、"编纂手段计算机化"、"载体缩微化、视听化、数据库化"和"用途实用化"几个方面。② 而另有学者通过对《新牛津英语词典》与英

---

① J. Green, *Chasing the Sun*, Random House, 1996.
② 李景成:《现代辞书发展趋势略述》,《辞书研究》1990年第3期,第38—44页。

语学习词典和美国大学词典关系的讨论，分析了现代语言学理论和技术以及世界英语变体对它的影响，并通过分析该词典的编纂特色，总结了英语单语词典的发展趋势：收词范围将更加广泛、词条处理将更加深入细致、词典将更加贴近读者、词典制作将更加精致等。①

还有学者通过对国内外成功词典的考察，论述了双语词典的几个发展趋向，如"语言信息图像化"，即运用插图和图标等对相关词汇的词义进行总结梳理，形成词汇链，使插图的功能有所拓展；"语言信息符号化"，即采用符号、表格等手段对词汇的发展动态、语法功能和语用信息等作分类标注，辅助词义；"语言信息电子化"，即运用电脑网络等媒体建立电子语料库，进行新词收集，并用于词典编纂操作；"语言信息简约化"，即将较为艰深的词汇信息用简易的词汇来释义，以降低学习难度，节约学习时间等，这些趋向的总体特征是以读者为本。②

此外，还有学者专门针对辞书的选题进行了专门研究③，在分析国内辞书出版现状和存在问题的基础上，作者认为辞书的选题可以从以下几方面加以拓展：学生用辞书，新学科、新技术和新事物辞书，交叉学科辞书，满足不同读者需求的辞书，形式、类型全新的辞书，实用性辞书，与国外出版社合作出版的辞书等。随后作者对辞书的发展趋势做出了预测：文字与图片结合、辞书选题新领域的开拓、辞书内容更新的加快、电子辞书的发展、电子数据重新组合后新型辞书的产生等。

从上面的介绍不难看出，所谓词典发展战略研究，涉及的面颇为宽广：它不仅包括对词典内容进行更新的"内部研究"，还包括对编纂手段的改革和选题开发、市场培育等"外部研究"，对之的探讨应该说任重道远。而上面所谈到的"编纂手段计算机化"、"载体缩微化、视听化、数据库化"以及"语言信息电子化"等，实际上现在已发展为一门专门的词典学分支学科——电子词典学。

---

① 徐海：《〈新牛津英语词典〉的创新与英语单语词典编纂的新趋势》，《辞书研究》2002年第6期。

② 征钧、冯华英：《新世纪双语词典编纂工作发展新趋向》，《辞书研究》2001年第1期，第76—82页。

③ 李长庆：《辞书的选题开发研究》，《辞书研究》1999年第6期，第87—95页。

10.2　电子词典学研究的深化

电子词典学(electronic lexicography)又称计算机词典学(computational lexicography),它主要研究计算机技术在词目选择、歧义消解、语料库设计、术语处理及类似题目上的运用。[①] 而计算机及相关技术在词典编纂上最显著的成果,莫过于电子词典(electronic dictionary)的出现和发展了。

所谓电子词典,"是与文本词典相对,以计算机等电子媒体作载体,并可借助机器查询和阅读的词典。"与传统的纸质词典相比,电子词典具有以下的优越性[②]:

1. 采用多窗口操作,用图标按钮随意切换各种功能,直观、方便、快捷。

2. 人机互动,随心所欲。读者可利用多媒体手段与电子词典双向交流,既可查阅所需信息,听计算机朗读,也可自建词库,输入自己的录音,使词典内容不断更新,跟上时代的步伐。

3. 检索入口多,查询分层次。读者可根据不同的使用目的设置多种检索途径,还可按不同层次、不同水平读者的需求,设置多级词库,读者可各取所需,各得其所。

正因为电子词典所表现出来的与传统纸质词典的差异,也给词典学增添了新的研究内容,即电子词典学。据有的学者研究,其研究应包含以下内容[③]:

1. 国内外的电子辞书的介绍与评价,即如何借鉴国内外现有的电子辞书成功与失败两方面的经验,以及指导读者如何使用电子辞书,这是最基础的工作。

2. 同类辞书的比较研究。包括同类电子辞书的比较、同一电子辞书的不同版本的比较、书本式辞书与同一文本的电子辞书的比较。

---

① *Dictionary of Lexicography*, p.26.
② 章宜华、黄建华:《电子词典的现状与发展趋势》,载黄建华、陈楚祥主编:《双语词典学专集》,四川教育出版社,1998年,第282、293页。
③ 林申清:《电子辞书的功能开发与利用》,《辞书研究》1997年第5期,第46—47页。

3. 电子辞书的编纂方法与特点研究。优秀的电子辞书必然要以高质量的书本式辞书为基础,但电子词典并不是书本式辞书的简单复制。作为电子辞书,除了传统书本式辞书所要求的词目适当、释义准确、编排有序以外,还应有完善的参照、检索系统。而这些体系的功能设计,辞书工作者责无旁贷。

4. 电子辞书的功能开发与利用。一部电子辞书的成功与否,除了是否以确实优秀的文本为基础外,还在于电子辞书编纂专用软件的功能如何。这种软件应当具备下面的功能:(1) 录入与修改数据的功能;(2) 数据输出功能;(3) 排序功能;(4) 自动生成轮排索引款目功能;(5) 检索功能;(6) 款目(词目)的自动分类、合并、校对功能;(7) 统计功能;(8) 自动生成参照及助检识别功能;(9) 声音、图像处理功能;(10) 关键词和主题词的识别与自动转换功能,等等。

5. 电子词典的展望研究。

6. 计算机编纂汉语辞书的开发性研究。

当然,上面介绍的并没有涉及现代信息技术对英语词典影响的全部内容,事实上,就是国内在近年这方面的研究涉及的面也是非常宽广的。下面仅以《辞书研究》发表的部分论文为例:《建立网络化英汉语料库的设想》(1999年第2期)、《21世纪的微型图书馆——微软2000Bookshelf评介》(2000年第6期)、《因特网与词典编纂》(2000年第4期)、《英语在线词典特点浅探》(2001年第5期)、《语料库对词典编纂的影响》(2001年第4期)、《一个搭配词典语料库》(2001年第1期)、《论古文献引得的计算机自动编纂》(2002年第5期)、《网络环境下新词的传播与规范》(2003年第2期)、《评在线〈牛津英语词典〉》(2004年第5期)、《大型词典编纂的计算机辅助开发与管理系统》(2005年第4期)、《网络搜索引擎》(2005年第3期)、《国内网络引语书存在的问题及改进措施》(2005年第4期)……尽管上面仅是部分文章的标题,但我们也可以看出,"网络化"、"语料库"、"因特网"、"在线词典"、"自动编纂"、"计算机辅助开发"等与现代信息技术相关的术语已成为词典研究的主题之一。下再举两例作为辅证:

一是章宜华出版的专著《计算机词典学与新型词典》[1]，该书详细阐述了计算机词典学、语料库与语料库词典学、词库的研究与开发、新型的学习词典、机器词典、光盘电子词典、掌上电子词典和网络词典等，系统地揭示了计算机给词典学带来的一场"革命"。

二是《辞书与数字化研究》[2]一书，该书收集了45篇论文，内容涉及与现代信息技术相关的方方面面，可以说该书是迄今我国利用现代技术手段研究词典编纂的集大成之作。可以预料，与现代信息技术相关的电子词典学及相关研究，将成为今后很长一段时间的研究重点之一。

10.3 词典研究方法论的拓展

关于"方法"和"方法论"，《现代汉语词典》有以下定义[3]：

【方法】关于解决思想、说话、行动等问题的门路、程序等：工作～｜学习～｜思想～。

【方法论】① 关于认识世界、改造世界的根本方法的学说。② 在某一门具体学科上所采用的研究方式、方法的综合。

上述定义是带有普遍意义的：作为"解决……问题的门路、程序等"的"方法"是具体的层次，其集合就是"方法论②"。换言之，我们只有对某一学科的"方法"有了比较系统全面的认识和研究，才能解决"方法论"的问题。

关于词典研究方法的研究，Hartmann 曾对国外研究的现状作了简要归纳，[4]如国外有学者将词典学研究方法归纳为五类：

1. 验证性研究（experiential studies）：主要对现有词典的缺陷加以评论；

---

[1] 章宜华：《计算机词典学与新型词典》，上海辞书出版社，2004年。
[2] 张绍麒主编：《辞书与数字化研究》，上海辞书出版社，2005年。
[3] 中国社会科学院语言研究所词典编辑室编：《现代汉语词典》，商务印书馆，1996年，第353页。
[4] 转引自 Hartmann, p.115.

2. 比较研究(comparative studies):主要对某些种类词典的优点加以述评;
3. 使用者调查(user's survey):主要对学习者的具体需要和技能进行分类研究;
4. 文化类论文(cultural articles):主要侧重于词典外部因素的研究,如格式与使用方法;
5. "试验性"研究("experimental" research):在实验室条件下对变量加以控制来进行研究。

此外,Wiegand 从社会科学方法论的角度,也将词典学研究方法分为五种:1.对使用者词典选择和行为的观察(observation);2.通过调查问卷了解使用者想法,撰写调查报告(surveys);3.通过练习测试使用者的知识和表现(performance);4.实验室实验研究;5.面谈(interview)的内容分析。而 Tono 则将研究设计分为四类:1.通过对词典查阅的记录进行观察;2.通过问卷或面谈进行调查性研究(survey research);3.中和性设计(correlational design)以探究各类因素间的联系;4.实验设计。

Hartmann 随之针对使用者研究(user research)提出了六种研究方法[①]:1.批评性评论(critical review);2.调查问卷;3.面谈;4.出声思维(protocol);5.实验;6.测试(test)。不仅如此,他还用较多篇幅论述了跨学科研究方法的必要性以及应注意的相关问题。关于词典学研究与其他学科的联系,Hartmann 用下图来加以表示(见图10—1):

---

① R. R. K. Hartmann, *Teaching and Researching Lexicography*, pp.115—118.

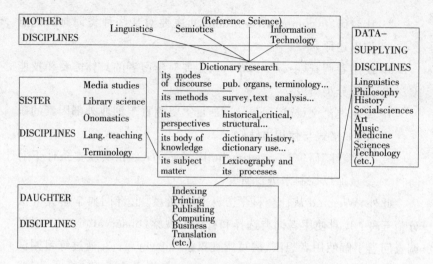

图 10—1　词典学与其他学科的跨学科联系

作者还特地总结出一条原则：词典和词典学研究未来的发展，依赖于所涉学科的状况。①

以上是对国外词典学研究方法论总体情况的大致介绍，而从我国词典研究的现状看，不少学者在词典方法的研究以及运用各种研究方法分析词典方面都取得了诸多成就，如比较研究、调查研究、观察法、测试、文化类论文、跨学科研究方法等方法均在我国学者的研究中得到了体现。② 尤为值得一提的是，2005 年底举行的双语词典学术研讨会综述的标题是"开展跨学科、多视角、多层次的研究"，③ 足见研究方法问题已得到国内同人的高度重视。

从以上介绍，我们不难得出两点重要启示：

1. 所谓的研究方法，总是针对一定的研究对象的（尽管有不少方法可以针对若干个研究对象），因此针对词典学不同的研究领域（如词典史、词典评论、词典结构、词典种类、词典使用等），应当有既相对独立又相互联系的研究方法；

---

① R. R. K. Hartmann, *Teaching and Researching Lexicography*, p.124.
② 详见《二十世纪中国辞书学论文索引》，上海辞书出版社，2003 年，《辞书研究》2001—2005 各期及相关外语类期刊。
③ 见《辞书研究》2006 年第 1 期。

2. 跨学科研究方法的加强和开拓是词典界未来很长一段时间的艰巨任务。跨学科方法的意义不仅限于研究,同时对词典编纂也能起到巨大的推动作用。

然而,也正如 Hartmann 对词典学总体研究现状所描述的:

> Not much has been written about the various ways in which research on lexicographic topics is or should be carried out; indeed to my knowledge there are no explicit statements on whether and in what way the lexicographic process itself qualifies as a research activity. ①

当然,上面所说关于词典学研究方法研究不多,主要是从系统性和全面性来讲的,这也正是词典学界需要重点开拓的领域之一。

10.4 小 结

上面我们对词典学的发展进行了简要的论述,主要阐述了三方面的问题:词典学发展战略研究、电子词典学研究的深化和词典研究方法论的拓展。但这里要说明的有两点:其一,仅就这三方面而言,这里仅仅是抛砖引玉式地提出问题,需要深入剖析、深入研究的内容还很多;其二,上述三方面也很难说已将词典学的发展趋势囊括无余了,随着社会的变化、科技的发展、词典学本身研究的深化,肯定还会出现新的问题,这些问题也一定能得到很好的解决,正是通过这样一种上升式循环,词典编纂和词典研究才一定能得到新的发展。

---

① R. R. K. Hartmann, *Teaching and Researching Lexicography*, pp. 111—112.

后 记

　　这本《英语词典学概论》，从接受任务开始，前后花了一年多时间。因为行政工作和其他杂务的干扰，截至交稿之时，也很难讲满意二字，眼下只能存憾了。

　　作为英语专业本科生（或其他英语学习者）的读本，本书写作秉承的原则是：尽可能全面地介绍英语词典学的方方面面，以帮助学习者对之有一个基本的了解。正因为如此，本书所涉及的词典学理论相对并不是很深。

　　在本书写作过程中，参加我教授的《英语词典学》课程的同学曾对本书稿的诸多内容提出过不少有益的建议，谨在此致谢。尤其值得说明的是，本书"3.2.1 语文专科词典"的部分内容是由一些同学写作初稿，由笔者定稿的，他们是：陈硕、范婷、冯小夏、李蒙蒙、李磊、王素洁、王同鹤、伍华嘉、张建伟、翟林，在此也对他们的辛勤工作表示感谢。

　　最后，笔者十分感谢本套丛书主编胡壮麟先生、彭宣维教授，感谢他们为本套丛书所做的大量繁重的组织工作；感谢北京大学出版社为本书出版所做的一切。

文　军

2006 年 5 月于北航